皇室に学ぶ徳育

Lessons in Moral Education
from the Imperial Household of Japan
TOKORO, Isao

京都産業大学教授
麗澤大学客員教授
所　功

モラロジー研究所

皇室に学ぶ徳育——目次

朕惟フニ我カ皇祖皇宗國ヲ肇ムルコト
宏遠ニ德ヲ樹ツルコト深厚ナリ我カ臣
民克ク忠ニ克ク孝ニ億兆心ヲ一ニシテ
世世厥ノ美ヲ濟セルハ此レ我カ國體ノ
精華ニシテ教育ノ淵源亦實ニ此ニ存ス
爾臣民父母ニ孝ニ兄弟ニ友ニ夫婦相和
シ朋友相信シ恭儉己レヲ持シ博愛衆ニ
及ホシ學ヲ修メ業ヲ習ヒ以テ智能ヲ啓
發シ德器ヲ成就シ進テ公益ヲ廣メ世務
ヲ開キ常ニ國憲ヲ重シ國法ニ遵ヒ一旦
緩急アレハ義勇公ニ奉シ以テ天壤無窮
ノ皇運ヲ扶翼スヘシ是ノ如キハ獨リ朕
カ忠良ノ臣民タルノミナラス又以テ爾
祖先ノ遺風ヲ顯彰スルニ足ラン
斯ノ道ハ實ニ我カ皇祖皇宗ノ遺訓ニシ
テ子孫臣民ノ倶ニ遵守スヘキ所之ヲ古
今ニ通シテ謬ラス之ヲ中外ニ施シテ悖
ラス朕爾臣民ト倶ニ拳拳服膺シテ咸其
德ヲ一ニセンコトヲ庶幾フ
明治二十三年十月三十日
睦仁
天皇御璽

明治23年（1890）10月30日、天皇より下賜された「教育勅語」
（原本：東京大学所蔵　複製：明治神宮社務所頒布）

第七章　歴代の天皇と現代の皇室　169

装幀　加藤光太郎デザイン事務所

凡例

一、本文中で使用した引用文は、原文のままのものと、歴史的仮名づかいを新仮名づかいに、カタカナをひらがなに改めたところがある。また、読みやすくするために適宜に句読点をつけ、ルビを補い、一部の漢字をひらがなに改め、文意を変えないように書き改めたところもある。

一、注は該当語の右側に（1）のように付し、章末に説明を施した。

まえがき――日本人の道徳力――

最近、ある民放テレビのユニークな討論番組にゲスト出演を求められた。その日のテーマは、日本人の多様な能力を判定するため、学校の各教科になぞらえて評価しよう、というおもしろい試みである。

そのうち、私には「道徳」が割り当てられた。〝日本人の道徳力〟を総合的に評価して点数を付けるように、という注文である。しかし、それはかなり難しい。一口に日本人と言っても、年齢・性別や地域・職業などにより異なるから、単純に評価することなんかできない。とはいえ、その役目を引き受けた以上、なんとか答えなければならない。

そこで私は、「七〇点プラス・マイナス一〇点」という幅のある点数を付けた。一般に大学では、九〇点以上を秀、八〇点代を優、七〇点代を良、六〇点代を可、それ以下を不可としているから。これは少し甘いと言われるかもしれないが、よく考えればこれくらいかと思われる。それには若干の説明を要するので、とりあえず次のようなメモに基づいてコメントを加えた。この三点について少し具体例を示そう。

日本人の道徳力 ┤ 地域に生きている共助の心は、七〇点前後
機械化に伴う身勝手な言動は、六〇点以下
非常時に甦《よみがえ》る献身的な底力は、八〇点以上

〝おもてなし〟の心がけ

まず平均およそ七〇点というのは、ほとんどの日本人が一応平穏な日常生活を営んでいる、と見られるからである。もちろん、そうでないケースも随所にあり、一昔前に比べれば、マナーが良くないとか心配りが足りない、などと思われる状況は増えている。しかし、あちこちの国々と比べれば、まだまだ礼儀正しく、みんなで助け合う気持ちもある、と言ってもよいであろう。

それも大まかに申せば、都会よりも地方の人々に根強く残っているように感じられる。かく言う満七十歳の私は、岐阜の田舎に生まれ育ち、名古屋で六年学び、伊勢に九年、東京に六年、京都に三十年余り勤めてきた。けれども、やはり故郷《ふるさと》がいちばん心安らぐ、おそらくブータンに引けを取らない「幸福感度」の高いすてきな所だと思っている。

これは私の単なる〝お国自慢〟ではない。ちょっと自慢もしたくなるような現実が、たくさんあるから言えるのである。例えば、我が揖斐川《いびがわ》町は、平成十七年（二〇〇五）に一町五村が合併して、琵琶湖と同じくらいの広大な面積になったが、人口は二万四千名に満たない。この町で平成二年から毎年十一月中旬〝いびがわマラソン〟を実施してきた。それに全国から毎回一万名余りのランナー（付き添いの家族なども含めると倍以上）が参加し、意外なほど好評で年々応募者も増えている。

その要因はいろいろある。初回から歌手の高石ともやさん（私と同齢）が前夜祭を盛り上げ、また毎回、高橋尚子さんや西田ひかるさんらも参加して一緒に走るなど、外部からの応援があることはありがたい。しかし、何よりも重要な事実は、地元の人々が、町役場や関係者だけでなく、小中高生や沿道町民なども含めて、早くから受け入れ準備を進め、遠近各地より当町へ来てくださる方々を可能な限り〝おもてなし〟をして喜んでもらおう、という純朴な気持ちを大切にしてきたことであろう。

このような心がけは、古来の日本人なら、誰しも持っていたはずである。それが段々と薄れ失われている昨今、幸い当地などには、しっかり残っている。これこそ、日本の地域力であり一般国民の道徳力だ、と評価してよいと思われる。

ちなみに、今春（平成二十四年度）から使用される中学校の「道徳」副読本の一つ『キラリ☆道徳』（正進社）を見ると、「ぼくらの町のマラソン大会」というタイトルで、いびがわマラソンを町内のさまざまなボランティアたちが、大人も子供も一緒に力を合わせながら、心を込めて準備し見事に実施している様子が、数ページにわたり紹介されている。

身勝手から献身的まで

しかし、近ごろの日本社会には、一方で何故これほど駄目になってしまったのか、と嘆かわしくなることが多い。それにもかかわらず、他方でどうしてこれほど立派なことができるのか、と驚かされることも少なくない。それゆえ、日本人の道徳力として、前者を憂慮すればマイナス一〇点以下だが、後者を信じてよければプラス一〇点以上、という評価をしてみたのである。

このうち、前者の残念な例は枚挙にいとまがない。一つだけ挙げれば、片道二時間半余り電車やバスを乗り継いで通勤している私が、近ごろ車中で感ずるのは、一昔前に比べると、雑誌や書物を読んでいる人が極めて少ないことである。もちろん、何をしていようと構わない。けれども、かなりの人々がスマートフォンの小さな画面をクルクル廻して好きなホームページの情報を次々と受け流し、またメールの交換やゲームに熱中して、挨拶も会話も滅多にしない、というような光景を眺めていると、いささか心配になる。

これを身辺の機械化と言うならば、もちろん、その必要も長所もあるに違いない。しかし、それに伴って段々と自分の頭で考える力が衰えたり、さまざまな人との関わりも疎くなろうし、おそらく知らず識らずの間に自己中心的な言動が当たり前となりつつあるのではないか。こんな見方は機器に弱い年寄りの僻目《ひがめ》かもしれないが、老若男女を問わず、他人《ひと》を気にしない身勝手な乗客が増えている傾向は否定し難い。

ところが、他方では正反対の実例も今なおないわけではない。例えば、昨年三月十一日の東日本大震災（大地震・大津波と原子力発電所の大爆発）に襲われたとき、われ先に逃げて助かろうとするのが普通であり、むしろ避難訓練では「てんでんこ」が必要と言われる中、命懸けで多くの人々を救おうとされた方々が決して少なくないことを、この機会に知ることができた。

とりわけ心打たれたのは、宮城県南三陸町の防災センターに勤める遠藤未希《みき》さん（24歳）が、地震直後から、津波が押し寄せてくるので早く避難するよう、町中の人々に繰り返し放送し続けて、ついに自分の尊い命を失われたことである。

また、モラロジー研究所の『所報』（平成二十三年八月号、廣池幹堂理事長の講演記録）によれば、岩手県陸前高田市の佐々木司《つかさ》さん（65歳）は、建設会社の全社員を高台へ避難させた後、ご両親を捜しに戻って、三人とも津波に呑まれた。さらに、ご長男の寛治《かんじ》さん（30歳）も、地元の自治消防団員として制服に着替え、近所の住民の避難誘導に奔走中、津波に襲われ行方不明となってしまわれたという（同様の消防殉職者は東日本大震災で二百二十六名にものぼる、財団法人日本消防協会ホームページより）。

このように懸命の献身的な働きは、自己中心的なエゴイストにできるはずがない。しかし、それを咄嗟《とっさ》に実行できた方々が確かにおられるのである。おそらくほとんどの日本人（広く世界中の大多数の人々）には、平常時に隠れている底力が非常時に直面すると甦るのであろう。人間の道徳心は、困難なときこそ、かえって極度にレベル・アップするのかもしれない。

お蔭さま・お互いさま

これを要するに、日本人の道徳心は、ふだん必ずしも高いと言えない現状にあるが、決して低いわけでもない。そこで、番組の最後に司会者から「これを満点とするためには、どうすればよいと思われますか」と問われて、次のようなことを答えた。

人間の道徳力に満点ということは、おそらくありえないが、そこへ近づくことはできると思われる。そのためには、つい近年まで大多数の日本人が口癖のように言ってきた「お蔭さま・お互いさま」という単純なキーワードを思い起こし、それを日常生活の基本的な心得とすることが望ましい。

「お蔭さま」という用語は、手もとの『広辞苑』に「相手の親切などに対して感謝の意を表す挨拶語」としか説明されていない。しかし、本当の「お蔭」は、特定の相手から直接的に受ける親切などだけでなく、むしろ一々挙げることのできない多くの存在から、さまざまの機縁を通じて蒙る恩恵を包括している。

その存在は、現に生きており知っている方々だけでなく、目に見えない過去の人々、もの言わない周囲の自然など、あらゆるもの（村上和雄博士のいわゆるサムシング・グレートかもしれない）を含んでいる。そのうちどれ一つを欠いてもこのような成果・成功を得られなかったことに気づけば、あらゆるものに「有《あ》り難《がた》い」（有ることが難しい、滅多に無い）ことだと、おのずから感謝したくなる。そんな気持ちから自然に湧いて出るのが「お蔭さま」という知恵言葉なのである。

周知のとおり、伊勢の神宮（天照大神《あまてらすおおみかみ》）は、古代から皇室の祖先神であるとともに、日本人の総氏神という信仰が中世から近世にかけて広まった。そこで江戸時代には、全国各地からたくさんの人々が「おかげ参り」をしている。これは名もなき庶民たちが、いま生きて幸せに暮らせるのも「お伊勢さんのお蔭」と感じ取って、はるばる参詣に赴いたのであろう。

この「お蔭」をいっそう身近に感じられるのは、両親のお蔭、祖先のお蔭にほかならない。国学者の本居《もとおり》宣長《のりなが》も「世々のおやの　おかげ忘るな　代々のおやは　おのが氏神　わが家の神」と詠んでいる。確かに親なくして子なく、祖先なくして子孫はありえない。そのお蔭を決して忘れてはならないであろう。

私は還暦を過ぎたころから、学生を厳しく叱らなくなった。しかし、稀《まれ》にゼミやクラブなどの学生が無茶なことをすると、研究室に呼んでひと言「親御さんが悲しまれるようなことをするなよ」と諭すことにしている。親を大いに喜ばせることまでできなくても、せめて親を悲しませないよう、ふだんから心がけていれば、甚だしく道に外れることはできないであろう。

まして、この番組でレギュラーの宮崎哲弥氏（京都産業大学客員教授）が即座に指摘されたとおり、一昔前まで多くの人が幼いころから信じてきた「おテントウさまがいつも見てござる」という思いを心の片隅に持っていれば、それほど悪いことはできるはずがないであろう。念のため、おテントウ（天道）さまは、万物を照らし育むお日《ひ》さま（太陽）であるが、神々の宿る大自然と考えてもよい。それは無限の天恵をもたらすが、過酷な天罰を下すことも忘れてはならない。そう信ずる人々は、おテントウさまを畏れ敬い、自《みずか》らを慎み正してきたのである。

もう一つ「お互いさま」については、贅言《ぜいげん》を要しない。われわれ人間は、身内の家族や地域・職場の仲間だけでなく、国内外のあらゆる人々と共存している（しなければならない）。それゆえ、全く赤の他人でも、お互いの存在を認め合い、できる限り互いに助け合うのが、人間として当然であろう。

ちなみに、他人を「ひと」と訓むことがある。『広辞苑』は「ひとごと〔人事・他人事〕自分とは無関係な、他人に関する事……近年、俗に〝他人事〟の表記にひかれて〝たにんごと〟ともいう」と説明している。しかし、他人も決して「自分と無関係」ではない。古諺《こげん》に「袖擦りあうもタショウ（他生・多生）の縁」と言う。確かに、この世において出会うすべての人々は、他生（前世）から多生（何度も生まれかわること）の縁者だと思うならば、広い社会（地球上・日本列島）に住む家族（地球家族・日本家族）の一員だと考えて、お互いに仲良く共存できるようになるであろう。

皇室に学ぶ「修徳」

とはいえ、平凡な私どもは、身内の間ですら小さなことにこだわり諍《いさか》いも起こしやすい。広い心で多くの人と和やかにありたいと願いながら、なかなかそれができない。けれども、われわれ日本人は、幸いなことに、この世の人間として最高の道徳を実践される皇室の方々（天皇・皇族たち）を具体的な手本として仰ぎ学ぶことができる。

もっとも、過去であれ現在であれ、皇室の方々が常にすべて完璧というわけではない。むしろ弱点も欠点もあって当然であろう。ただ、歴代の天皇・皇族たちは、それを補い正し各々の徳性を高めるため、幼少のころから修養に努めてこられた。

とりわけ天皇は、日本古来の「スメラミコト」として、祖先と自然の恵みに感謝され、「民の父母」として、あらゆる人々を我が子のごとく思いやり、それでも至らないことを常に自己反省しながら、慈悲寛大な御心で万事・万民に接しようと心がけておられる。その真摯な御姿が、大多数の日本人に（おそらく日本を知る外国の人々にも）深い感銘を与え、信頼と尊敬の源となっているのであろう。

このたび「教育勅語」を中心として近現代の徳育（道徳教育）に関する拙稿を取り纏め出版していただくことになった。その題名を「皇室に学ぶ徳育」としたのは、私ども日本人の道徳心が直接間接に皇室の方々を御手本と仰ぎながら養われてきた、という要素が大きいと考えているからにほかならない。

全十二章、別々に講述し執筆したものであるから、必ずしも体系的でなく、また大切な論点は重複も少なくないことを、あらかじめお許しいただきたい。本書が日本人の道徳心をあらためて見直し立て直すことに、僅かでも役立つならば幸いである。

（平成二十四年一月十七日）

第一章　「弗蘭克林《フランクリン》十二徳」と元田永孚

はじめに ―珍しい資料―

元《もと》田《だ》永孚《ながざね》（一八一八〜一八九一）といえば、「明治天皇の側近にあって儒学を講じ……儒教主義による国民教化に尽力し、教学大旨・幼学綱要を執筆、明治二十三年（一八九〇）教育勅語の草案を作成した[1]」ことなどが、主な事績として挙げられる。

ただ、明治維新前後に欧米の文物が流布したことは申すまでもないが、それを活用した一例として「元田永孚は明治皇后にフランクリンの自伝を進講した[2]」ことは、必ずしも広く知られていない。この記述は少し不正確である（注9参照）が、元田により「フランクリンの自伝」の一部が「明治皇后」（昭憲《しょうけん》皇太后）に伝えられたことは間違いない。

では、儒学担当の侍講《じこう》であった元田が、どうしてベンジャミン・フランクリンの『自伝』を知り、どのように受けとめていたのか、またどんな内容をどのようにして皇后陛下に伝えたのか、その真相は未だ必ずしも明確になっていない。

ところで私は、全くの門外漢ながら、百二十年程前に渙発《かんぱつ》された「教育勅語」について関心があり、その成立前史を調べるうちに、元田の功績の一つとされる右の一件が気がかりになった。そこで先年来、関係のありそうな資料を探し、僅かながら新知見をえた。まだ解けない疑問も少なくないが、今回ちょっと珍しい元田自筆の未刊資料と関連資料を紹介して、博雅の御示教を仰ぎたい。

一　フランクリンの『自伝』と「十二徳」

B・フランクリン（一七〇六〜一七九〇）の『自伝』（Autobiography　ただし本人の原稿は memories）は、あまりにも有名なロング・セラーである。ただし、その成立と普及には、複雑な事情が絡まっている。それを松本慎一・西川正身両氏の解説[3]により、ごく簡単に振り返っておこう。

著者の草稿は、本書の冒頭に記すとおり、一七七一年（65歳）イギリス滞在中、息子ウイリアム・フランクリンのために書き始められた。しかし、五年後（一七七六）のアメリカ独立に向けて全力を尽くすために中断し、一七八四年（78歳）フランス滞在中に書き継ぎ、その後再三中断しながら書き続けたが、一七九〇年（84歳）未完のまま終わった。

その間に原稿の写しがヨーロッパの友人に送られており、それに基づいて、まずⓐ一七九一年、パリでフランス語訳の『自伝』が出版された（ビュイソン版。他にル・ヴェイヤール訳もある）。ついでⓑ一七九三年、その英訳（ロビンソン版）がロンドンで刊行されてから、このⓑがアメリカでも普及した。

しかし、やがてⓒ一八一七年、著者の孫ウイリアム・テンプル・フランクリンが、祖父の原文によって全集を編纂《へんさん》し、ロンドンで出版した（ウイリアム版）。それを受け継いでⓓ一八四〇年、ハーバード大学のジャレッド・スパークスが全集を完成させ、その中に『自伝』を収めた（スパークス版）。しかも、さらにⓔ一八六八年、ジョン・ピグローがパリで入手したⓒとは別の原稿に基づいて全集を編纂し直し、その第一巻に『自伝』を収めている（ピグロー版）。

このうち最も普及したのはⓓスパークス版である。とりわけ明治時代の日本に輸入され、同十年代から段々普及した和訳刊本は、スパークス版を底本としている[4]。

ただ、この『自伝』は、その全文が日本へ入ってくる前から、その要点を紹介したり、第六章の中の「十三徳」（むしろ十二徳）部分だけを抄出し編纂した書物が、さまざまな形で伝来していた。それが重要な意味を持つため、そのいきさつを少し詳しく見ておこう。

佐渡谷重信氏の指摘されるとおり[2]、文久年間（一八六一～一八六四）に出版された箕作阮甫《みつくりげんぽ》編『玉石志林』に「合衆国ベンヤミン・フランクリンの略伝」が紹介されている（『明治文化全集』一六巻〈昭和三年、日本評論社〉所収六七～六九頁）。

また平川祐弘氏[5]によれば、慶応二年（一八六六）イギリスへ留学した中村正直は、同四年（明治元年）帰国の際、入手したサミュエル・スマイルズ著"Self-Help"（初版一八五九年、改版一八六七年）を翻訳し、明治三年（一八七〇）『西国立志編』の題で出版した。その第十二篇「儀範《ぎはん》［又曰く典型］を論ず」に、「富蘭克林の著述に遺せる儀範」が後の人に与えた影響を評価している（富山房百科文庫一八〈昭和十三年、富山房〉所収三六〇頁）。

しかも、その「儀範」内容を含む道徳教科書を翻訳出版したのは、箕作麟祥《りんしょう》（阮甫の養子省吾の長男）である。彼は慶応三年（一八六七）二十二歳でフランスへ留学し、翌年（明治元年）帰国して新政府の翻訳官（同六年、翻訳局長）となり、『万国政体論』（明治八年）『仏国民法解釈』（同十年）などを著し、明六社の一員としても活躍する[6]。

この麟祥が、留学中に入手した「法蘭西《フランス》国学士ボンヌ氏の著述にして、一八六七年（慶応三年）巴勒《パリ》にて刊行せる……小学校にて児童を教ふるが為め作りしもの」を翻訳し、『泰西《ヨーロッパ》勧善訓蒙《かんぜんくんもう》』と題して出版した。[7]

本書は上中下三巻から成る。その篇目は、

一、勧善学の大旨　二、天に対する務　三、自己に対する務

四、人に対する務　五、族人に対する務　六、国に対する務

に分けられ、六の末尾「徳に進むの法」に「フランクリンの教誨《きょうかい》」として、次のごとく記されている。

米利賢《メリケン》の「フランクリン」と云へる人は、電気《エレキール》及び避雷柱《らいよけ》等の大発明を為したる学士にして、初めは印書家《かつじばんし》の士夫なりしが、次に記する所の方法を用ひ、其の過失を改めて勧善の徳に進むを得、終《つい》に米国の高名なる官長となり、其の名を世に顕はすに至れり。

○「フランクリン」は、徳を分かちて十二となし、簡略なる註釈を加へて之を薄冊の巻首に記し、日々其の薄冊を看る毎に心を留め、其の十二徳の中一《いつ》として怠ることなく……みずから警《いまし》めたり。……今の世にある少年輩も「フランクリン」の規摸《てほん》を慕ひ、所謂十二の徳を心に銘じ、日々勉励して之を行ふ時は、終に徳の習を得るに至る可《べ》し。因て十二の徳を左に記列す。

○第一　**節制**　釈して曰く、昏迷するに至るまで飽饑《おおのみくい》すること勿《なか》れ。

第二　**沈黙**　釈して曰く、己に益あり、又は人に益ある事に非《あらざ》れば、云ふこと勿れ。

第三　**順序**　釈して曰く、事物に皆次第を定め、事を行ふに各々順序を以てす可し。

第四　**確志**　釈して曰く、己の為す可き事は必ず之を為すを決し一旦決したる所は必ず之を遂《と》ぐ可し。

第五　**節倹**　釈して曰く、己の為め人の為め財を有益の事のみに用ひ、必ず之を無益に費すこと勿れ。

第六　**勤労**　釈して曰く、光陰を無益に過すことなく、常に必ず有益の事を勉む可し。
第七　**誠実**　釈して曰く、人を欺《あざむ》くことなく、意志・言詞《げんし》、共に誠を以てす可し。
第八　**公義**　釈して曰く、人に損害を加ふることなく、人の恩は必ず之に報ゆ可し。
第九　**温和**　釈して曰く、性情の度に過ぐるを防ぎ、人を恨むの念を制止す可し。
第十　**清潔**　釈して曰く、衣服・身体・家屋を不潔になすこと勿れ。
第十一　**寧静**　釈して曰く、小事を以って軽率に心を動かすこと勿れ。
第十二　**謙遜**　釈して曰く、人に対し驕傲《きょうごう》なること勿れ。

これによれば、箕作麟祥は留学中にフランクリンの『自伝』を見ているかもしれないが、これはボンヌ著の児童用教科書を翻訳したものであり、その掉尾に引載されているのが「フランクリンの十二徳」にほかならない。しかも、それが当時（明治四年）の教育関係者などに広まったものとみられる。

二　元田永孚と「弗蘭克林十二徳」

この『泰西勧善訓蒙』が出版された明治四年（一八七一）、宮内省に出仕したのが、熊本出身の元田永孚（53歳）である。彼は肥後藩の時習館で居寮生となり、居寮長の横井小楠《よこいしょうなん》から影響を受け、実学党の結成に参加した（注1参照）。しかし、それ以上に漢詩文・儒学を究めていたので、宮内省では明治八年から天皇の侍講に任じられ、長らく儒学を進講している。

その元田に関する資料の大部分は、遺族から国立国会図書館に寄贈され、マイクロフィルムでも閲覧することができる。[8] それを通覧したところ、「上奏建言草稿」を綴り合わせた文書（マイクロフィルム第七巻一〇七一一七一チ）の中に、次のような草稿が含まれている。年次は記されていないが、その前に明治七年八月付の「聖徳」を論じた建言、後に明治五年六月付の「上二三條公一書」が貼り継がれているから、おそらくその間（明治五年〜七年）に書かれたものとみて大過ないであろう。ただ、全体に訂正箇所が多く、初稿は五年以前に作られた可能性もあろう。

以下、片仮名は平仮名に改めて翻刻する。元田自身が原文を訂正して行の左右に記した文字は、元字の下の〈 〉内に入れる。草稿にある左脇の傍点は消された文字、また右脇の下・上は位置の置き換えを示す。ただし初めと終わりの傍線と各「一」の右側算用数字（1〜12）は筆者が加えた。

弗蘭克林十二徳の註釈、簡にして尽せり。然れども初（後）学、之を習ふ、或は約に失して着手に難く、或いは位次混〈無く〉して要を得るに苦しむ。故に今、臆見を付して○〈位次を分ち〉之○〈が註釈〉を補し、自省み〈仁〉亦以て〈備ふ〈便す〉と云〉、初学に示すこと、左の如し。

一、[1] **節制**　原書、原注を加ふ。

身を修むるは欲を節するより始まる。口腹は〈に〉飲食に〈の〉過ぎ、耳口は〈に〉嗜好に〈の〉過ぎ、身体は〈に〉安逸に〈の〉過ぎ、情意は〈に〉歓楽に〈の〉過ぎ易し。〈其初〉凡そ欲は八分に過ぎず、事は八分を過さず、餘地を留むべし〈僅に一二分の間にあり〈のみ〉〉○（頭注「事は八分を過ず、須らく餘地を残すべし」）。故に先づ規度を定め、初めに意念を制し○〈一飲一食、必ず八分を過さず、一遊一楽、必ず餘地を留む〉。己に克て礼に復らんことを要す。

一、[2]**清潔**

外を整ふるは内を養ふ所以。故に○〈常に〉肌膚を清潔に〈洗滌〉し、衣服を浄理し、閨房を○〈除〉整正し、堂宇を洒掃し、門庭を爽快にし、○〈凡て〉人の見ざる処に心を用て〈注意し、務て〉不潔を去れば、空〈正〉気暢達して、精神常に剛健なり〈充満〈実〉す〉。

一、[3]**勤労**

業は勤を以て成り、功は労に由て大なり。安富尊栄は勤労の花実、一日勤めざれば、千日の効を遅くし〈失ひ〉、一事労せざれば、百事の用に後〈を愆《あやま》〉る。百年の事業は、一寸の光陰より始まる。勤めざるべけんや、労せざるべけんや。

一、[4]**沈黙**

言語は栄辱の枢機、慎まざるべからず。第一、朝廷の闕失《けっしつ》を言はず、○〈第二〉人の過悪を言はず、○〈第三〉己が労苦を言はず、○〈第四〉愉快に乗じて語らず、○〈第五〉怒気に激して語らず、一言を発する、必○〈心の〉虚実を顧み、一事を述る、必○〈言の〉到底を慮る〈り〉、○〈多言に過んよりは寧《むし》ろ沈黙するに如ず〉。

右、修養の要。

一、[5]**確志**

一たび道に志しては、其志を堅守し、富貴に淫せず貧賤に移らず、威武《いぶ》に屈せず、忍ぶべからざるを忍び、耐ゐがたきに耐ゐ、剛健強毅《ごうけんごうき》、必ず其道を行ひ、己が及ばざる所は、百世以て聖人を俟《ま》ち、斃《たおれ》て息《や》まず。

一、[6] **誠実**

誠は人心の宝、万事の根。誠無れば物なし。故に迷暗独知の地も自《みずから》欺くの念なく、顕明稠人《けんめいちゅうじん》の中も、己を飾るの意なく、天をも怨みず、人をも尤《とが》めず、動静語黙、唯神明と相対して愧《はず》ることなれば、○〈本心常に〉惻怛懇到《そくだつこんとう》、自已《や》むこと能《あた》はず。

一、[7] **温和**

慈愛なれば心自《おのずか》ら温に、楽易なれば気自ら和す。温和は天理人道の至順。温和なれば事皆悖《もと》らず、物自然に混化す。夫婦の和、父子の愛、是天理自然の至順〈情〉なり、但、君上には敬に失し〈過ぎ〉易く、卑賤に臨むには厳急に失し〈過ぎ〉易し。或いは忿疾に失〈激〉し、或いは驕夸に奪はれて、天然の温和を失ふ。善く慈愛の本心を培養拡充すれば、自然に温和なり。

一、[8] **謙遜**

志小なれば心満つ、心満れば気驕る。善に伐り労を施にする。皆志の小なるに基くなり。只能く上帝の心を心とし〈に溯り〉、聖を以て自期する時は、心満つることなく、○〈賢者は敬ひ〉其学〈業〉の進むに従ひ、○〈益々其〉道の窮りなきを○〈楽んで〉悟り、其業の大なるに従ひ、作用の限りなきを知り、○〈其心〉益々謙遜にして、自矜《ほこ》り人に傲《おご》るの念あることなし。

右、存心の要

一、[9] **順序**

物、本末あり。事、終始あり。終を先にし始を終にすべからず。末を急にし本を緩にすべからず。心に正してすることなく、忘るることなく、助長することなく、泉の滾々《こんこん》昼夜を捨ず、舎に充て〈科《くぼみ》に盈《みち》て〉進み、遂に四海に達する〈放る〉が如く、鑿智《さくち》を用ひず、捷径《けんけい》に由らず、○〈四時運行するが如く〉、序に順て無為なり。

一、[10] **節倹**

貨財は天下の有〈遍〉用、吾一人の資本は、万人〈民〉の一部分なり。○〈吾人の利益を通ず。蓋《けだし》天下の財は〉己無益に費せば〈節せざれば〉、人亦《また》無益に之を取る〈吾を益せず〉。己不義に与《あずか》れば、人亦不義に之を受く。〈吾を愛する所以〉、天下の用は義と有益とのみ。○〈己れ一人の有に非ず。但、天下の財は限り有て、一人の欲は窮《きわま》りなし。一人を節すれば、天下一分の用を利す。〉故に一出の銭も必人の益を謀り、一入の貨も必己の義を思ふ。何をか吝《おし》み何をか奢《おご》らん。節倹は只義に従ふ〈礼に通ずる〉のみ。

一、[11] **寧静**

軽躁なれば心地定まらずして挙措《きょそ》〈止、道に〉中《あた》らず。何を以て天下の理を究め、天下の事〈務〉を慮らんや。故に○〈事に臨むの初〉大事の処し難きに遇ふと雖《いえども》、○〈頭注「理を以て□（己力）に克ち、成敗□心を動かす□無かるべし」〉先づ心を平にし、気を鎮め、安静にして理の当然を見るべし。孔明、陣に臨て○〈綸巾《りんきん》〉羽扇《うせん》を把《と》り、安車に乗りて意思安閑、拿破倫《ナポレオン》軍に仕て、学校の事を規画するが如し〈く〉、是皆〈真に〉寧静の至る処なり。

一、[12] **公義**

孤児・寡婦の欺き易きも欺くことなく、高祿・重爵の辞し難きも受ることなく〈ざることあり〉、一《下》飯の恩も必酬ひ〈ふ〉、一《上》言の託も必報〈負か〉ず。路に当ては、匹夫匹婦を視ること傷めるが如く〈も其沢を蒙らざれば□溝中に入るが如く〉、義の為めには○〈萬鈞の〉身命も塵芥の如くならんことを要す〈よりも軽く〉、是之を公義を重んずると云。

右、事に処し人に接するの要。

弗蘭克林十二徳の註釈、真に徳を好み善を勉むる者と云べし。古聖賢《帝王》障子を始め、盤の銘、勧学の文、座右の銘等、進徳の工《功》夫至らざるなし。後の学を為す者、豈效《あになら》はざるべからず。今聖慮、十二徳に於て、必ず会する所あるべし。平生聖学の詣る処、臣請ふ、面あたり之を聞くことを希ふ。

この文中にいう「十二徳の註釈(注)」は、前後の文意から、フランクリン自身の「原書原注」（原注は各徳目の解説で、『泰西勧善訓蒙』にも引用）を指すとみられる。それを見て元田は、自分なりの「補註」を初学者のために作ったのであろう。ただ、注目すべきことは、原書の徳目と元田の補註とを対比すると、単に十三徳が十二徳となっているだけでなく、その順序がほとんど入れ替わっていることである。

すなわち、徳目の順番は、前者を○、後者を□で囲み示せば、①節制は[1]で変わりないが、②沈黙↓[4]、③規律↓[9]順序、④決断↓[5]確志、⑤節約↓[10]節倹、⑥勤勉↓[3]勤労、⑦誠実↓[6]、⑧正義↓[12]公義、⑨中庸↓[11]寧静、⑩清潔↓[2]、⑪平静↓[7]温和、⑬謙譲↓[8]に、それぞれ替っている。これは、元田が特に[2]清潔や[7]温和、[8]謙遜などの徳目を、原書よりも重視したからではないかと思われる。

三　元田の「十二徳自註手録」と漢詩

この元田永孚による「弗蘭克林十二徳」への補註草稿は、前述のごとく明治五年から八年ころに作成し修訂されたものとみられる。その際、彼が見た「原書原注」は、おそらく同四年刊の箕作麟祥訳『泰西勧善訓蒙』所引「フランクリンの訓誨……十二徳」（各々「釈して曰く」の部分が原注）と考えられる。なんとなれば、『訓蒙』の引く「十二徳」の訳語が、元田の補註草稿と全く一致するからである（ただし、前述のごとく徳目の順番は異なる）。

しかも、元田はこの補註草稿を基にして作ったとみられる自註手録を、昭憲皇后（のち正式には皇太后）に献上している。その年次を、かなりの人々が明治八年とするが[9]、元田自身は「還暦之記」（同十一年稿）に次のごとく明記している。

明治九年六月、将に奥羽諸州に巡幸有らんとす。因て帝王巡幸の大意を陳述す。…その八《ママ》月／還幸に先立ち／皇后に書をよせて、宮中関雎《かんしょ》の和（夫婦和合の徳）を専らにして、螽斯《きりぎりす》の繁栄あらんことを陳じ、上杉鷹山の女訓を手写して之を上《たてまつ》る［上書草案、別録あり］。亦、弗蘭克林の十二徳に自註を加へ手録して之を上る。／皇后、御歌を賜ふ。乃詩を賦して之を和し奉る。

これによれば、元田は侍講となってから一年半後の明治九年（一八七六）、天皇が奥羽地方を巡幸された六月初めより七月中旬までの間に[10]、皇后の御役に立てばと考えて、「上杉鷹山の女訓を手写」すると共に、「弗蘭克林の十二徳に自註を加へ手録」したもの（以下「自註手録」と仮称する）を、それぞれ献上したのである。

それは、前掲の「補註草稿」を修訂し清書したものと考えられる（徳目の順番、両者同一）。ただ、その献上本は宮中に現存するであろうが、まだ確認できていない。また、その控えも「元田永孚関係文書」中に見当たらない。

けれども、「還暦之記」前掲引用の末尾に、元田の「自註手録」を御覧になった皇后から「御歌」を賜わったとある。しかも、そこで元田が、「詩を賦《ふ》して之を和し奉る」と記す漢詩は、幸い佐佐木信綱氏『昭憲皇太后御集謹解』に収録されている。[11] 同氏が「東野先生詩抄に十二徳詩あり。皇后の御歌に元田侍講の和し奉れる作」として掲げる十二の漢詩は、管見の限り、今では他に見ることができない[12]から、左に引いておこう。（漢文・漢詩に返点を付し、参考までに書き下し文を加え、十二徳目の頭に番号①～⑫を冠する。）

○弗蘭克林好二徳行一　嘗択二十二徳一　書レ于レ壁而自誡焉　臣侍講及レ之　皇后愛レ之　親製二国詩一以賜レ之　臣輒賦二十二絶句一　恭和奉　（フランクリン、徳行を好み、嘗《かつ》て十二徳を択び、壁に書きて自ら誡む。臣、侍講して之に及ぶ。皇后、之を愛《め》でたまひて、親《みずか》ら国詩〈和歌〉を製したまひ、以て之を賜はる。臣輒《すなわ》ち十二絶句を賦して、恭《うやうや》しく和し奉る。）

①節　制

一瓢《いっぴょう》飲足有二余飲一　春在二梅花猶未一レ闌　多少人間行楽事　十分不レ若二八分安一　（一瓢の飲、足りて余飲有り。春は梅花、猶未だ闌《たけなわ》ならざるに在り。多少の人間、行楽の事、十分なるは八分の安きに若《し》かず。）

②清　潔

衣袂已清肌亦清　更無三人洗二滌中情一　誰能一箒揮除去　屋漏到頭旧棘荊　（衣袂已《すで》に清ければ、肌亦清く、更に人をして中情を洗滌すること無けん。誰か能く一に箒揮して除去せんや。屋漏れ到頭、旧棘荊なり。）

③**勤　労**

舜労二畎畝一禹労レ水　華氏為レ農伯氏工　今古聖賢何事業　畢生勤勉不レ言レ功（舜は畎畝《けんぽ》に労《つと》め、禹は水に労む。華氏は農を為し、伯氏は工《たくみ》なり。今古の聖賢、何事か業《わざ》とせん。畢生勤勉にして功を言はず。）

④**沈　黙**

厭レ聞三喋々説二文明一　不レ若沈潜先養レ誠　桃李無レ言何減レ色　満蹊《まんけい》光彩簇二人行一（喋々と文明を説くを聞くことを厭ふ。若《し》かず沈潜して、先づ誠を養ふことを。桃李は言ふこと無くとも、何ぞ色を減ぜん。満蹊の光彩、人行に簇《むらが》れり。）

⑤**確　志**

此身豈被二利名移一　大丈夫心涅不レ緇　斯道縦令塞二当世一　楽レ天俟レ聖更無レ疑（此の身は豈《あに》利名の移を被らん。大丈夫の心、涅《くろ》くして緇《くろ》からず。斯の道は縦令《たとえ》当世を塞ぐとも、天を楽しみて聖を俟《ま》ち、更に疑ふこと無し。）

⑥**誠　実**

九皐鶴唳達二蒼穹一　陽意発二生深雪中一　天下曽無二不レ成理一　至誠只在二反吾躬一（九皐《きゅうこう》の鶴唳、蒼《そう》穹《きゅう》に達し、陽意、深雪の中に発生せん。天下、曽《かつ》て成らざる理無し。至誠、只反《かえ》って吾が躬に在り。）

⑦**温　和**

一寸愛情可レ断レ金　渾為二温意一入レ人深　他年堯雨舜風洽　和二協萬邦一是此心（一寸の愛情も金を断ずべし。渾《すべ》て温意を為し、人に入りて深し。他年、堯雨・舜風洽《あまね》く、萬邦を和協するは、是れ此の心なり。）

⑧**謙　遜**

揖譲三杯礼楽生　心能纔下物皆平　人々若有二謙譲徳一　四海何由起二闘争一（揖譲《ゆうじょう》三杯して礼楽生ぜん、心能く纔《わず》かに下らば、物皆平かならん。人々若《も》し謙譲の徳有らば、四海何に由りてか闘争を起こさんや。）

⑨順　序

滾々源泉入レ海流　盈レ科滙レ壑自悠々　怪来智者多相鑿《さく》　故意揠レ苗労不レ休（滾々《こんこん》たる源泉、海に入りて流る。科《くぼみ》を盈《みた》し壑《たに》を滙《めぐ》りて、自ら悠々たり。怪しみ来る智者、多く相鑿《うが》つ。故意に苗を揠《ぬ》き、労して休《や》まず。）

⑩節　倹

半絲半粒是民脂　不レ忍三輙充二肉食資一　若減二家々一分用一　拯二来天下幾寒飢一（半絲・半粒、是れ民の脂なり。輙《たやす》く肉食の資に充つるに忍びず。若し家々一分の用を減ずれば、天下の幾《いくばく》の寒飢を拯《すく》ひ来らん。）

⑪寧　静

耳目索レ前駐不レ停　唯能艮レ背静而寧　烈風雷雨迷二林麓一　天外一峰自若レ青（耳目、前を索き駐《とど》まりて停らず、唯能く背に艮《とど》まり静かにして寧《やす》し。烈風雷雨、林の麓に迷へど、天外の一峰、自ら青きが若《ごと》し。）

⑫公　義

三杯家醸喚二隣翁一　一椀藜羹分二巷童一　只此些々相恤意　大レ之当下与二万藜一同上（三杯の家醸に隣の翁を喚び、一椀の藜羹《れいこう》を巷童に分つ。只此れ些々たる相恤の意なり。之を大にして、まさに万藜と同じくすべし。）

このように元田の七言絶句は、それぞれフランクリンの十二徳と教訓をふまえながら、みずからの儒教的な倫理観と和漢学の知見に基づき、望ましい道徳（日常心得）のあり方を詠み込んでいる。

四　昭憲皇后による二種類の御歌

以上、元田永孚が『泰西勧善訓蒙』により知りえたであろうとみられるB・フランクリン『自伝』中の「十二徳」に関する「補註草稿」と「自註手録」とを、献上した昭憲皇后の御歌に唱和した元田の「十二徳詩」を紹介してきた。

ところで、元田の「自註手録」を御覧になって昭憲皇后が詠まれた御歌は、大小の御歌集に収められ、「右十二首、明治九年、弗蘭克林の十二徳をよませたまへる」と注記されている。[13]

ただ、それとは別に、ほとんど同様の「御詠歌幅」が大阪青山短期大学の歴史文学博物館に所蔵されている。これは、図録を見ても、昭憲皇后の御直筆と認められる。[14] しかし、この㋑「御詠歌幅」には、なぜか御歌が十三首ある。そのうち十二首は、㋺既刊の『御集』に対応するが、子細に較べると、半数近くに多少の違いがある（順番は同じ）。そこで、㋑の表現を主として、㋺と違う用字・表現を（㋺……）の形で注記しながら濁点を加え、左に列挙しよう。

1　**節制**／花の春もみぢのあき（㋺秋）のさかづきも／ほどほどにこそく（㋺汲）ままほしけれ

2　**清潔**／白妙（㋺しろたへ）のころも（㋺衣）のちりははら（㋺払）へども／うきは心のくもりなりけり

3　**勤労**／みがかずば玉も（㋺の）ひかり（㋺光）はいでざらむ／人のこころ（㋺心）もかくこそあるべき（㋺らし）

4　**沈黙**／過（㋺すぎ）たるは及ばざりけりかりそめの／こと（㋺言）葉もあだに散らさざらなん（㋺む）

5　**確志**／人ごころかくぞあるべき（㋺かからましかば）しら（㋺白）玉の／まだま（㋺玉）は火にもや（㋺焼）かれざりけり

6　**誠実**／とりどりに作（㋺つく）るかざしの花よりも（㋺もあれど）／匂ふこころ（㋺心）のまことをぞ思ふ（㋺うるはしきかな）

7　**温和**／乱（㋺みだ）るべき折（㋺をり）をばおきてはなざくら（㋺花桜）／まづ笑（㋺ゑ）むほどをならひてし哉（㋺かな）

8　**謙遜**／高ねをも（㋺高山の）底に（㋺かげを）うつして山（㋺ゆく）みづの／ひく（㋺低）きにつくを心ともがな

9　**順序**／奥（㋺おく）ふかき道にもいはん（㋺もきはめむ）もの（㋺物）ごとの／はじめ終の（㋺本末をだに）みだれ（㋺違へ）ざりせば

10　**節倹**／呉竹のほどよきふしをたがへずば／すゑば（末葉）の露は（㋺も）みだれざらまし

11　**寧静**／事にふれ（㋺いかさまに）身はいかさまに（㋺くだくとも）くだくとも（㋺むらぎもの）／こころはゆた（㋺心は豊）になすよしもがな（㋺あるべかりけり）

12　**公義**／よろづ民（㋺国民を）すくはん道は（㋺も）近きより／おして遠きに（㋺及ぼさむ）行よしも哉（㋺遠きさかひに）

13　（㋑のみあり）**虚誕**／はかりにし鳥の空音《そらね》も関の戸は／明《あけ》〈開の懸詞〉てのちこそあらはれにけれ

このように、用字（仮名か漢字）の違いはさておき、表現の修訂が5・6・8・9・11・12などに著しい。これはどちらが先か後か、簡単に決めかねる。ただ、『昭憲皇太后御集』は、歌稿があっても完成されたほうを収めていると思われるから、おそらく㋑が先に作られ、後で13以外㋺に改められたものと考えられる。

それはともかく、依然として残る疑問は、㋑の13がなぜいつ詠まれたかである。それは今のところ不明というほかない。あえて憶測すれば、元田が『泰西勧善訓蒙』により知った「フランクリンの教誨」は「十二徳」だから、それによって「補註草稿」も「自註手録」も作ったが、後日フランクリン『自伝』には元来「十三徳」あることを聞き及び[15]（例えば洋書担当の侍講であった加藤弘之か西村茂樹あたりから）、それを昭憲皇后に申し上げたので、十三首目の御歌を付け加えられた、というようなことがあったのであろうか。

その場合、フランクリンの原本にある徳目「純潔」に代わる別の徳目（㋑御詠歌幅では「虚誕」）を考えて説明したのではないか[16]。もしそうであれば、13に挙げる「虚誕」は、「十二徳」の6「誠実」と正反対であるから、いったん御歌に詠まれたけれども、㋺への修訂段階で削除されたのかもしれない。しかし、この憶測には裏付けがなく[17]、今後とも考えてみたい。

ともあれ、このような徳目・教訓について「補註」「自註」を作った元田永孚は、明治天皇の御信任をえて道徳教育の改善に取り組んだ。やがて明治二十三年（一八九〇）十月三十日下賜される「教育勅語」にも、成稿段階で深く関与している。

（平成二十一年十月十日稿、同三十日訂）

〈付記〉本章関係の資料収集に際して、モラロジー研究所の橋本富太郎氏、および明治神宮国際神道文化研究所の打越孝明氏などから協力をえたことに、感謝の意を表する。

注

（1）日本歴史学会編『明治維新人名辞典』（昭和五十六年、吉川弘文館）一〇〇一～一〇〇二頁。詳伝は海後宗臣氏『元田永孚』（昭和十七年、文教書院）など参照。

（2）佐渡谷重信氏『アメリカ精神と日本文明』（初版、昭和五十一年、潮新書。平成二年、講談社学術文庫）文庫二七頁。

（3）松本慎一・西川正身両氏訳『フランクリン自伝』（初版、昭和十二年。改訳、同三十一年。共に岩波文庫）改訳解説三〇一～三〇七頁。西川氏の同「あとがき」三〇九～三一四頁。この初版はピグロー版、改訳はアルバート・スマイズ編『フランクリン著作集』（一九〇五～七年刊）所収『自伝』を底本としている。他にマックス・ファランド編『フランクリンの自伝』（一九四九年）もある。

（4）注（2）（3）によれば、山田邦彦訳『仏蘭克林　金言行録』（明治十七年）、御手洗正和訳『名華之余薫』（同二十年）、望月與三郎訳『勤勉立志富蘭克林自叙伝』（同二十二年）、国木田独歩『フランクリンの少年時代』（同二十九年）、佐久間信恭訳注『フランクリンの自伝』（同三十一年）、笹山準一著『立志成功新訳フランクリン』（同四十三年）、竹村修訳『フランクリン自叙伝』（大正初年）、百島操『フランクリン一代記』（大正初年）、中里介山『フランクリン言行録』（昭和十年）、金井朋和訳『フランクリン自叙伝』（昭和十一年）などもある。

（5）平川祐弘氏『東の橘　西のオレンジ』（昭和五十六年、文藝春秋）五三～七四頁。中村正直『西国立志編』（同年、講談社学術文庫）にも、「サミュール・ドリフは、その一生、職事に勉強すること、慣れて性となりたるは、フランクリンの著述（自伝）に遺せる儀範を師として学びしに由れり、といへり。かく……好儀範の将来伝はること、何ぞ底極《いたりきわ》まるところあらんや」と推奨している。（原文の片仮名を人名以外は平仮名に直した。以下同）。

（6）注（1）『明治維新人名辞典』九六二頁、詳しくは大槻文彦『箕作麟祥君伝』（明治四十年）など参照。
なお、最近（校正中の十一月下旬）、本学文化部の小倉恵実助教（大垣北高の後輩）と出会い、初めて知ったことであるが、同氏は一橋大学大学院の平成九年度修士論文に「〝文学の人〟フランクリン—近代アメリカ、そして近代日本におけるフランクリンの受容―」（複写受贈）を書いている。これによると、つとに亀井俊介氏が『ベンジャミン・フランクリン』（研究社アメリカ古典文庫1、昭和五十年）の中で、箕作省吾（麟祥の父）が弘化二年（一八四五）『坤輿図識』にフランクリンを簡略に紹介していること、また今井輝子氏「日本におけるフランクリンの受容―明治時代―」（『津田塾大学紀要』第一四号）によれば、小幡篤次郎が明治元年（一八六八）『天変地異』の中にフランクリンを科学者（避雷針の発明者）として紹介していること、さらに福澤諭吉が翻訳したチュンバースの児童用道徳書『童蒙教草』（明治五年刊、日本教科書大系所収）に、「フランクリンの遺文」として「働と倹約を守れば成らざる事なし」などを紹介していること、などが指摘されている。

（7）本書は何種類も版行されている。私が見た刊本は「明治四年辛未仲秋刊行」の「名古屋学校蔵版」本である。

（8）国立国会図書館憲政資料室所蔵『元田永孚関係文書』は、遺族の元田竹彦氏が大切に保管され、昭和四十年代に海後宗臣氏が全面協力して『元田永孚文書』三巻を出版された。しかし、予定の後半三巻は未刊に終わり、同六十三年（一九八八）一括して同館に寄贈された由である。しかし、その中に漢詩は含まれていない（巨勢進氏『元田東野』〈昭和五十四年、明徳出版社〉所収の漢詩も一部抄録に留まる）。関係文書の中にも、まだ翻刻されていない貴重なものが多い。

（9）例えば、佐渡谷重信氏は、本章の「はじめに」で引いた「元田永孚は明治皇后にフランクリンの自伝を進講した」に続けて、「明治八年のことである」と記されている。また平川祐弘氏は、注（5）の著書で「元田はフランクリンの十二徳に自注を加えて明治八年、九年ころ進講したのだろう」（七七頁）と少し曖昧な書き方をされている。しかし、八年の可能性は考え難い。

（10）「還暦之記」（元田竹彦・海後宗臣両氏共編『元田永孚文書』第一巻、昭和四十四年、元田文書研究会）一二四頁に「その八月、還幸」とあるのは、元田の記憶違いであって、帰路「明治丸」で横浜へ到着され東京へ還御されたのは七月二十日である（『明治天皇紀』第三巻六七三頁）。ちなみに、この七月二十日が、昭和十五年（一九四〇）「海の記念日」と定められ、さらに平成七年（一九九五）から

法定祝日「海の日」となった（拙著『「国民の祝日」の由来がわかる小事典』平成十五年、PHP新書一八二頁参照）

(11) 佐佐木信綱氏『昭憲皇太后御集謹解』（大正十三年、朝日新聞社）一〇〜一二頁。

(12) 右の佐佐木氏は、「因に云ふ、元田先生進講録に添へたる東野先生詩鈔に、十二徳詩あり……」と断って、十二の絶句を引載しておられる。しかし、既刊の『元田先生進講録』（吉本襄編、明治四十三年、民友社）は、『論語』十一講、『書経』『周易』各二講のほか、徳富蘇峰による詳細な「緒言」と「付録　元田東野翁」（評伝）を収めるが、この「東野先生詩鈔」は収録されていない。また既刊の『元田永孚文書』三巻（進講録・講義録）にも巨勢進氏『元田東野』にも、「元田永孚関係文書」（注8）未刊部分にも、この漢詩は入っていない。
なお、佐佐木氏は、フランクリンの略歴を紹介する中で、「その自叙伝中に、彼は克己反省の徳を修めて、自己を鍛錬せんと欲し…みずから十二徳を編み（後一徳を加へて十三徳とす）、之に小解を加へ、表に作りて、そを力行せりといふ。」（前掲書九頁）と記されているが、前述のとおり、括弧内傍点部のようなことは、事実と全く逆であって、誤認と言わざるをえない。

(13) 明治神宮編刊『新輯　昭憲皇太后御集』（昭和四十年）は、宮内庁侍従職所管の『昭憲皇太后御歌全集』に収録されている二万七八二五首から四五八〇首を謹撰したもの。この十二首は、普及版『新抄　明治天皇御集　昭憲皇太后御集』（同四十二年、角川文庫）一五八〜一六〇頁にも入っている。なお、注（6）に付記した小倉氏の論文によれば、明治四十五年、田村謙氏作曲の「御歌十二徳」（金港刊）があるという。

(14) 明治神宮文化館編刊『昭憲皇太后九十年祭記念展―美《うるわ》しき明治の皇后―』図録（平成十六年）には、大阪青山短期大学から出品された「皇后十二《ママ》徳御詠歌幅」全文を収め、「本歌幅は、皇太后より元田に下賜されたものと伝わる」と解説されている。それを同図録の「明治九年二月、皇太后より女子師範学校に下賜された色紙〝みがかずば玉も鏡も何かせむ　まなびの道もかくこそありけれ〟」（お茶の水女子大学所蔵）などと照らし合わせても、御直筆と認められる。

(15) 十三の徳目（Virtue）と原注の教訓（precept）の英文と和訳を早乙女忠氏訳『英和対訳　フランクリン自叙伝』（昭和

四十一年、旺文社）二二八～九頁により左に抄出する（松本慎一氏訳岩波文庫本と異なる徳目の訳語を丸括弧内に示す）。

TEMPERANCE — Eat not to dullness, drink not to elevation.

1．節制（摂生）—頭が鈍くなるほど食べるな。浮かれるほど酒を飲むな。

SILENCE — Speak not but what may benefit others or yourself, avoid trifling conversation.

2．寡黙（沈黙）—他人や自分に益になることのほかは口にするな。くだらぬ話は避けよ。

ORDER — Let all your things have their places, let each part of your business have its time.

3．秩序（規律）—自分の持物の位置を定めよ。仕事をなすに当たって時を定めよ。

RESOLUTION — Resolve to perform what you ought, perform without fail what you resolve.

4．決断—為すべきことを実行する決心をせよ。決心したことは必ず実行せよ。

FRUGARLITY — Make no expense but to do good to others or yourself, i.e. waste nothing.

5．倹約（節約）—他人や自分の益にならぬことに金を使うな。つまり浪費は止めよ。

INDUSTRY — Lose no time, be always employ'd in something useful, cut off all unnecessary actions.

6．勤勉—時間を無駄にするな。常に有益な仕事に従え。不必要な行動は止めよ。

SINCERITY — Use no hurtful deceit, think innocently and justly, and, if you speak, speak accordingly.

7．誠意（誠実）—人を損なうような策略を弄するな。邪念を捨て正しい物の考え方をせよ。口を開く時も同様と知れ。

JUSTICE — Wrong none by doing injuries, or omitting the benefits that are your duty.

8．正義—他人を不当に遇するな。無礼を行わず、与えるべき便宜は人に与えよ。

MODERATION — Avoid extremes, forbear resenting injuries so much as you think they deserve.

9．中庸—極端を避けよ。不法を受け憤りに価すると考えても、過度に憤るな。

CLEANLINESS — Tolerate no uncleanliness in body, cloaths, or habitation.

10．清潔―身体・衣服・住居の不潔を許すな。

11 **TRANQUILLITY** — Be not disturbed at trifles, or at accidents common or unavoidable.

11．平静―小事、日常茶飯事、また不可避の事故に心を騒がすな。

12 **CHASTITY** — Rarely use venery, never to dullness, weakness, or injury of your own or another's peace or reputation.

12．純潔―性愛におぼれて遅鈍または虚弱に陥らぬよう、自他の平和と名誉をそこなわないよう心せよ。

13 **HUMILITY** — Imitate Jesus and Socrates.

13．謙譲―イエスとソクラテスをまねよ。

（16）松本慎一氏の解説によれば、「本書が青年教養の好著である関係から、往々部分的に省略を施したものが少なくない。……一九〇一年のマクミラン版の自伝も、情事（純潔）の記述はそれを省略している」（注3三〇四頁）という。同氏の初版（昭和十二年）でも「純潔に添えてある戒律（教訓）」を訳出していないが、のち同書の西川正身氏による改訳版（同三十一年）では、もちろん補訳されている（一三七～一三八頁）。

（17）佐渡谷重信氏は「明治皇后が感化を受けたのは十三の徳目である。つまり、節制、沈黙、順序、確志、節約、勤労、誠実、公義、温和、清潔、沈着、潔白、謙遜の十三の徳目であり、これにもとづいた和歌を発表している」（注2二七頁）と記されているが、その根拠を示しておられない。

なお、「純潔」の代わりに「虚誕」を詠まれた御歌の「鳥の空音」「関の戸」は、『史記』孟嘗君伝に見える故事に由来する。また『後拾遺和歌集』に収められ『百人一首』にも選ばれている清少納言の「夜をこめて鳥のそらねははかるとも世に逢坂の関はゆるさじ」も、昭憲皇后は当然熟知しておられ、それをふまえて㋑13を詠まれたものと思われる。

第二章　「教育勅語」誕生の経緯と特徴

はじめに ―日韓の実力―

平成二十二年（二〇一〇）二月、カナダのバンクーバーで開かれた冬季オリンピック大会をテレビ観戦しながら、いろいろ考えさせられた。その結果を国別に獲得メダル数で見ると、表のとおり日本は残念ながら十六位である。もちろん、メダル数は一つのバロメーターにすぎない。しかし、総人口も参加者（選手・役員）も日本の半数に満たない韓国が、日本の三倍近い（特に金は世界で五位）好成績をあげたのは、目覚しく発展している「大韓民国」の実力を示すものと言えよう。

No.	国名	計（金 銀 銅）
1	アメリカ	37（9 15 13）
2	ドイツ	30（10 13 7）
3	カナダ	26（14 7 5）
4	ノルウェー	23（9 8 6）
5	オーストリア	16（4 6 6）
6	ロシア	15（3 5 7）
7	韓 国	14（6 6 2）
8	中 国	11（5 2 4）
9	スウェーデン	11（5 2 4）
10	フランス	11（2 3 6）
11	スイス	9（6 0 3）
12	オランダ	8（4 1 3）
13	チェコ	6（2 0 4）
14	ポーランド	6（1 3 2）
15	イタリア	5（1 1 3）
16	**日 本**	5（0 3 2）
17	オーストラリア	3（2 1 0）
18	ベラルーシ	3（1 1 1）
19	スロバキア	3（1 1 1）
20	イギリス	1（1 0 0）

※メダル同数の場合、8位までの入賞者合計点による順番。

このような差異はなぜ生じたのであろうか。その要因は、いろいろあるにせよ、端的に言えば、教育力・道徳力の違いかと思われる。

ちなみに、財団法人日本青少年研究所が主に高校生を対象として行った生活比較調査によれば、(イ) 一日の勉強時間は

――平均して韓国十二時間、日本七時間（二〇〇八年調査）、（ロ）節約を注意している親は――韓国八二％、日本四九％（二〇〇七年調査）、反面、（ハ）父母や教師への反抗を自由と考える生徒は――日本五五％、韓国九％、（ニ）未成年の売春行為を自由と考える生徒は――日本二六％、韓国一〇％（ハ）（ニ）二〇〇三年調査）という大きな開きがある。

これでは、韓国に勝てるはずがないであろう。しかしながら、かつての日本人は、単に力強いだけでなく、世界から信頼され尊敬もされていたことを想い出してほしい。それを可能にしたのは、長年の伝統に加えて、明治の先人たちが築き上げた教育力・道徳力の賜物《たまもの》と言えるのではないか。

そこで、このような現状を克服するためにも、今から約百二十年前（明治二十三年十月三十日）に渙発《かんぱつ》された「教育勅語」の成立経緯を振り返る。そして、そこに込められている基本的な特徴を明らかにしたい。

一　明治初年の教育政策と実情

明治維新の偉大さは、「王政復古」(restoration) と「諸事御一新」(renovation) という一見矛盾する基本方針を掲げたが、その実現に向け、「躬《み》を以て衆に先んじ……万民保全の道を立てん」との誓いを立てられた明治天皇のもとで、「上下心を一にして」さまざまな課題に全力で対処したことだと言えよう。そのうち、最も重要な問題の一つは、近代的な国民国家の基盤をなす教育の普及と向上であったとみられる。

そのため、新政府は、明治五年（一八七二）八月、全国に五万余の小学校などを設ける「学制」公布の際、「学問は身を立つる財本とも云ふべき者にして、人たるもの誰か学ばずして可ならんや。……必ず邑《むら》に不学の戸なく家に不学の人なからしめん事を期す」と「学事奨励」を布告している。

当時の学校開設は、ほとんど地元負担とされたから、農村地域などでは容易でなかったに違いない。ところが、つとに幕末のころ寺子屋などへの就学率は、男児が四三％、女児も一〇％余りで、世界的に見ても最高のレベルと言われる。そして〃文明開化〃を啓蒙《けいもう》するために、福澤諭吉が『学問のすゝめ』（初編、明治五年刊）で「人は生まれながらにして貴賤・貧富の別なし、ただ学問を勤めて物事をよく知る者は貴人となり富人となり、無学なる者は貧人となり下人となるなり」などと学問の実利を強調して、一般の教育熱を大いに高めた。しかも、新政府の方針を受けて、地方の官吏たちが懸命に努力している。

例えば、岐阜県（美濃・飛騨）の場合、「学制」の施行された明治五年、井手今滋《いでいましげ》（橘曙覧《あけみ》の息男）らが「学務専任」（翌年「学区取締」）に任じられ、各学区の区戸長らを督励した。そのせいか、同七年には七百校近い（美濃五八八、飛騨一〇六）立派な木造小学校が建てられ、六〇％近い（男児七三％、女児四四％）就学率に達している（『岐阜県史』通史編・近代下）。しかも、その半数近くを写真に撮って明治天皇に献上した『岐阜県管内学校撮影』（宮内庁書陵部所蔵、『ふるさと学校写真帳』所載）を見ると、当時の人々が学校教育にどれほど力を入れていたか、具体的に知ることができる。

ただ、実利に引かれて外来の技芸ばかり尊ぶ傾向が強まるにつれ、深刻な情態に陥った。一例のみ挙げれば、明治九年（一八七六）、東京医学校へ招聘《しょうへい》されたドイツ人のE・ベルツ（27歳）は、『日記』（十月二十五日）に「今日の日本人は……教養ある人々も、過去の事に引け目を感じている。……私が日本歴史について質問すると、はっきり〃われわれに歴史はない。われわれの歴史は今から始まるのだ〃と断言した」というように書いている。

二　明治天皇の聖旨と徳育論議

このような状況を知って憂慮され、その対策を関係者に求められたのが、明治天皇にほかならない。天皇は主として明治前半期に全国を巡幸されたが、同十一年秋（26歳）、北陸・東海の六県に行幸の際、「各県の学校を巡覧し、親しく生徒の芸業を験するに、或は農商の子弟にしてその説く所多くは高尚の空論のみ。甚しきに至りては、善く洋語を言ふと雖《いえ》ども、これを邦語に訳すること能はず。……これ皆、教学の道を得ざるの弊害なり……」という実情に驚かれた。

それを承った侍講の元田永孚は、翌十二年（61歳）「教学聖旨」をまとめ、「今より以往、祖宗の訓典に基づき、専ら仁義忠孝を明かにし、道徳の学は孔子を主として、人々誠実品行を尚とび、然る上、各科の学は、その才器随て益々長進し、道徳才芸、本末全備して、大中至正の教学、天下に布満せしめ」るため、具体的に小学校の教育では「古今の忠臣義士・孝子節婦の画像・写真を掲げ……忠孝の大義を第一に脳髄に感覚せしめんことを要す」としている。

しかも元田は、この聖旨に沿って、早速みずから『幼学綱要』の編纂に取り組み（高崎正風ら協力）、同十五年に完成すると、それを天皇に奉呈《ほうてい》し、地方長官に頒賜《はんし》していただき、全国へ普及した。その項目は、「孝行・忠節・和順・友愛・信義・勧学・立志・誠実・仁慈・礼譲・倹素・忍耐・貞操・廉潔・敏智・剛勇・公平・度量・識断・勉職」の二十から成り、それぞれの具体的な実践例を和漢の古典から引き、絵図も多く加えている。

ちなみに、元田は明治九年（58歳）、箕作麟祥訳『泰西勧善訓蒙』（フランス人ボンヌ著）に収められるアメリカ人ベンジャミン・フランクリンの「教誨《きょうかい》十二徳」（節制・沈黙・順序・確志・節倹・勤労・誠実・公義・温和・清潔・寧静・謙遜）を写し、それに注を加えて美子《はるこ》皇后（昭憲《しょうけん》皇太后、26歳）に差し上げたことがある（本書第一章参照）。このような経験も『幼学綱要』の編纂に役立ったことであろう。

ところが、明治十二年九月、「教学聖旨」について意見を求められた内務卿《ないむきょう》の伊藤博文（38歳）は、七年前の「学制」を発展させて「文明の化」を期し、「高等生徒を訓導するは、宜しくこれを科学に進むべく」と論じている。また、文部省も米人モルレーの影響を受けた「教育令」によって、教育を地方に任せる自由主義政策を打ち出した。しかし、その途端、各地方で就学率が下がり混乱を生じたために、翌十三年、地方長官（知事）会議の要望もあって、再び中央統制に戻す「改正教育令」が出されている。しかも翌十四年、「小学校教則綱領」で「修身」を学科の首位に置き「道徳の教育に力を用ひ」る方針が明示されるに至った。

とはいえ、その「道徳の教育」＝徳育として何を中心に教えるかについては、数年にわたり議論百出した。例えば、福澤諭吉は明治十五年（48歳）「徳育如何」「徳育余論」を書き、「輿論《よろん》に従て、自立独立の旨に変ずべき」だが、「一般の徳育は……仏法に依頼」すればよいとしている。それに対して元田永孚（66歳）は、同十七年「国教論」の中で、政治も教育も「宗教の外に立つ」べきだから、我が国では「君臣の義、父子の道」を説く「孔子の道徳をもって……国教となす」ことを主張している。

また、明治十三年に教科書『小学修身訓』を著した文部省編修課の西村茂樹は、みずから「日本弘道会」を作り、ついで、同十九年（59歳）帝国大学で講じた『日本道徳論』において、徳育は「世外教」（宗教）を棄てて「世教」を用いるべきで、具体的には「支那の儒道」と「西洋の哲学」との長所を併用するほかないとしている。しかしながら、翌十八年、文部大臣となった森有礼《ありのり》（38歳）は、「修身教育に今や孔孟の教は迂遠」と否定的である。

さらに、同二十年、東京英語学校（のち日本中学校）校長の杉浦重剛（32歳）は、『日本教育原論』を著し、「物理の定則（エネルギー保持の法則など）を人事に応用」して、「陰徳あれば陽報あり」とか「播《ま》かぬ種は生えぬ」などの「理学宗」を、学校だけでなく家庭などでも説く必要があるという。しかし、帝国大学総長の加藤弘之（50歳）は、『徳育方法論』の中で、やはり「宗教主義の教育」が必要だから「神道・仏教・儒教・耶蘇教の四教の修身科を置て…その信ずる所の教派に就かせたが宜しい」と論じている。

三　「教育勅語」起草と修正の苦心

このように明治十年代の〝徳育〟論議は、それぞれ一理あるが、どれも決定的な説得力を持ちえない。そのため、せっかく「修身」の教科が首位に置かれても、十分に実行されない状況にあった。特に大学でそれを研究する学科自体なかったことは、明治十九年（一八八六）十月、帝国大学に行幸された天皇（34歳）が「朕、設くる所の学科を巡視するに、理科・化科・植物科・医科・法科等は、益々その進歩を見るべしと雖《いえど》も、主本となる修身の学科に於ては、かつて見る所なし」（元田永孚『聖諭記』）と鋭く指摘されている。

その当時、政府関係者たちの主要な関心は、近代的な立憲公議政体を樹立することにあった。それがようやく具体的に進み、明治二十二年（一八八九）二月十一日、「皇室典範」と「大日本帝国憲法」が制定され、ついで翌二十三年の七月に衆議院の総選挙、十一月には憲法施行、帝国議会の開設という運びになった。アジアでは最初の立憲君主制・衆貴二院制が形作られたのである。

しかし、それにつれて、いわゆる自由民権論者たちが従来以上に激しく各地の青年らを巻き込んで、奔放《ほんぽう》な言動を繰り返すようになった。また、名に実の伴わない修身教育への批判も高まっている。

特に明治二十三年二月の地方長官会議では、各地の教育混乱を憂慮する知事たちが「徳育涵養の義に付き建議」をまとめ、「現行の学制……智育を主として……徳育は全く欠く……軽佻浮薄の風……道義頽壊の勢」を厳しく批判し、政府に善処を要求している。

しかも、同年五月、山縣有朋《やまがたありとも》（52歳）内閣の文部大臣となった芳川顕正《よしかわあきまさ》（48歳）に対して、天皇（38歳）から「徳教のことに十分力を致せ」「教育上の基礎となるべき箴言《しんげん》を編《あ》め」との御沙汰があった。そこで、直ちに首相と文相が協議し、単なる「箴言」の寄せ集めではなく、新しく「教育に関する勅語」（勅諭）を提示することになったのである。

その草案は、初め中村正直（58歳）が起草した。彼は幕臣で儒学も蘭学も学び、英国に留学して、S・スマイルズの『自助論』やJ・ミルの『自由論』を『西国立志編』や『自由之理』として訳刊し、帝国大学教授などを務めた啓蒙思想家である。従って、芳川文相に出した草案を見ても、

忠孝の二つはその原《もと》は一つにして人倫の大本にぞある。殊に我が国に生るゝ者は、皆これ朕が臣子なり。その君父たる万世一系の帝室に対しては、常に忠孝の心を存し、各々その尽すべき職分を尽し、天意に叶《かな》ふことを務むべきぞ。（下略）

と、まず儒教的な忠孝一体の理念を掲げる。しかし、ついで「父は子の天なり、君は臣の天なり。……忠孝の心は、天を畏るゝの心に出……即ち神を敬ふの心にして……神は我が心に舎《やど》るを以て我が心は天に通ずる

者なり」とキリスト教的な「敬天敬神の心」を示し、そのうえで「愛国の義」「国民の品行」を高めて「自治独立の良民となる」ことを説いている。

そのため、この中村案について山縣首相から意見を求められた法制局長官の井上毅《こわし》（49歳）は、全文に徹底的な批判を加えた。井上は幕末に儒学とフランス語を学び、渡欧して入手したプロシャとベルギーの憲法を翻訳して、才能を認められる。特に伊藤首相のもとで典範・憲法の起草に全力を注いだ功績は大きい。その最中（同二十年三月）に詠んだ和歌に「外《と》つ国の千草の糸を紡《つむ》ぎあげて大和錦《やまとにしき》に織りなさばやな」と、まさに〝和魂洋才〟の心意気を示している。

井上は六月の山縣宛の書簡で、まず「今日の憲政体の主義に従へば、君主は臣民の良心の自由に干渉せず［英国・露国にては宗旨上国教主義を存し、君主みずから教主を兼ぬるは格別］、今勅諭を発して教育の方向を示さるゝは、政事上の命令と区別して社会上の君主の著作公告として看ざるべからず」と本質的な大原則を明示する。そのうえで中村案に見られる、「敬㆑天尊㆑神等の語」「哲学上の理論」「政事上の臭味」「漢学の口吻《こうふん》と洋風の気習」「砭㆑愚戒㆑悪の語」、とりわけ「各派の宗旨の一を喜ばしめて他を怒らしむるの語気」を避けるべきであり、難しいけれども「真成なる王言の体を全くする」べきことを望んでいる。

しかも、井上は単に批判するだけでなく、試みに代案を作り提示した。それを見て、山縣も芳川も前述のような中村案を廃棄することに決し、あらためて井上案を侍講の元田永孚（74歳）に届け意見を求めている。

そこで元田は、先にみずから作っていた案を公にすることなく、井上の初案に修正を加えた。すると、それを参取した井上の再案が出され、それに再び意見を示し、さらに井上の三案が出される、というような激しいやりとりが十数回も繰り返されている。

元田は井上より二十五歳年上、しかも同じ熊本出身だから、腹蔵なく注文をつけることができたのであろう。それに対して井上は、典範も憲法も起草した自信に加えて立憲主義を貫く信念が強かったので、最終的には井上案が多く通っている。

その間、明治天皇は修正草案を一々御覧になり内々に御意向を示され、成案を御嘉納になられた。そして同二十三年（一八九〇）十月三十日、山縣首相と芳川文相を宮中に召され、「教育に関する勅語」を下賜されたのである。その直後、井上は元田あてに書簡を送り、ようやく「教育勅語」が発せられたことを喜び、これも元田による「積年御誠心、御輔導の美果を結びし事」と先輩の功を讃えている。

四 「教育勅語」の基本的な特徴

こうして渙発された「教育勅語」（勅諭）は全文わずか三一五字の簡潔明快な名文である。その中に、およそ七つの特徴が見られる。

まず第一は、井上の言う「政事上の命令と区別して、社会上の君主の著作公告」とするため、一般の勅語と異なり、御名（「睦仁《むつひと》」と親署）と御璽《ぎょじ》（「天皇御璽」の押印）だけで、その後に首相以下各大臣の副署がない。のみならず、これが「朕惟《ちんおも》ふに」で始まり「庶幾《こいねが》ふ」で終わる表現となっているのは、井上の建言により、立憲政体下の君主として「臣民の良心の自由」に干渉する命令とならないよう、天皇としての御意見と御期待の表明に留められたからにほかならない。

ついで第二は、「教育の源」を、中村案のような宗教色の感じられる超越的な「天」や「神」への崇敬ではなくて、「皇祖皇宗」が「国を肇《はじ》め」「徳を樹《た》」てられ、また「臣民」も皆心を合わせて「克《よ》く忠に克く孝に」励み磨き上げてきた「国体の精華」に置いていることである。ただ、このような「国体の精華」を絶対視すれば、「国教」のごとく扱われるおそれもはらんでいたことは否めない。

さらに第三は、具体的な徳目として「父母に孝に、兄弟に友に、夫婦相和し、朋友相信じ、恭倹己れを持し、博愛衆に及ぼし」と、家庭と社会における人間の相互関係を重視している。これは一見、儒教の五倫に似ているが、実はかなり異なることも見逃してはならない。

例えば、『孟子』には、「父子に親あり、君臣に義あり、夫婦に別あり、長幼に序あり、朋友に信あり」と、男性中心の専ら縦の関係を「人倫」とする。けれども、この勅語では、父と母への孝養、兄弟（姉妹）の友愛、夫と妻の相和など、男女の共存するような横の関係も大切にしている。そのうえ、血縁・地縁を越えた衆人への「博愛」まで示したのは、西洋思想を参取したものとみられる。

また第四は、「学を修め、業を習ふ」ことにより、みずから「智能を啓発し、徳器を成就」すると共に、進んで「公益を広め、世務を開く」ことができると明示している。これは前述した「学業奨励に関する仰せ出され書」の示した「学問は身を立つるの財本」というような実利主義と異なり、人格の完成と社会への貢献を学問の目的として打ち出したことになろう。

しかも第五は、このような修徳と勉学に勤《いそし》む「臣民」のあり方・考え方として、平常時には「国憲を重じ、国法に遵《したが》ひ」、また非常時には「義勇公に奉じ」ることにより、「天壌無窮《てんじょうむきゅう》の皇運を扶翼《ふよく》」することが、「祖先の遺風を顕彰する」ことにもなるとされている。これは近代的な立憲制下で、日本的な国民国家を形成する一員としての自覚と決意を促すものと言えよう。

さらに第六は、このような日本人の道徳心は、「皇祖皇宗の遺訓」として伝えられ、また「子孫臣民の倶《とも》に遵守」してきたことだから、古今を通じて間違いなく、また中外に施しても問題ないと言う。これは誇大な表現のように見えるかもしれない。しかし、かつて家永三郎氏でさえ、この勅語を「頗《すこぶ》る普遍性豊かにして近代的国家道徳を多分に盛った教訓」（昭和二十二年『史学雑誌』所載「教育勅語成立の思想史的考察」）と評価している。

最後に第七は、末尾が「朕、爾《なんじ》臣民と倶に、拳々服膺《けんけんふくよう》して、咸《みな》その徳を一《いつ》にせんことを庶幾ふ」と結ばれている。この後半の出典は『尚書』に「咸、一徳ヲ有《たも》ツ」とある。第四章に述べる杉浦重剛も、東宮御学問所の『倫理御進講草案』に「純一の徳を守りて終始を一貫すべき」意と解し、「常に己に克《か》ちて礼に還ることを勉めて怠らざれば、則ちその徳を一にすることを得べきなり」と説いている。

されば明治天皇は、上述のような普遍性のある道徳の指針を国民と共にひたすら守り通して、これに基づく徳育の恩沢《おんたく》を広く行きわたらせたいと希望され、その率先垂範を宣言されたことになろう。

むすび ―内外への普及―

この「教育勅語」が、渙発された翌日、芳川顕正文部大臣は、「勅語の謄本《とうほん》（複写）を作り、普《あまね》くこれを全国の学校に頒つ。…学校の式日及びその他便宜日時を定め生徒を全集して、勅語を捧読し、かつ意を加へて諄々誨告し、生徒をして夙夜《しゅくや》に佩服《はいふく》する所あらしむべし」と訓示している。そこで、翌二十四年春から全国の小学校などで「祝日・大祭日」の儀式などにこれを捧読することが、急速に広まっていくのである。

その際に数多くの解説書が活用された。とりわけ芳川文相から委嘱を受けて、帝国大学の井上哲次郎が著した『勅語衍義《えんぎ》』（翌二十四年九月刊）は、準公的な教科書として全国に普及し、何回も版を重ねている。同類の解説書はそれ以降（昭和十年代まで）四十余年間に、なんと五百以上も著されたという。

一方、日清戦争の始まった明治二十七年（一八九四）、ラフカディオ・ハーン著“Glimpses of unfamiliar Japan”＝『知られぬ日本の面影』に「教育勅語」の英訳文が載せられ、また日露戦争の始まった同三十七年にA・ステッド著“Japan by the Japanese”＝『日本人の日本論』所載の英訳だけではなく、独訳・蘭訳なども刊行され、それらを通じて「教育勅語」が欧米で段々と注目される。

そのうえ、翌三十八年には、末松謙澄《すえまつけんちょう》がロンドンで、また金子堅太郎《かねこけんたろう》がニューヨークで、さらに翌三十九年吉田熊次がベルリンで、各々講演の際に「教育勅語」を紹介した。しかも翌四十年、菊池大麓《きくちだいろく》がロンドン大学で行った「日本の教育」と題する講演の全容と官定英訳の「教育勅語」が出版されて大好評を博した。そこで文部省は、同四十二年末、『漢英仏独教育勅語訳纂』を公刊し、海外の要所に配布している。

これを要するに、明治時代でも前半に混迷を極めた青少年の徳育は、後半に入って「教育勅語」を中心に徹底された。それによって高められた道徳力が、まもなく随所で発揮される。とりわけ「義勇公に奉」ずる愛国心が日清・日露の二大戦役を勝利に導くと、「教育勅語」はむしろ欧米で高く評価されている。

このような「教育勅語」が被占領下の昭和二十三年（一九四八）、国会で理不尽な失効・排除の決議をされてからすでに六十余年。これを再び学校教育の場に取り戻すことは、容易にできないかもしれない。しかしながら、これを家庭教育や社会教育で活用することは、誰にでもできるはずである。その着実な工夫と努力が、日本的な道徳力を再構築する一助となるに違いない。

〈付記〉本章は、平成二十二年三月二十三日、大阪の「産経適塾」で講述した「日本的な道徳力の再構築」をまとめ直した。参照した戦後の主な研究文献は、左のとおりである。文中に引用しなかったが、各位に敬意と謝意を表する。

A　資料集

一　片山清一編『資料・教育勅語』（昭四十九年、高陵社書店）

二　古川哲史他編『教育勅語関係資料』全十五集（昭四十九年、日本大学精神文化研究所・同教育制度研究所）

三　佐藤秀夫編『御真影と教育勅語』〈続・現代史資料8・9・10〉（平六～八年、みすず書房）

四　峯間信吉編『教育勅語衍義集成』〈日本教育史基本文献叢書〉（平十年、大空社）

B　研究書

①　海後《かいご》宗臣《ときおみ》『教育勅語成立史の研究』（昭四十年、厚徳社）

②　田中卓他『教育勅語を仰ぐ』（昭四十三年、皇學館大学出版部）

③　稲田正次『教育勅語成立過程の研究』（昭四十六年、講談社）

④　明治神宮編『明治天皇詔勅謹解』（昭四十八年、講談社）

⑤　村尾次郎『明治天皇のみことのり』（昭五十年、日本教文社）

⑥　山住正己『教育勅語』（昭五十五年、朝日選書）

⑦　森信之『教育勅語に何を求めるか』（昭五十八年、日新報道）

⑧　加藤地三・中野新之祐『教育勅語を読む』（昭五十九年、三修社）

⑨　平田諭治『教育勅語国際関係史の研究』（平九年、風間書房）

⑩　副田義也『教育勅語の社会史』（平九年、有信堂高文社）

⑪　梅溪《うめたに》昇《のぼる》『教育勅語成立史』（平十二年、青史出版）

⑫　八木《やつき》公生《きみお》『天皇と日本の近代　下「教育勅語」の思想』（平十三年、講談社現代新書）

第三章　明治天皇と「教育勅語」

はじめに ——一隅を照らす——

本題に入る前に少し余分なことを申し上げて導入としたい。私が大学に入ったのは昭和三十五年（一九六〇）、今年（平成二十二年）は昭和で申せば八十五年、つまりあれからちょうど五十年経つ。この半世紀にわたる日本を振り返ってみると、ずいぶん良くなったなと思うことも少なくない。しかし、かえって悪くなったと感ずることのほうが多い。

田舎に生まれ育った私は、家が貧しかったこともあり、中学を卒業したら勤めに出るというのが当たり前の時代だったが、幸い高校に進むチャンスを与えられた。ついで、これもいくつかの偶然が重なり、就職を考えはじめた矢先、ひょっとしたら奨学金がもらえるかもしれないので応募してみないかと、ある先生が勧めてくださり、大学まで進むことができた。岐阜県大垣市に「矢橋大理石商店」という会社があり、そこで創業者が戦前から若い人を育てるために奨学金を出しておられ、その恩恵に浴したのである。

忘れ難いのは、高校三年次の昭和三十四年九月、超大型の伊勢湾台風があり、名古屋を中心に東海地域で大変な被害があった。これは不幸な天災だから仕方ない、という受けとめ方が普通であった。しかし当時、全国師友協会代表の安岡正篤《やすおかまさひろ》先生は、「これこそ、日本人がもう一度原点に立ち返り日本を立て直すように、という天の啓示だ」と受けとめられた。そして翌年の昭和三十五年から、「世直し祈願万燈行《まんとうぎょう》大会」を始められたと伝え聞いている。

ちなみに、『安岡正篤 一日一言』（致知出版社）にも、「まず我々の周囲の暗《やみ》を照らす一燈になりましょう。

手の届く限り、至る所に燈明を供えましょう。一人一燈なれば、万人万燈です」との呼びかけが収められている。この名言は伝教大師最澄の「一隅を照らす、これ則ち国の宝なり」という格言を現代に活かされたものにほかならない。

その昭和三十五年は、日米安全保障条約の改定をめぐって、それに反対する勢力が大規模なスト・デモを繰り返す〝六〇年安保〟で国内が騒然とした。しかし、そのころから段々と高度成長に向かい、世の中は良くなってきたように見える。今ここで快適な会合ができることなども、良くなった一例かもしれない。

しかしながら、ここ十数年来、世の中がどんどんおかしくなってきた。救いようのないような状態になりつつある。果たして五十年前、安岡代表が呼びかけられ、皆さんが立ち上がられたような底力が、今の日本にまだあるのか、みずからに問うてみると、かなり疑問に思わざるをえない。

とはいえ、幸い私どもは、それぞれ健康となんらかの能力を恵まれている。これを活かして、我が国を再び本当の日本国に立て直す努力をしていかないといけないのではないか。そのためには、いったい何を考えて、どこから手を付けたらよいのかということを、今回お互いに考えてみたいと思う。

一　明治天皇と近代化に伴う改暦

歴史を遡って考えれば、今日のように困難な時代も、過去になかったわけではない。それどころか、もっと大変な時代が過去には何度もあった。それを先人たちは、いろいろな知恵と努力で乗り越えてこられたのである。私どもはそれを学んで、そこから再び立ち上がりたい。

アメリカ合衆国でも、レーガン政権の時代（一九八一～一九八九年）に、教育を立て直すため、「バック・トゥ・ザ・ベース（基本に返れ）」ということが、よく言われた。確かに歴史を顧みて、基本の原点に立ち返ることにより、そこから未来へのヒントを学び取ることができる。そして今の日本こそ、それをしなければならないのではないかと思われる。

そういう思いから、「明治天皇と教育勅語」という講題を掲げた。私の専門は、平安時代、千年以上も昔の政治文化史である。ただ、幕末から明治を経て今日までの近現代史にも、関心を寄せてきた。その中で、なんと言っても学ぶべき点が多いのは、明治天皇の治績にほかならない。特に明治天皇のもとで作られた「教育勅語」である。これ以後の日本を根底から支える大きな力となっていた。しかし、これが戦後まもなく否定され、それが一因となって今日のような状態に陥っている。そうであるならば、これを再びしっかりと見直す必要があろう。

まず明治天皇に関することについて述べたい。今の若い人々には、明治天皇についてどの程度の知識があるかと思い、うちの学生たちに聞いてみた。すると、もちろんお名前は知っているが、「明治天皇と聞いてどんなことを思い出すか」と尋ねても、ほとんど反応がない。

そこで、「そんなはずがない。君たちは毎年、明治天皇の恩恵に与《あずか》っているよ」と言うと、きょとんとしている。仕方なく、「君たちは十一月三日、公然と休んでいるだろう」と言っても、ピンとくる学生は少ない。そのため、あらためて「明治節」が「文化の日」になったいきさつなどを話している。

ちなみに、明治天皇が誕生されたのは嘉永五年、幕末のペリーがやってくる前年、その九月二十二日である。当時は旧暦であったから、これを新暦に直すと、一八五二年の十一月三日ということになる。明治天皇のお誕生日祝いは、当初九月二十二日に行われていたが、新暦の採用に伴い、明治六年から十一月三日ということになり、「天長節《てんちょうせつ》」と称する国家の祝日とされたのである。

今年（平成二十二年）はＮＨＫの大河ドラマで「龍馬伝」をやっている。振り返ってみると、あのころは大変な時期であった。江戸幕府が二百数十年にわたって続き、鎖国政策により一見平和な状態が続いてきた。しかし、米国などの強い圧力に押されて、やむなく開国した。すると、欧米文明が一挙に流れ入り、なんでも欧米の基準に合わせなければならない、ということになったからである。

例えば、暦が変わってしまう。過去千数百年も続けてきた太陰太陽暦の旧暦をやめ、太陽暦の新暦に切り替えると決められて、当時の人々は戸惑ったことであろう。旧暦は月の満ち欠けで一か月を二十九日か三十日とし、一年を十二か月で数えると、だいたい三百五十四日になる。一太陽年（三六五・二五日）に比べると、十一日余り足りない。そこで、三年に一度くらい（厳密に言えば十九年に七回）閏月を加えて、一年十三か月とするような調整をしてきた。それでも、昔の人々は、月の満ち欠けを見て、三日月が出ていれば今日は三日だということがわかるから、自然の中で生活していると、太陰太陽暦（旧暦）のほうが、むしろわかりやすく便利だったに違いない。

しかしながら、明治に入ると、困ることになった。それまで奉公人の手当ては年俸であったから、十二か月であろうと閏の十三か月であろうと変わりない。けれども、欧米流の月給制にすると、三年に一回ほど十三か月分の月給を支払わねばならない。これでは財政が苦しくなる、ということなどが論議されて、結局、欧米流の太陽暦を用いることになり、明治六年から一斉に切り替えられたのである。

このように、明治時代というのは、それまで長らく生活の隅々まで和風か唐風（中華風）だったものが、一挙に欧米流のあり方へと変わらざるをえない、という時期であった。これは東京であれ全国各地であれ、大混乱が起きたとしても不思議ではないほどの大変革だったと思われる。

ところが、外国に比べれば、日本ではそれほど著しい混乱が起きていない。日本人は変わり身が早いというか、新しいことをすぐに身に付けていく才能がある。この暦の切り替えでも、永らく旧暦の風習によっていた年中行事などにも見られる。例えば、従来旧暦の七月十五日にやっていたお盆を一か月遅らせて八月十五日にやるなど、上手に折り合いをつけている。こういうことは、昔から日本人の得意技であって、むしろ世界的に見ても稀なほど応用のきく、適応力に優れた民族である。

しかしながら、それよりも大事なのは、ものの考え方や感じ方、そして事の運び方などが、従来のあり方でいいのか、それとも欧米のようなあり方に変えなければいけないのか、ということである。当時これをめぐって、いろんな議論が出ている。

二 「明治節」の誕生と名称変更

もう一度、明治天皇の話に戻ると、天皇は明治四十五年（一九一二）七月三十日に崩御《ほうぎょ》された。満で申せば五十九歳、数えでは六十一歳、当時としては必ずしもご短命ではない。その四十数年にわたるご在位中、日本のために全力を傾けられ、広く言えば世界のために尽くされた。

そこで、明治天皇がお隠れになると、そのお誕生日は「天長節」でなくなったが、それは残念だという思いから、天皇をお慕いする人々が全国的に署名運動などを起こした。戦前にも「請願令」があり、有志の一般国民が何度も衆議院や貴族院に請願している。やがて国会がそれを取り上げ、衆議院でも貴族院でも可決された。

しかしながら、それが実施されるようになったのは、御代の替わった昭和二年（一九二七）からである。十一月三日が「明治節」と名付けられ、国家の祝日として復活した。十数年を要したのは、当時の為政者たちが、明治天皇を偉大な方と敬仰しながらも、御代が変われば今上陛下が最高であるから、十一月三日を祝日とすることは遠慮していたのであろう。

ちなみに、大正天皇のお誕生日は八月三十一日だが、まだ暑いので二か月遅らせて「天長節祝日」を十月三十一日とした。また、先帝陛下のためには、崩御された七月三十日を「祭日」としている。

こうして御代の替わった昭和二年から、お正月の「元日」、二月十一日の「紀元節」、四月二十九日の「天長節」、十一月三日の「明治節」、この四日が四大節と称されるようになり、毎年、盛大かつ厳粛にお祝いをしてきた。日本人の大多数が、皇室のこと国家のことを認識して、これをみんなで感謝しながら支えていこうという気持ちになったのは、小学校のときから、この四大節をみんなでお祝いする行事が続けられてきたことも、大きな要因だと思われる。

しかも、その機会に「教育勅語」を捧読する儀式があった。これは戦前の学校長にとって重要な務めであり、苦心も多かった。戦後に至り、このことを非難する声が強く、確かに非難されてもやむをえない行き過ぎも一部にあったようである。あまりにも形式を重んじすぎて実態が伴っていなかったのかもしれない。

とはいえ、戦前の人々は、みんな学校で祝祭日の儀式に参加して、国歌を斉唱し「教育勅語」の捧読を拝聴する、ということを繰り返してきた。これはやはり大きな意味があった、と言ってよいであろう。

この「明治節」などのような戦前の国家的祝祭日は、戦後GHQ（連合国軍総司令部）の圧力で全面的に改廃せざるをえなくなり、消え去る運命にあった。それに代わって昭和二十三年（一九四八）七月「国民の祝日に関する法律」が成立し、九つの新しい祝日が定められた。その一つとして、十一月三日は「文化の日」という抽象的な名称でなんとか残されたのである。

これも考えてみると、大変なことである。占領政策というのは、戦前のような日本を否定し破壊するところに目的があった。占領軍にとって日本が脅威とならないようにするため、戦前の日本で強味だったものを、なんとかして骨抜きにするか叩き潰す、ということが占領政策の本心であったに違いない。

その際、彼らは日本において最も大事なことが、皇室を中心とする国民の考え方にあると気づき、それを消し去るような政策をとろうとした。問題になるのは、それを受けて立つほかない日本側で、それにどう対応したかということである。

当時の日本は、ポツダム宣言を受け入れたので、主権が連合国のGHQにあり、天皇も日本国政府も占領軍の統治下に置かれていた。占領政策を押し付けられたのは一応やむをえない。

しかしながら、そのような中でギリギリ何ができるか、ということをいろいろ工夫し、さまざまな努力をしている。この点、昭和二十年代の日本人には気骨があったと思う。あの戦争には負けたが、いずれ必ず立ち直って、占領軍も全世界も見返してやろう、という気概があったのである。

少し横道にそれるが、数年前までNHKテレビに「プロジェクトX」という名番組があった。あれに多く出てきたのは、戦争に負けたけれども、経済や技術でなんとか見返してやろう、と歯をくいしばり立ち上がった戦中派たちの物語である。

例えば、被占領下の日本では、飛行機を作ることが許されなかった。これは占領軍が、その技術を軍事に転用されるおそれもあると考えて、日本人にまったく作らせなかったのである。しかし、昭和二十七年、講和条約が発効して独立すると、日本で飛行機を作ってもよいことになった。そこで、直ちになんとかしようと思っても、数年間のブランクは大きい。技術者は最先端の技能を常に磨いて次へ伝えていかなければならない。しかし、そのブランクを埋めて、なんとかしようと懸命に取り組んだ三菱重工などの人々により、見事に完成された国産機が、あのＹＳ11である。

ちなみに、東條英機元首相は、連合国側の東京裁判により絞首刑に処された。あの方のご遺族が戦後どれだけ悲惨な目に遭われたかということは、あまり知られていない。しかし、そのご令息の一人が、あのＹＳ11を作り上げられた有力なリーダーである。これは敗戦という汚名を技術で雪《そそ》ごうという執念と努力が稔った一例だと言えよう。こういうことは、ほかにもたくさんある。

そういう意味で、占領軍が戦前の日本を否定し解体しようとしたのは、彼らとして当然であり、被占領下の日本人は直接的に抵抗できない。ただ、自由と民主主義を表看板とするＧＨＱでは、やはり民意というものを重んずる形をとっていた。

昭和二十三年の祝祭日改定に際しても、世論調査を行わせている。それを政府の委託機関がやっても民間の新聞社がやっても、ほとんど日本の国民は、戦前の祝祭日をそのまま新しい祝祭日にしてほしいという意向が強かった。ところが、ＧＨＱの方針として、神道に関係のある祭日は一切だめ、また皇室と関係の深い祝日もほとんど無理だという。そのため、衆議院も参議院も、世論とＧＨＱの板挟みになり、ずいぶん苦労している。一方、ＧＨＱとしても、占領政策を進めるうえで、天皇の存在を無視することができない、影響力の大きい天皇や皇室を否定したら占領統治がうまくいかない、ということを知っていたから、皇室関係の祝日を全面否定するわけにいかないと考えていたようである。

それを見抜いた日本側では、「明治節」という名称が駄目だというならば、日付だけでも残したいと考えた。そのため、衆議院では、十一月三日を「明治文化節」という名前で通そうとし、また参議院では、十一月三日を「憲法公布記念日」として残そうと言っている。これはなかなかの知恵だと思う。明治天皇のお誕生日ということが無理ならば、明治文化を偲ぶ「明治文化節」と言い直せばよいとか、また日本国憲法が公布されたのは昭和二十一年の十一月三日だから、「憲法公布記念日」という案もよい、と考えたのである。

三 「日本国憲法」下の「国民の祝日」

現行の「日本国憲法」は、占領中にGHQが原案を作り、それを翻訳して草案とし、GHQ監視下の衆議院・参議院で若干論議をして成立させたものだから、根本的に問題がある。しかし、GHQとしても、これを日本人が守るようなものにするにはどうしたらよいのかを考えた。その一つは、全体のフレームワークとして、重要な第一章に「天皇」という章を置く。それによって、戦前の憲法と連続性があることを、見ただけでわかるようにした。そして第一条から第八条まで、天皇に関する条項としたのである。

もう一つ大事なのは、これをあえて十一月三日、明治天皇のお誕生日、当時の「明治節」に公布した。それによって、これが明治天皇のお定めになった「大日本帝国憲法」を改正したものである、ということを強く印象づけたのであろう。事実、昭和天皇による公布公文を見ると、この憲法は「大日本帝国憲法」を枢密院の議を経て改正するとあり、昭和天皇が公布されたのである。

これは注意すべきことである。前述のとおり、衆議院でも参議院でも、十一月三日を新しい祝日にしようとしていた。しかし、当時はどの委員会で議論したことも翻訳してＧＨＱの了解をとらなければ、本会議に上程できないことになっていた。そこで、「明治文化節」などの案をＧＨＱに持っていったところ、駄目だと言われて、やむなく「文化の日」という抽象的な名称になってしまったのである。

昭和二十三年七月に成立した「国民の祝日に関する法律」（略称「祝日法」）を見ると、「文化の日」の意味は「自由と平和を愛し、文化をすすめる」と定められている。「自由と平和を愛し」とか、「文化をすすめる」というのはどういうことか、よくわからない。しかしながら、当時の国民は、せめて十一月三日を残せただけでもよいではないか、いずれこれを明治天皇のお誕生日として「明治の日」か「明治記念日」にしよう（することができる）、という含みを持っていたのだろうと思われる。

ちなみに、このとき、衆議院も参議院も、祝日案を十日つくった。ところが、ＧＨＱに伺いを立てると、そのうち一つだけ絶対に駄目だということで、排除された日がある。それが二月十一日の旧紀元節にほかならない。

これも日本側では、名前を改めて「建国の日」とか「国始の日」という案で、衆議院も参議院もなんとか残そうと工夫した。しかし、ＧＨＱの強硬な反対で、これだけ除かれてしまい、合計九日が新しい「国民の祝日」に定められた。そのため、やがて講和独立の前後から全国の有志による地道な運動が盛り上がり、「明治百年」を目前にした昭和四十一年（一九六六）、「建国記念の日」として復活したのである。

少し横道へそれたが、われわれは明治天皇を偲ぶ手がかりとして、今なお十一月三日の「文化の日」という祝日を持っている。それゆえ、皆さんのお子さんやお孫さん、あるいは近辺の人々に、十一月三日は本来、明治天皇のお誕生日であり、明治天皇のご聖徳と明治天皇を中心に近代文化が形成発展したことに思いを致して感謝する意味を持っている、という本義を、ぜひお伝えいただきたい。

四　米国人の書いた明治天皇の御伝記

それでは、明治天皇とはどういうお方であったのだろうか。明治天皇のことは、戦前に学校教育を受けられた方々なら、よくご存じであろう。現に私の母は、大正五年（一九一六）生まれで、四年前に亡くなったが、尋常小学校を出ただけでも、明治天皇の御製をよく憶えていた。毎朝小学校で習ったという御製をたくさん知っていて、それを私に小さいころからよく教えてくれたのである。

また「教育勅語」もしっかり憶えていた。母の口からマジックのように飛び出してくるのを聞いて、初めはびっくりした。「お袋、どうしてこんなことを知っているの？　意味わかるの？」と尋ねると、「わからんところもあるけど、何が大切なことかは、先生に教えてもらったから、ようわかるよ」と言っていた。そういうことを母の口から、また母の行いを通じて、明治天皇のことも「教育勅語」の内容も大変すばらしいということを、私なりに受けとめてきた。

明治天皇に関する伝記は、いろいろ出版されている。外国人の書いたものさえある。例えば、ドナルド・キーンさんはアメリカ人だが、一年のほとんど三分の二を日本で過ごしており、すでに九十歳近い日本研究の第一人者である。このキーンさんが、十年ほど前に『明治天皇』という大著（上下二巻）を出版された。

これは「新潮45」という雑誌に連載されたものが単行本になり、今では新潮文庫にも入っている。

その材料は何かと言えば、戦前に宮内省で編纂された『明治天皇紀』という真に正確な記録である。これは全十二巻あり、一般の人々が読んでもおもしろくない一種の編年史料集成にほかならない。しかしキーンさんは、これを何度も読むうちに、その一行一行に込められた意味が何であったかを考えて、実におもしろいと思われた。これを基にして他の資料もよく調べられ、数年かけて大作を書き上げられたのである。

このドナルド・キーンさんによれば、明治天皇は六十年近いご生涯をかけて、今日の日本を形づくられた、今のような日本があるのは明治天皇のお蔭だ、と書いておられる。そんな思いが今の日本人にどれほどあるだろうか。アメリカ人のキーンさんは、日本を第二の祖国と言っている（さらに、平成二十三年、東日本大震災後の日本国に帰化された）。

この方は昭和二十八年（一九五三）に日本へ来られて以来、われわれ以上に日本をよく研究され、日本のことを心から愛しておられる。その功績により、日本で最高の文化勲章も受章された。そのキーンさんが「今の日本があるのは明治天皇のお蔭だ」と明言されているのである。

もう一つ、『ザ・ミカド』という題の本がある。著者はアメリカ人のウィリアム・エリオット・グリフィスという学者である。グリフィスは、明治の初めに日本へ招かれて福井の藩校で教え、間もなく明治四年（一八七一）廃藩置県により藩がなくなると、上京して東京大学で教えていた。その後アメリカへ帰り、日本のために各地で講演したり執筆したりしている。

このグリフィスが、明治天皇の亡くなられた直後、『ザ・ミカド』という本を著した。それを亀井俊介東京大学名誉教授が翻訳され、今では岩波文庫にも入っている。グリフィスは、明治の初め、東京で二十歳前後の若い天皇に何度もお目にかかり、アメリカへ帰ってからも日本の情報をよく集めていたので、一気に書き上げることができたという。

この中に書かれていることがおもしろい。例えば、明治天皇の日常生活がいろいろ描かれている。当時の天皇陛下がどんなものを食べておられるか、どんな服を着ておられるか、どんなお住まいかということは、かえって日本人であれば畏れ多くて聞けない。しかし彼はアメリカ人だから、そんなことまで側近などに詳しく聞いている。

京都で生まれ育たれた明治天皇は、東京へ遷《うつ》られて洋風の生活をされるようになった。現に天皇は牛乳を好んで飲まれたとか、牛肉も食べられたということが書かれている。それにもかかわらず、天皇は大変質素であられることを知って、彼は驚いた。彼はヨーロッパの王室で贅沢三昧をしている国王たちが多いのに比べて、日本の天皇はなぜこんなにまで質素なのかを不思議がっている。

しかも、それには大変な意味があることに気づく。グリフィスによれば、「睦仁《むつひと》（明治天皇の御実名）ほど終始一貫して質素な食事をした人は、日本帝国中にもあまりいないのではないか。皇帝の良心にとって、自分がどんな食事を摂るかということは、国家の繁栄に関わる問題であった。彼は実際、祖先に恥じざるように、祖先の素朴な長所を失わざるようにと努めた。彼が模範を示したからこそ、耕作できる土地が乏しく、しかも人口の多い貧乏な国が、あの二大戦争（日清・日露戦争）を遂行し得るまでになったのである。宮中で教え且つ実行されたことは強い援軍となり、更にそこから霊感が溢れていた。これがあったからこそ、不可能なはずの大事業が遂行されたのだ」と書いている。

これが日本をよく知るアメリカ人の明治天皇観である。自由に批判も書ける日本通のアメリカ人学者が、天皇の偉大さは、一般国民のお手本として、質素に誠実な一生を送られたからこそ、日本は遅れていて貧しかったが、あの強大な清国とロシアを相手にして勝ち、また第一次・第二次の産業革命も成し遂げて、力強い日本を作り上げることができたのだ、と喝破している。

このように、日本人の書いた伝記だけでなく、アメリカ人の書いた伝記も見れば、明治天皇がどれほど偉大であったかということは、おのずとわかるに違いない。

五　明治天皇の御修養

しかし、もう少し本格的に御事績を知ろうとすれば、キーンさんも使用された『明治天皇紀』がある。これは大正の初めから二十年近くかけて、宮内省で作成された。しかもその編纂に先立って、いろいろな人々から資料を集めている。例えば、侍従として直接ご奉仕された日野西資博《ひのにしすけひろ》さんなどの談話が記録され、これが後で『明治天皇の御日常』という題の本になっている。

また、『明治天皇紀』の編纂に従事された渡辺幾治郎さんの書かれた『明治天皇』『明治天皇と輔弼《ほひつ》の人々』という本もある。さらに戦後、明治神宮の宮司も務めた甘露寺受長《かんろじおさなが》さんの書かれた『天皇さま』や、月刊『現代』の編集長をしていた渡辺茂雄さんの書かれた『明治天皇』などは、非常に読みやすく、いろいろなエピソードも入っている。

こういうものを拝見すると、意外なことがわかる。例えば、明治天皇はどこでお生まれになったか、その場所をご存じだろうか。これをD・キーンさんが書いている。アメリカ人なら、G・ワシントンがどこで生まれたかということは、ほとんどの人が知っており、観光ルートの最高スポットになっている。ところが、日本人は明治天皇がお生まれになった場所を京都の人でもあまり知らない。

答えは簡単。京都御所というのは真ん中だけで、その周辺を京都御苑という。北側に今出川通があり、その北口の御門から入り少し東へ行くと、囲いのしてある中山邸の跡がある。幕末の中山家当主・忠能《ただやす》は、明治天皇の御生母のお父さん、つまり外祖父である。娘の慶子が孝明天皇の典侍《ないしのすけ》となり、嘉永五年（一八五二）のちの明治天皇、幼称祐宮《さちのみや》をご懐妊になると、この家でご出産いただくために増築した。ここに今なお「祐《さち》ノ井《い》」という産湯に使われた井戸が残っており、いつでも誰でも見ることができる。この忠能は、藤原北家花山院流の公家であり、将来天皇になられる祐宮睦仁親王の御養育係を務めている。

しかし、祐宮さまは幼いころから相当腕白だったらしく、木村らいという侍女の息子で同い年の貞之助とよく喧嘩をされた。後年貞之助さんが「とにかく、明治さんと居れば、殴られた思い出しかない」と語っている。では、なぜそれほど腕白になられたかと言えば、そのころの皇族は幼少時、ほとんど女官に育てられ、どうしてもチヤホヤされてわがままになられたのであろう。

けれども、明治維新を成し遂げようとした人々は、これではイカンということで、がらりと変えてしまう。睦仁少年の取り巻きとして、全部男性、しかも相当に武張《ぶば》った人々を配した。西郷隆盛とか山岡鉄舟というような人々は、睦仁少年と相撲を取っても、手心を加えない、全力で負かしてしまう。すると、負けん気の強い睦仁少年は、立ち上がられてまた挑む、というようなことを繰り返しながら、心身ともに鍛え上げられた。世の中には自分より強力な者がいることを徹底的に教えられ、段々とみずからの力量を自覚して、さらに修養を積んでいかれたわけである。

もちろん、その一方で学問にも励んでおられる。お小さいころから一緒に勉強した裏松良光《うらまつたるみつ》によれば、「学問の始めは四書・五経の素読で、声を張り上げて私も共に音読した」と語っている。古来の学習スタイルは、まず漢籍の四書・五経などを音読する。『論語』や『孝経』などを、繰り返し音読しながら憶えてしまう、それから段々と解釈を学んでいく。明治の初めごろまで、学問と言えば、漢籍が中心であった。

それに加えて、日本の古典もたしなむことになっていた。とりわけ宮中では、和歌を大事にされてきた。裏松良光の回想によれば、五つか六つのころから、毎日、お父君の孝明天皇から御題を出されると、それを詠み込んだ御歌を毎日何首も作られ、その清書を奉って、一つ一つご批評を受けられたという。

そのようなご指導を受けられたこともあって、明治天皇はたくさんの御歌をつくられた。その総数は、今の宮内庁に残っている清書されたものだけで九万三千首ほどあり、反古《ほご》を入れるなら、遥かに十万首を超える。仮に五歳からお作りになったとして、約五十五年間で十万首、平均すれば、毎日五～六首お詠みになったことになる。とりわけ明治二十年代から三十年代にかけては、毎日何十首も作っておられる。

およそ日本独自の伝統文化として最も大切なものは、和歌（短歌）にほかならない。日本の歴代天皇は、この和歌を詠まれることが帝王学の伝統となっている。それにしても、明治天皇は抜群の歌人であった。かつて北原白秋も、「正に空前の、おそらくは絶後の歌聖だ」と評しているが、そのとおりだと思う。

ちなみに、毎年お正月に宮中で催される「歌会始」は、誰でも応募できる。これをお始めになられたのが、明治天皇なのである。宮中の歌会というのは、平安の昔からあった。また、正月の歌会というのも、鎌倉・室町時代から江戸時代にかけて、京都の御所で行われている。しかしながら、御題を賜わって和歌を詠み、宮中の歌会に出ることができるのは、皇族と公家に限られていた。

それを改革され、広く一般国民からの詠進を認められるようになったのは、明治七年（一八七四）からである。しかも、その入選作を官報・新聞に載せることをお許しになったのも、明治天皇の思し召しにほかならない。ただし、入選者十名が宮中へ招かれ、歌会始で披露されるようになったのは、戦後、昭和天皇の格別なおはからいによる。

ついでに申せば、私の母は小学校しか出ていないが、よく歌を作っていた。その母に勧められ、私も家内も詠進するようになり、すでに四十回を超すが、もちろん入選したことはない。なお、母は若いころから、メモ程度の日記をつけ、その所々に短歌も書き添えていた。そこで、亡くなる三年前（平成十六年）、それらを寄せ集め、私と家内で手作りの『米寿雑詠抄』を編んだこともある。

こういう戦前世代の人々は、特に習わなくても、和歌＝短歌などを詠むことが、当たり前にできた。その背景には、明治天皇や昭憲皇太后の御製などを全国の小学校で暗唱させたことがある。また明治の初めから、毎年御題を賜わり、宮中歌会始に誰でも詠進できる道を開いてくださったことも大きい、と思われる。

このような歌会始は、あらかじめ天皇陛下の決められた御題に心を寄せ、われわれ国民が気持ちを同じくして、「月」とか「光」という御題を一緒に詠む、いわば君臣が心を合わせて、それぞれの思いを表現する。こうした日本独自の雅《みやび》な文化力を、いつまでも大切にしていきたい。

明治天皇の学問は、決して漢籍や和歌ばかりでなく、日本の古典や西洋の学問などにもわたっている。明治初年の記録を見ると、それまで京都御所の中に居られたが、東京へ遷られてからは、より強く心身を鍛えなければいけないということで、ご乗馬も始められた。やがて大元帥陛下として、堂々と白馬を乗りこなしておられる。

西洋の書物では、『英国法』とか『国法汎論』という書物などを、のちに東京大学総長も務める加藤弘之から学んでおられる。とくに『国法汎論』というのは、ドイツのブルンチュリという政治学者が書いた最新の政治学概論である。十代後半の明治天皇は、こういう最新の西洋政治学などもマスターしておられたから、立法・司法・行政の機能についても、財政制度や地方制度などについても、正確に詳しく理解されていたのである。

六　明治天皇の全国ご巡幸

このように、かつて女官に甘やかされたりして腕白であった睦仁少年が偉大な君主になられたのも、十歳代の、たゆみないご勉学・ご修養が稔ったものだと思われる。そのうえ、単に宮中での座学に限らず、全国へお出かけになり、各地の実情を視察されたということも大きい。

明治天皇が京都から江戸（東京）へ初めて出られたのは明治元年（一八六八）のことであるが、いったん京都へ戻られ、翌二年に再び東京へお出ましになった。その往き来は、何かと大変だったであろう。当時は鉄道も自動車もなかったから、鳳輦《ほうれん》という輿《こし》に乗られたのであるが、かなり揺れる。しかし、そんなことを意に介されず、東京を都とされてからも、全国各地へ出向いておられる。とりわけ明治前半に実施された六大行幸は、重要な意味を持っている。

例えば、明治五年（一八七二）には、東京を発って海路で伊勢に参られ、大阪・広島・山口・熊本などを経て、鹿児島まで出向かれた。ご承知のとおり、鹿児島はその前年に廃藩置県を断行した西郷隆盛や大久保利通などの出た所である。そのため藩の主ではなくなった島津の殿様などにしてみれば、容易に納得し難い。つい最近まで家来だった西郷や大久保が、何で旧主君に命令するのか。そんな指図は受けられない、という思いが強かったに違いない。だから、廃藩置県によって東京へ移り住むことを命じられても、島津の前藩主は動かず、明治政府は困っていた。しかしながら、明治天皇がわざわざ鹿児島まで出向かれると、さすがに島津の大殿様も態度を改めざるをえなくなり、それによって廃藩置県という難問も解決されたのである。

これは確かに大変なことであった。長らく全国の人々は、藩主を殿様とする領民にすぎず、国と言えば藩であった。その藩主が急に世襲の特別な地位を失う一方、昨日まで下級武士や一般平民だったような者が中央の政府から役人として派遣され、地方を治めることになったのである。こんな天地のひっくり返るような改革は、一種の革命と言えよう。外国の革命には必ず非常な流血を伴う。当時、福井に来ていたアメリカ人のグリフィスは、そう思っていたが、眼前の福井では何も起きなかった。それどころか、旧藩主の松平《まつだいら》春嶽《しゅんがく》公を見送るために、福井の人々は国境までついて行き、みんな泣きながら別れた。旧支配者を領民たちが泣いて見送るような光景は、フランス革命のときなどにはありえないと、グリフィスが言っている。島津の大殿様（久光）は、いささか抵抗していたが、明治天皇がわざわざ鹿児島まで来られたら、もはや新政府に協力するほかないということになったのである。

しかも、明治天皇にとっては、鹿児島や北海道などまで行幸されたことにより、その道中や行先で一般国民がどんな生活をしているか、どんなことを喜び、どんなことに苦しんでいるかということを、みずから直接ご覧になってお判りになる機会となった。このような長期の行幸は、その後も十数年続いている。

そのうち、私にとって感銘深い一例を申し上げたい。それは明治十一年、岐阜県へお越しになったときのことである。岐阜県では、全県下に作った学校の写真を撮り献上した。その写真帖が今も宮内庁に残っている。これを見ると、明治の人々がどれほど偉かったかということもわかる。

明治の初めの日本では、日常生活が精一杯の農民が大部分だったから、新たに学校を作るのは大変なことであったに違いない。新政府には財源が少ないので、学校を作るといっても、校舎を建て教員を雇う費用の多くは、地元の人々が出さなければならなかった。すると、当時の人々は、自分の家がボロでも、分相応にお金を出し合い、校舎を建てたのである。実は岐阜のような田舎でも、全県下に立派な学校が続々とつくられた。それを若い明治陛下に知っていただきたいという思いから、その各校舎を専門家が撮影して写真帖を作り、ご覧に入れたのである。

私が出たのは小島《おじま》小学校という。その小学校も驚くほど立派な校舎だったことを、写真帖で確かめることができる。今から百四十年も前に、自分らの母校がこれほど立派にできていたことを知って、郷土の先人たちに感謝している。しかも、そのような事例が全国にあったからこそ、日本は全国民の教育力を高め、アジアでいち早く近代化に成功できたのだと思われる。

話を元へ戻すと、明治天皇の全国ご巡幸は、本当に大きな意味を持っている。古来、天皇が為されることを「しろしめす」とか「きこしめす」と言うが、陛下はあらゆることをお知りになり、あらゆることをお聞きになることが、大事なのである。日本の天皇は、政治家のように権力をもって自ら政策を作り、それに国民を従わせるというようなことは、通常ほとんどない。しかしながら、任期や定年のない天皇は、ご在位中、あらゆることをお知りになり、なんでもご存じなのである。だから、政治家は天皇陛下が怖い。伊藤博文とか山縣有朋でも、明治天皇の御前に出ると、陛下はなんでもご存じだから、嘘を言えない、間違ったことはできない、ということを自省させられる。これが君徳というものであろう。

君徳というのは、積極的に何かなさらなくても、陛下の前に出ると頭が上がらない、陛下のことを思うだけで畏れ慎む気持ちを、おのずからもたらしめられる、そういう道徳的なお力である。そういう君徳を備えるためにも、明治天皇は全国へお出ましになり、一般国民の姿をご覧になり、いろいろな国民の声を聞いて知ろうとされたのであろう。

ご存じのとおり、あの日清戦争中もそうであった。陛下は大清国を相手に戦わざるをえなくなると、自ら広島に大本営を進められ、そこで前線から入る情報を聞かれて、戦地で戦う将兵を偲んでおられた。特に戦死者の名簿が戦地から届くと、侍従たちは夜も遅いから明日にしようかと迷いがちだが、早く持って来るように仰せられ、夜中十時を過ぎても、一人ひとりの氏名をじっとご覧になって、なかなかお休みにならなかった。そのご滞在が相当に長くなると、昭憲皇后がご心配のあまり広島へ出向かれたけれども、容易に会われなかった。なぜかと言えば、兵士たちは妻子と別れて、ないしは独身のまま出征して第一線で戦っているのだから、自分も皇后に会うわけにいかないと仰せられた。そんな噂が前線に伝われば、兵士たちは勇戦奮闘するほかなかったであろう。

清国は当時も驚くべき大国であった。先般、NHKで西太后《せいたいこう》と光緒帝《こうしょてい》を中心にした「蒼穹《そうきゅう》の昴《すばる》」というテレビドラマをやっていたが、清朝末期の中国は、かなり近代化を進め、強い陸軍と海軍を持っていた。だから、下手をすれば、日本は負けていたかもしれないが、あの大国に勝てたのは、明治陛下が広島へ出向かれて、みずから将兵を励まされたことが大きいと思われる。

まして、それから十年後の日露戦争は、より強大な帝国ロシアを相手に戦ったのだから、容易に勝てるはずがない。事実、あの乃木希典《のぎまれすけ》大将でも、たくさんの戦死者を出してなんとか旅順の二〇三高地を落とし、あの東郷平八郎《とうごうへいはちろう》大将が奇跡的にバルチック艦隊を破って、ようやく勝利に導いた。その途中で乃木さんが失敗を繰り返すと、「乃木を代えろ」という声が澎湃《ほうはい》と起こっても、それを明治天皇は決して許されなかった。「今もし乃木を代えれば、生きていないであろう。乃木を代えてはならぬ」と仰せられた。そのご信任に応えて、乃木将軍はついにあの二〇三高地を落とし、そのお蔭で日本海の海戦も有利に戦うことができたのである。そう考えると、日露戦争の勝利も、明治天皇のご叡慮によるところが大きいと言ってよい。

七　明治前半の教育的混迷

この明治天皇が明治二十三年（一八九〇）十月三十日、今から百二十年前に下し賜わった大切な宝物、それが「教育勅語」である。これ以下、「教育勅語」というのは、どうしてできたかということについて、少し詳しく申し上げたい。

日本は明治の初めから、それまでのあり方を一変して、なんとか西洋に追いつかなければいけない、というのが政府の方針となり、それが識者の主張でもあった。しかし、まもなくそれでよいのか、という反省も起きてくる。

順を追って申せば、例えば明治四年（一八七二）十月、指導者は世界に目を開かなければいけないとして、華族に海外留学を奨励する勅諭《ちょくゆ》が出されている。

（前略）国民のよく智を開き、才を研き勤勉の力を致すものは、もとよりその国民たる本分を尽くすものなり。今、我が国、旧制を更革して列国と并馳せんと欲す。……特に華族は……眼を宇内開化の形勢に着け、有用の業を修め、或は外国へ留学し、実地の学を講ずるより要なるはなし。（下略）

華族というのは、国民のリーダー、国民のお手本として、その子女たちは、文明開化を進めるために西洋まで赴いて勉学するように、と言われたわけである。そこで、この明治四年、遣米欧使節団に伴われ、女子留学生の一人として、わずか九歳の少女もアメリカに渡っている。旧幕臣（外国奉行通訳）津田仙の娘・梅子である。彼女は十年余り勉強して帰り、華族女学校の先生を勤め、やがて女子英学塾を創立し、日本の近代化に貢献している。

また新政府は、一般国民の子弟にも教育を普及するため、翌五年七月、「学制」を布告した。その布告を見ると、「学問は身を立る財本」であるから、男女の別なく小学に従事せしめるよう勧めている。さらに福澤諭吉も『学問のすゝめ』で勉学の実利を説いている。

しかしながら、しばらく経って、これが行き過ぎ問題を生じてきた。明治十二年、明治天皇の侍講であった元田永孚のまとめた「教学聖旨」を見ると、次のように記されている。

（前略）晩近《ばんきん》、専ら知識才芸のみを尚とび、文明開化の末に馳せ、品行を破り、風俗を傷《そこな》ふ者少なからず。……自今以往、祖宗の訓典に基づき、専ら仁義忠孝を明かにし……道徳才芸、本末全備して大中至正の教学、天下に布満せしめ（下略）

つまり、最近は西洋の技芸に目を奪われ、日本古来の美風を失いつつあるが、道徳・才芸というものは両方とも備えなければならないというわけである。

さらに明治十九年、明治天皇は東京大学に行幸され、重大なことに気がつかれた。これも元田のまとめた

「聖諭記」によれば、「設る所の学科を巡視するに、理科・化科・植物科・医科・法科等は益々その進歩を見る可《べ》しと雖《いえど》も、主本とする所の修身の学科に於ては曾て見る所無し」というご指摘である。理学部があり法学部もあって進歩が見られるのはよい。しかし、教育の中心とすべき修身の学科を講ずる所がないではないか、と気づかれたのである。

これは大変に重要なご指摘である。明治十年に従来の医学校・開成学校を母体に東京大学が開設されたとき、大学綜理の加藤弘之は文学部の中に「和漢文学科」を置くよう建議しているが、文部省に認められなかった。同十五年、ようやく「古典講習科」が設けられたものの、三年後に募集停止となっている。また、ドイツからL・リースを招いて「史学科」ができたのは明治二十年であり、「国史学科」が増設されたのはようやく同二十二年である。

つまり、明治十年代までは、文部省も東京大学なども西洋の学問オンパレードで、日本古来の和漢学・国史学がなおざりにされ、まさに本末転倒であった。その不自然な状態が日本に重大な弊害をもたらしつつあることに気づかれ、側近に注意を促されたのが明治天皇にほかならない。そこで、これをなんとかしなければいけないということで、やがて「教育勅語」が作られることになったのである。

八　「教育勅語」の中村案と井上案

その背景には、明治二十二年二月、「大日本帝国憲法」ができ、翌二十三年七月に衆議院の総選挙が行われ、その十一月に帝国議会が開設される、という大きな動きがあった。この帝国憲法は、「五箇条の御誓文」

に基づいて政府自身が作成したものであるが、それを促進せしめたのは、やはり自由民権運動だと思われる。その結果、帝国憲法ができると、自由民権運動の人々は大喜びで、さらに勢いづいて、いよいよ総選挙に勝って自分たちの主張を通そうとした。ただ、血気にはやる青年たちの政治運動は、だんだんエスカレートして各地で問題を起こすようになる。学業途上の生徒でありながら、勉強をほったらかしにして、過激な行動をする者が出てきたのである。

ちなみに、私は昭和三十五年（一九六〇）に大学へ入学した。当時は安保条約の改定をめぐって、共産党系の民青により主導される全学連が、絶対反対の運動に狂奔していた。私は学問するために大学へ進んだのだから、ストにもデモにも一切参加しなかったが、校門にはバリケードが張られ、先生も授業をやってくれない。そんな状態は異常と言うほかないが、当時ほとんどの学生は、熱に浮かされたように、勉強をしないで革命運動のまねごとに走り廻っていた。明治時代の自由民権運動にも、そんな状況があったのであろう。

そこで、そのころ中央から全国へ派遣された地方長官（知事）たちは困ってしまい、これをなんとかしてほしいと地方長官会議（全国知事会議）で訴えている。その要望書を見ると、若い人々が各地で騒動を起こすのは、道徳を忘れて政治に走るからだ、この根本を正してほしいと言っている。

一方、明治天皇はすでに申し上げたとおり『教学聖旨』や『聖諭記』などで、道徳が蔑《ないがし》ろにされている状況を心配されてきた。そこで、明治二十三年五月、山縣内閣の文部大臣に任じられた芳川顕正《よしかわあきまさ》に対して「徳教のことに充分力を尽くせ」という異例の御沙汰を賜わっている。天皇が直接こういうことを示唆される例は珍しいが、陛下の側近に元田永孚がおり、また親臨された地方長官会議の要望もあることを踏まえて、文相に指示をされたのだと思われる。

それを受けて首相の山縣有朋と文相の芳川顕正は、「教育に関する勅語」を出すため、中村正直という学者に起草を頼んだ。中村は幕末にイギリスへ留学し、帰国してからS・スマイルズの書いた『セルフ・ヘルプ（自助論）』やJ・ミルの『オン・リバティ（自由論）』を翻訳して『西国立志編』や『自由之理』という題名で出版し、当時の夢多き青年たちに多大な影響を与えていた。

しかも、彼は東京大学の教授を経て元老院の議官をしていたので、この著名な先生に案を書いてもらおうということになったのであろう。そこで、中村も頑張って文案を作り、それが文部省案として山縣首相に提出された。ところが、その検討を求められた法制局長官の井上毅《こわし》は、これを徹底的に批判している。

彼は元田永孚と同じく熊本藩出身の学者であり、明治の初めにフランスへ留学した優秀な法制官僚である。前年制定された帝国憲法も皇室典範も、起草した中心人物は井上にほかならない。その井上毅が、中村正直の案を見て、これは一見よくできているが、どうもキリスト教の考え方に基づく表現が多すぎること、また抽象的な哲学の理論に傾いていること、さらに政治的な臭味も含まれていること、しかも君主の言葉としては長すぎ難しすぎることなどを、徹底的に批判したのである。

念のため、中村の文案を見ると、最初に忠孝の重要さを説きながら、それは天を畏れ神を敬う心であるから、「敬天敬神」こそ忠孝の心だという。しかし、井上によれば、この天はキリスト教の天を連想させるから駄目だという。

しかも、井上が偉いのは、単に批判するだけでなく、代案を示していることである。彼の根本的な考え方は、すでに前年（明治二十二年）帝国憲法を制定した以上、天皇も憲法に従わなければならない立憲君主政体をとっているのだから、「君主は臣民の良心の自由に干渉せず」、つまり立憲君主は国民の思想・信条の自由に立ち入ってはならない、という原則をはっきりさせている。

では、どうするかといえば、「勅諭を発して教育の方向を示さるるは、政事上の命令と区別して、社会上の君主の著作公告」とするほかない。しかも、「真成なる王言の体を全くする」ためには、特定の宗教教義や哲学理論を排し、「汪々《おうおう》として大海の水の如く」ならなければならない、と論じている。

それゆえに、井上の案では、最初に「朕惟《ちんおも》ふに」と、天皇が自らの御意見を述べられ、また最後に「庶幾《こいねが》ふ」と、天皇の御希望を示されるという構成になっている。つまり、社会上の君主として、天皇が「こう思う」という御意見と、「こう希望する」という御希望を表明されるのだから、決して政治上の命令ではない、ということをハッキリさせているのである。

この井上毅案は、以後何度も修正されるが、構成の原則は一貫している。その文案修正に最も貢献したのは元田永孚である。井上と親子ほど違う大先輩だが、共に熊本出身の優れた学者だったため、元田は率直に井上案を批判し、井上も元田先輩に遠慮なく反論するというやりとりを、二十回くらい繰り返している。

その途中で、例えば「常に国憲を重んじ国法に遵ひ」という部分は、「道徳教育の訓話」には不必要だとして、いったん削られている。しかし、それを元田よりお聞きになった明治天皇から、これも不可欠だとの御意向が伝えられ、再び加えられたと言われている。そのうえで、最終案を奉呈したところ、「これで良し」と嘉納され、ようやく成立したわけである。

このように見ると、山縣有朋も言っているとおり、「教育勅語」は、まず井上が原案を作り、ついで元田の意見で修正を加え、さらにそれを明治天皇が裁可されたことにより、見事にできあがったのである。その意味で、実質的な最大の功労者は井上だと言えよう。その井上が偉いのは、明治二十三年十月三十日に教育勅語が渙発された直後（十一月二日）、「元田先生」あての書簡に、「教育勅語」が発せられたのは「畢竟《ひっきょう》（元田による）積年の御誠心御輔導の美果を結び候」と、先輩に敬意を表していることである。

戦後も「教育勅語」の成立史を研究してきた学者は、海後宗臣東大教授とか梅溪昇大阪大学教授など、何人もおられる。それらの方々は、膨大な梧陰文庫（井上毅旧蔵文書）などを丹念に調べて、この「教育勅語」は井上毅が実質的に作ったことを立証している。しかし、当の井上としては、自分の原案を元田先輩にいろいろ修正してもらい、しかもそれを最終的に明治天皇がお認めになったことを喜び、「元田先生が侍講として多年にわたり誠心誠意ご輔導されたからこそ、「これで良し」と判断を示してくださる「美果を結」んだことに感謝しているのである。

この書簡は、元田永孚旧蔵文書が国立国会図書館に寄贈されていると聞いて、昨年の春休みに調べに行き、見つけることができた。初めは現物でなく、マイクロフィルム化されたものをマイクロリーダーで見ていると、パッと目に飛び込んできた。こういう経験は過去にもあったが、どうしても見つけたい資料は、向こうから飛び込んでくる。このときも、ゆっくりとリールを廻していたら、「毅」という差出人名が目に入り、井上毅から元田宛の手紙だとわかったのである。

ともあれ、「教育勅語」は明治天皇の御言葉として下し賜わったが、その基は元田永孚と井上毅との見事な協力によって完成したものである、ということを再確認することができた。

この教育勅語では、どういう所が大事かと言えば、前段も後段も重要だが、具体的な道徳の内容としては「爾臣民《なんじしんみん》、父母に孝に、兄弟に友に……」という、家庭道徳から社会道徳・国家道徳までを説かれた中段である。そのうち、例えば「夫婦相和し」という考え方は儒教にない。儒教の五倫では「夫婦別有り」というが、「夫婦相和し」という言葉はない。これは西洋的な道徳観も取り入れ、夫婦というものは夫と妻が相和し協力していくものだということを、あらためてお示しになったのだと、加地伸行博士（大阪大学名誉教授）が指摘されている。

この教育勅語は、前述のとおり、明治天皇の命令ではなく、最初に「朕惟ふに」という天皇のご意見が述べられ、また最後に「朕《ちん》、爾臣民と倶《とも》に拳拳服膺《けんけんふくよう》して咸《みな》其徳を一《いつ》にせんことを庶幾《こいねが》ふ」と、天皇のご決意とご希望を示しておられる。極めて控え目な、しかもわかりやすい天皇のメッセージである。

明治二十三年の十月三十日、この勅語は、首相の山縣有朋と文相の芳川顕正が宮中に参り、明治陛下から下し賜わった。そこで文部省は、これを全国の学校に普及しなければいけないと、直ちに「教育勅語」の謄本をつくり、普《あまね》く全国の学校に分かち、学校の式日及び国家的な祝祭日に、生徒を会集して捧読する儀式が励行されるようになる。それによって、この「教育勅語」は渙発直後から全国の学校で普及され、これが大きな力となって、一般国民の道徳レベルが高まっていく。

もちろん、日本では従来から日常的なモラルが高かったことを、幕末にやってきた外国人が驚いている。日本人はなんと正直か、なぜこんなに親切なのだろう、ということをいろいろ書いている。それが明治に入り、西洋化のあおりで段々とレベル・ダウンしつつあった。しかし、ここに至って、道徳の根本である「父母に孝に、兄弟に友に、夫婦相和し……博愛衆に及ぼし……義勇公に奉じ……」という根本的な徳目が、あらためて評価され実践されるようになったのである。

九　「教育勅語」の新たな活用

この「教育勅語」は、明治三十年代から外国の人々も知る機会が増えてきた。というより、明治の人々はこれを外国人にも知ってもらおうと努力している。例えば、菊池大麓《だいろく》という方は、若いころケンブリッジ大学において数学を究めた科学者で、東大総長から文部大臣まで務めている。この人が日露戦争の後、ロンドンへ招かれ、日本の教育について講演をしている。その際、「教育勅語」の英訳文を持って行き紹介したところ、非常に好評を得た。そのころは日英同盟を結んでいた関係もあって、イギリス人は日本に強い関心を持ち、特に当時のイギリスは少し斜陽化して道徳の頽廃《たいはい》をなんとかしなければならない状態にあったので、「教育勅語」に注目したのだと思われる。

そこで、自信を持った菊池らは、イギリスだけでなくアメリカにも行き、各地で教育勅語に関する講演をしている。また文部省では、英訳だけでなく、仏訳・独訳・漢訳も作り、それを世界各国へ送っている。それによって「教育勅語」は日本だけでなく、世界の有識者、とりわけ教育者によく知られ、かなり高い評価を受けている。彼等の間では、日本の目覚しい発展が、日本人の教育力によるものであり、その根底には「教育勅語」に盛られた道徳力がある、という見方が広まっていったようである。

そういう意味で、教育勅語は、明治・大正・昭和の人々の大きな力となった。ところが、その道徳力は今や風前の灯《ともしび》。この灯をなんとか大きな灯《あか》りとし、やがて日本国中を明るく照らすようにしていくためには、どうすればよいのであろうか。そのためには、小手先の技術論ではなくわれわれ自身、この「教育勅語」がどうしてできたのか、これにどんな思いが込められているのかということを十分に理解し、そのうえでこれを可能な限り活かしていく必要がある。

ということは、単に形のうえで「教育勅語」を暗記したらよいというだけではない。もちろん、しっかり憶えることも必要であるが、より大切なことは、これが本当に実行できるかどうかに懸かっている。

ごく普通に考えても、私どもは、最も身近な「父母に孝」でなければならない、「兄弟に友」でなければならない、「夫婦相和」さなければならない。まずわれわれ自身が家庭において、このような日常道徳を実践しなければならない。お手本を示さなければならないのである。

およそ子供というものは、親に孝行を尽くすものであり、また兄弟・姉妹というものは、互いに励まし合うものであり、夫婦というものは、仲良く助け合うものだということを、口で説くよりも、みずから実践すれば、それを今いる子や孫たちもこれから結婚する若者たちも見習っていくに違いない。そういうことを、自分自身が可能な限り実践するように心がけることこそ肝要である。つとに明治天皇ご自身、「朕、爾臣民と倶に拳拳服膺して咸其徳を一にせんことを庶幾ふ」と明言されており、生涯かけて実践躬行に努められた、ということを忘れてはならない。

第四章　杉浦重剛の「教育勅語」御進講

はじめに ―ユニークな解説書―

明治二十三年（一八九〇）十月三十日に下賜された「教育勅語」の解説書は、その直後から昭和十年代までに何百種類も出版されている。[1]それらの大部分は一般国民、とりわけ児童生徒の修身教育に資するものであった。

しかも、それらと類を異にするユニークなテキストがある。大正三年（一九一四）度、皇太子裕仁《ひろひと》親王（満十三歳）のために、東宮御学問所御用掛の杉浦重剛《しげたけ》翁（満59歳）が御進講した記録にほかならない。その全項目は、同所で数年間行われた「倫理」ⓐを収める御進講草案刊本[2]の末尾に付載されている。

私は約半世紀前、学生時代に偶然この刊本を名古屋の古書店で入手した。やがて昭和の終わり前後、昭和天皇の御学友であった永積寅彦《ながづみとらひこ》氏から、東宮御学問所生徒時期の想い出を詳しく承り、貴重な資料も複写させていただいた。[3]このようないきさつから、上記刊本の付載部分を独立させ、注記と解題を添えて出版したことがある。[4]

本章では、その『昭和天皇の学ばれた教育勅語』に記した解題を基にして現時点で少し書き直した。なお、「倫理」ⓐ御進講（草案）全体を通して、「教育勅語」の趣旨がどのように展開されたかも検討すべきところ、ここでは概要の紹介に留める。

一　杉浦重剛の略歴と「理学宗」

杉浦重剛の伝記は、すでに数多く公刊されている。[5] ここでは本論に関係の深い事績を中心に、略歴を紹介しよう（以下、原則として敬称・敬語を省略する）。

重剛（幼名譲次郎）は、安政二年（一八五五）三月三日、近江国膳所で藩儒重文の次男に生まれた。満五歳で藩校の遵義堂《じゅんぎどう》に入り、十歳代前半に高橋担堂《たんどう》・黒田麹盧《きくろ》・岩垣月洲《いわがきげっしゅう》から漢籍などを学ぶ。また明治三年（一八七〇）十五歳で藩の貢進生として上京、大学南校（東京大学の前身）で英語・理学を修める。さらに同九年（21歳）から四年間、文部省留学生として英国で化学・物理・農学などを究め、いずれも猛勉強して抜群の成績をあげている。

しかし、帰国すると、二年後の明治十五年（27歳）東京大学予備門長に任じられる。ついで同十八年（30歳）、同志と共に東京英語学校（のち日本中学校）などを設立。同二十年（32歳）には、『日本教育原論』を著している。[6] その特徴は、「日本人たるに必要なるの教育」（特に徳育）を行う場合、「今や支那（中国）の儒教に力なく、さりとて欧米の宗教でも不都合」とみなし、彼の専攻した理学（物理）の「勢力保存論」（エネルギー不滅の法則）と「波動説」（波紋流動の現象）ならば「尽《ことごと》く之を人事に応用し得」るから、「此の類推法に依りて物理の定則を応用する」のが「最も当今に適切なる道徳主義と信ずる」と主張している（原文の片カナは平がなに直して引用。以下同）。

この理学類推応用論は、英国留学中に思い付き、それ以降次第に熟成したものだという。後年（明治四十四年）の講演「科学より見たる神道」(7)でも、これを「理学宗」と称し、「精力を余計に貯へた人は……何時までも力を残す」「我が皇祖皇宗は、此の国に於いていちばん古くから勢力を貯へられた」から「神と云ふことに崇められて今日まで連綿として居る」、「その勢力」で「最も強いものは道徳上の力であらう」などと論じている。

再び略歴に戻ると、杉浦は前記の学校経営や教育理論を評価されたのか、明治二十一年、文部省の専門学務局次長に任じられた。しかも、その前後、政府の「不平等条約」改正案に反対したり、同志と雑誌『日本人』の創刊に参画。そのうえ、同二十三年七月には、推されて第一回の衆議院総選挙で議員に選ばれたが、政治に失望したのか、翌年三月辞任している。

それ以降、杉浦は日本中学校の校長として、晩年まで後進の育成に主力を注ぎ、すでに同二十五年『倫理書』（敬業社刊、全集第四巻所収）を著し、みずから講じている。そのかたわら、同三十年（42歳）、高等教育会議の議員や國學院の学監を委嘱された。さらに同三十五年、東亜同文書院の院長に任じられたが、まもなく健康を損ねて院長を辞し、数年間、表立った活動をしていない。

けれども、大正に入ると、同三年（一九一四）春から、後述の東宮御学問所が開設されるに及び、その「倫理」担当御用掛として、奇しくも在野教育者の杉浦（59歳）が抜擢された(8)。この人事は、他の御用掛（ほとんど東京帝大か学習院の教授）に較べて異例とみられるかもしれないが、まことにユニークな最適任者を得たことになろう。

それから七年間、皇太子裕仁親王のために全身全霊を傾けた。途中から婚約内定の久邇宮《くにのみや》良子《ながこ》女王（のち香淳《こうじゅん》皇后）にも御用掛として尽くしている。そしてその御結婚直後、大正十三年（一九二四）三月十三日、数え七十歳で永眠。勲二等に叙され旭日重光章を賜わっている。

二　東宮御学問所と「倫理」の大綱

昭和天皇（迪宮裕仁《みちのみやひろひと》親王）は、周知のとおり明治三十四年（一九〇一）四月二十九日、大正天皇（明宮嘉仁《はるのみやよしひと》親王）の御長男として降誕された。そこで、祖父明治天皇のご叡慮により、生後七十日目から三年半、川村純義《すみよし》伯爵邸で厳しく育てられる。ついで同三十八年から青山の皇孫御殿へ移り、東宮侍従の丸尾《まるお》錦作《きんさく》や侍女足立たか（のち鈴木貫太郎夫人）等に養育された。さらに同四十一年から乃木希典が院長を務める学習院の初等科に通っておられる。

この乃木院長は、将来天皇となられる皇孫殿下が初等科を卒《お》えられた後、特別な教育環境のもとで学ばれるべきだと考えていた。その「御学問所」を特設する具体的な構想が、明治四十五年春ごろ書かれた草案に見える。[9] そこには当面「中学一二年度、御修学」として、

御徳育進講／一週二時（二回）／二人特別御人撰

を筆頭に、「国語・漢文／同八時」「歴史・地理／同五時」「外国語／同五時」「数学／同五時」「博物／同二時」「図画／同一時」「武課（剣術・馬術・体操）／同五時」の各科目・時間数などが列挙されている。また「御相手学生、六乃至《ないし》八名／右は華族（なるべく嗣子）にして、陸海軍志望者に限る」とし、さらに職員も「主任／将官一人」「主事／奏任文官一人」（共に御殿内居住）などを提示している。

この構想は、同年七月の明治天皇崩御、九月の乃木院長自刃以降も消えず、すでに乃木から内々に頼まれ

学習院の御用掛を務めていた小笠原長生《ながなり》に受け継がれた。やがて大正三年（一九一四）、「東宮御学問所」と称する「日本一小さな学校」（大竹秀一氏評）が、高輪（JR品川駅の近く）の東宮仮御所内に設けられ、乃木の盟友であり小笠原の尊崇する上官の東郷平八郎を総裁に迎えて、開かれる運びとなったのである。

その職員を見ると、総裁（東郷）・幹事（小笠原）をはじめ、多くの教科（歴史・地理・国文・漢文・博物・数学・フランス語・習字・武課・軍事講話など）の御用掛は、順調に決まり、同年四月に発令された（理化学は四年次から、法制・経済は七年次のみ）。ただ、重要な帝王学の「倫理」を担当する御用掛は、容易に決まらなかった。それが、後注（8）のような事情により、なんとか五月下旬、杉浦に発令されている。

そこで、杉浦は六月下旬の御進講開始まで僅か一か月間に、その草案を作り上げるため全力を注いだ。それには資料を収集し原稿を検討するため、猪狩又蔵《いかりまたぞう》（日本中学校の歴史教師、のち校長）や土田誠一《つちだせいいち》（東大の哲学科大学院生、のち成蹊高校校長）など、数名が献身的に協力している。

「倫理」の御進講は、乃木の構想には毎週二時（二回）を二人で、とあったが、それを杉浦は一人で担当し続けた。ただ、週二時間（月曜と木曜の第一限）は、四年次までである。初年度の前半十二回分を「序説」とし、ついで後半から二課に分けて、第一課が〝帝王倫理〟を主とし、第二課が〝一般倫理〟とした（五年次から両課を一緒にして週一回となる）。その第一課では、杉浦みずから作成した教科書『倫理』ⓐを使ったが、第二課では初年度後半に「教育勅語」、二年次から学習院中等科の一般教科書ⓑを用いている。

このうち、ⓐの大半をまとめ直して公刊した『倫理御進講草案』（注2参照）を見ると、その巻頭に「倫理御進講の趣旨」が掲げられている。すなわち、「倫理の教科」は「唯口に之を説く」のでなく、「必ずや実践躬行、身を以て之を証する」のでなければならない、それゆえ、自分は「浅学菲徳」ながら、「唯心身を捧げて赤誠《せきせい》を致さんことを期す」との決意を述べる。そのうえで「大体の方針」として、左の三条を掲げ（便宜㋑㋺㋩を冠する）、各々に説明を加えている。

㋑一　三種の神器に則り、皇道を体し給ふべきこと。
㋺一　五条の御誓文を以て、将来の標準と為し給ふべきこと。
㋩一　教育勅語の御趣旨の貫徹を期し給ふべきこと。

まず㋑「三種の神器」とそれを授けられた「天壌無窮《てんじょうむきゅう》の神勅」は、わが「国家成立の根柢」であり、ここに「国体の淵源」が存する。とりわけ神器には「知・仁・勇、三徳の教訓」が託されており、歴代の天皇は「此の御遺訓を体して、能《よ》く其の本《もと》に報い始に反《かえ》り、常に皇祖の威徳を顕彰せんことを勉め」てこられた。従って、「将来我国を統御し給ふべき皇儲《こうちょ》（皇嗣・皇太子）殿下は、先づ能く皇祖の御遺訓に従ひ、皇道を体し給ふべき」と説く。

ついで㋺「五条の御誓文」は、明治の初めに「御一新の政《まつりごと》を行」うため、「大方針を立てゝ、天地神明に誓はせられたるもの」である。それを承けて二十余年後に「憲法発布」と「議会開設」が成り、また大正以後も「政道の大本は永く御誓文に存する」。従って、「将来殿下が国政を統《す》べさせ給はんには、先づ能く御誓文の趣旨を了得せられ……之を標準として立たせ給ふべき」と説く。

さらに㋩「教育勅語」は、明治天皇が維新に伴う思想の混乱を憂慮され、「我が国民に道徳の大本を示されたるもの」であり、爾来「臣民徳教の標準」となってきた。しかも、末尾に「朕、爾臣民と倶に拳々服膺して咸《みな》其徳を一《いつ》にせんことを庶幾《こいねが》ふ」と仰せて、「至尊も亦之を実行し給ふべきことを明言」されている。

従って、「皇儲《こうちょ》殿下（皇太子裕仁親王）……は、先づ国民の道徳を健全に発達せしめ……ると共に、御自らも之を体して実践せらるべき」と説く。

そのうえで、これらの基本方針に則りながら、「間々支那《シナ》及び欧州の事例をも参酌《さんしゃく》し、時宜に応じ題を設け、卑近より説きて高遠に及ぼし、空理を避けて実際を主とせん」との具体的な論述方法を示している。

三 「教育勅語」御進講の概要

杉浦重剛の「倫理」御進講は、初年度の大正三年（一九一四）、六月二十二日を初回として九月まで（間に夏休みあり）十二回「序説」が行われた。ついで十月から翌年三月まで（間に冬休みあり）は、第一課が十回行われ、それと並んで第二課として十一回行われたのが「教育勅語」の御進講にほかならない。「教育勅語」はすでに学習院初等科の時から親しんでこられたが[10]、この段階（満十三歳）であらためて深く学ばれた。その要点を略述しよう。

「教育勅語」は全文わずか三一五字であるが、大まかに分ければ、(一) 前文「朕惟ふに……此に存す」、(二) 本論「爾臣民……顕彰するに足らん」、(三) 後文「斯《こ》の道は……庶幾ふ」の三部から成っている。しかし杉浦は、(一) について三回略述した後、(二) のうち「…国法に遵ひ」までを七回にわたって詳述し、最後の第十一回目で (二) の「一旦緩急あれば」以下と (三) を併せて一挙に講じ了っている。それは最後に説明の時間が足りなくなったのかもしれないが、満十三歳（中学一年相当）の少年皇太子への進講としては、「一旦」以下を簡略にしても差し支えないと考えたからであろう。

第一回分では、まず「教育勅語」を下し賜わった所以《ゆえん》（維新後の思想界の危機と明治天皇の御軫念《しんねん》）、ついで「皇祖」（天照大神）の神勅、「皇宗」（神武天皇）の鴻業《こうぎょう》について簡単に説明し、さらに「徳を樹つる」（仁愛を植え込む）事例として、「三種の神器」の徳（知・仁・勇）、神武天皇をはじめ、歴代天皇（特に崇神・景行・仁徳の三代と明治天皇）の聖徳を説く。

第二回分では、「臣民、克く忠に克く孝に」の部分に即して、まず「我が国にては忠孝一本なり」とし、ついで「忠臣の例」として、田道間守《たじまもり》・和気清麻呂《わけのきよまろ》・楠正成《くすのきまさしげ》・乃木希典を挙げ、さらに「至孝」の例として、神武天皇をはじめ、養老の孝子伝説と平重盛の忠孝物語を説く。また第三回では、「国体の精華」を発揮した人物として、藤原鎌足《ふじわらのかまたり》・和気清麻呂及び徳川光圀《みつくに》を挙げている。

この計三回分は、（一）（前文）の解説である。それを抽象的ではなく具体的に人物の事績を例示しながら説くことが多い。それは（二）（本論）に関して一段と顕著になる。

すなわち第四回分では、「父母に孝に」の部分に即して、まず「孝は百行の基なり」とし、ついで漢籍の『孝経』が孝謙天皇以来わが国でも重んじられたけれども、その「孝」は「平時と緩急（非常時）」とで具体的な「方法を異にす」るとして、前者に中江藤樹《なかえとうじゅ》を、後者に日本武尊《やまとたけるのみこと》・楠正行《まさつら》を例に挙げている。

第五回分では、「兄弟に友に」と「夫婦相和し」の部分に即して、まず兄弟姉妹の「友愛」にも「長幼の秩序を加味」し「永続性を有する」必要を説く。ついでその実例として、億計王《おけ》（仁賢天皇）と弘計王《をけ》（顕宗天皇）、および備前の兄弟（領地争いをしても和解）を挙げる。また夫婦の「和合」「調和」の実例として、雄略天皇と皇后幡梭姫《はたひ》、豊臣秀吉と北政所《きたのまんどころ》、乃木将軍夫妻を挙げている。

第六回分では、「朋友相信じ」の部分に即して、まず「朋友」と「友を択ぶ」ことの大切さを説く。ついで「信と友情との継続」した実例として、江戸時代の細井広沢《ほそいこうたく》と堀部武庸《ほりべたけつね》、および波斯《ペルシャ》国の親友譚、古代中国の古典に見える「刎頸《ふんけい》の交《まじわり》」「絶絃《ぜつげん》の交」などを挙げている。

第七回分では、「恭倹、己れを持し」の部分に即して、まず「恭倹」の定義を説く。ついで実例として、天智天皇の恭敬、貝原益軒《かいばらえきけん》の謙遜、江村専斎《えむらせんさい》（江戸初期の文人）の節慾、仁徳天皇の倹素、徳川家康の節倹などを挙げている。

第八回分では、「博愛、衆に及ぼし」の部分に即して、まず「博愛とは何ぞや」を説く。ついで博愛の方法（先後緩急の順序）を弁えた実践例として、仁徳天皇・光明皇后・明治天皇及び和気広虫《わけのひろむし》（奈良後期の女官）・奥貫友山《おくぬきゆうざん》（江戸中期の儒者）・瓜生岩《うりゅういわ》（幕末明治の福祉事業家）を挙げている。

第九回分では、「学を修め……徳器を成就し」の部分に関して、まず「学を修む」実例として、源義家と「蛍雪の功」の逸話などを挙げる。ついで「業を習ふ」実例として、オランダのスピノザとイギリスのダルトンを挙げる。次に「智能を啓発」の実例として、関孝和・伊能忠敬を挙げる。さらに「徳器を成就」の実例として、中江藤樹・二宮尊徳及び宇多天皇の「御遺誡」と子思《しし》（孔子の孫）の教訓を挙げている。

第十回分では、「公益を広め……国法に遵ひ」の部分に関して、まず「公益を広め世務を開」いた実例として、野中兼山《のなかけんざん》・青木昆陽《こんよう》・玉川清右衛門《たまがわせいえもん》（玉川上水の功労者）を挙げる。ついで「国憲を重じ国法に遵」った実例として、源頼朝・豊臣秀吉・藤原時平《ふじわらのときひら》・羽田正養（江戸後期の幕臣）を挙げている。

そして最終の第十一回分では、「義勇公に奉じ」た実例として、北条時宗《ほうじょうときむね》・楠正成と和気清麻呂を挙げる。

さらに（三）後文の「斯の道は」以下に関して、歴代天皇が「皇祖・皇宗の遺訓」を守ってこられたこと、しかも「教育勅語」を「宗教以外」に「権威あるもの」として大いに尊び守る日本人を「英国の友人が……

敬服」していること、されば皇太子殿下は、これを「御自身で実行あらせらるる」と共に、「臣民をしてこの道に進ましむる」ように留意していただきたいと説いている。

以上が杉浦による「教育勅語」御進講の概要である。このうち、初回にも最終回にも「英国知名の学者・教育者」たちが「菊池（大麓）男爵の講演に感激し」「日本教育の中心が『教育勅語』に在ることを……大いに羨望せし」という話を援用している。

この点、確かにイギリスで明治四十年ころからそのような反響があったことの顚末は、最近平田諭治氏が詳細に解明されている。(11) 杉浦としては、これによって「明治天皇の下し給へる勅語」が「日本国民永遠の生命たること」（初回）「中外に施して悖《もと》らざること」（最終回）を裏付けようとしたのであろう。

四　七年間の「倫理」御進講項目

このように杉浦は、大正三年度後半、満十三歳の皇太子裕仁親王に対して、ⓑ〝一般倫理〟の中で「教育勅語」を詳しく御進講した。しかも、その途中で、例えば第六回に「朋友の事は、『水』と『鏡』との篇に申し述べたり。しかうして信は『時計』の篇に申し述べたり」と、すでに同年度前半に行われた「序説」との関連を示している。さらに同年後半以降のⓐ〝帝王倫理〟の中身も、「教育勅語の御趣旨の貫徹を期して行われることが多かったに違いない。

そこで、『倫理御進講草案』（序説とⓐ）の全項目を、学年と学期の順に通し番号を冠して列挙すれば、左のとおりである（最後の第七学年三学期は、後述の事情により御進講が休止され、項目名しかわからない）。

第一学年（大正三年度）（13歳）

・前半（序説）…1三種の神器　2日章旗　3国　4兵　5神社　6米　7刀　8時計　9水　10富士山
11相撲　12鏡

・後半…13成年　14御諡　15好学　16納諫　17威重　18大量　19敬神　20明智　21崇倹　22尚武

第二学年（大正四年度）（14歳）

・一学期…23桜花　24仁愛　25公平　26正直　27改過　28操守　29犠牲　30正義　31高趣　32清廉

・二学期…33御即位と大嘗祭　34明月　35賞罰　36蒔かぬ種子は生えぬ　37上杉謙信　38百聞ハ一見ニ如《し》カズ　39紅葉　40任賢　41決断　42赤穂義士

・三学期…43新年　44長ヲ取リ短ヲ補フ　45梅花　46雪　47謹慎　48論語読みの論語知らず　49恤民《じゅつみん》
50徳川光圀

第三学年（大正五年度）（15歳）

・一学期…51春　52思ヒテ学ビ学ビテ思フ　53遠ク慮リテ近ク憂フ　54源為朝　55禍ヲ転ジテ福ト為ス
56大道ハ遠クシテ遵《したが》ヒ難シ　57上和ゲバ下睦《むつ》ム　58化行レバ則チ善者勧ム　59山水　60綸言《りんげん》汗ノ如シ　61意ヲ平均ニ用ヒ好悪ニ由ル莫《なか》レ　62夏　63北海道沿線行啓に際して

・二学期…64夏ノ禹王　65高クシテ危フカラズ、満チテ溢レズ　66秋　67倉廩《そうりん》実《み》チテ則チ礼節ヲ知ル　68安危ハ己ニ在リ　69菊　70中大兄皇子　71賞罰ヲ明カニスベシ、愛憎ニ迷フコト莫《なか》レ　72問ヲ好メバ則チ裕《ユタ》カナリ　73博ニシテ要寡《すくな》シ　74ワシントン

・三学期…75松竹　76霜ヲ履ミテ堅冰《けんぴょう》至ル　77君君タラバ臣臣タリ　78孔子　79上《かみ》ハ則チ乾霊《あまつかみ》ノ国ヲ授

クルノ徳ニ答ヘ、下《しも》ハ則チ皇孫《すめみま》ノ正ヲ養フノ心ヲ弘ム　80田《でん》猟《りょう》　81下ニ臨ムニ簡ヲ以テシ、衆ヲ御スルニ寛ヲ以テス　82桃　83動ケバ則チ礼ヲ思フ　84蚕

第四学年（大正六年度）（16歳）

・一学期…85五条の御誓文　86科学者　87茶　88徳日ニ新ナレバ万邦惟《これ》懐ナリ　89先憂後楽　90瀑布　91日月ニ私照無シ　92那《ナポ》翁《レオン》

・二学期…93神事ヲ先ニシ他事ヲ後ニス　94徳川家光　95政ハ民ヲ養フニ在リ　96詩歌　97コロンブス　98惟《これ》徳ハ天ヲ動カス　99韓退之の雑説　100敖《おごり》ハ長ズベカラズ、欲ハ従《ほしいまま》ニスベカラズ　101絵画　102保建大記　103マルサス人口論　104イソップ

・三学期…105酒　106文明　107上ニ居レバ克ク明《あきらか》ナリ　108ペートル大帝　109音楽　110大義名分

第五学年（大正七年度）（17歳）

・一学期…111釈迦　112和魂漢才　113人ハ万物の霊　114黄金時代　115咸《みな》一徳ヲ有《たも》ツ　116鉄

・二学期…117修理固成　118他山の石　119其ノ天爵ヲ修メテ、人爵之《これ》ニ従フ　120磁石　121管仲　122基督《キリスト》

・三学期…123関《かん》雎《しょ》　124民ハ惟邦《くに》ノ本　125人種

第六学年（大正八年度）（18歳）

・一学期…126大宝令　127風声鶴唳《かくれい》　128其ノ来ラザルヲ恃《たの》ム無カレ　129貞永式目

・二学期…130光華明彩　131常山の蛇　132六諭衍義《りくゆえんぎ》　133鳶《とび》飛テ天ニ戻リ、魚淵ニ躍ル　134ポンソンビイ氏の「君と臣」に関して

・三学期…135中臣祓《はらえ》　136ルーソー　137本ヲ抜キ源ヲ塞グ　138之ヲ死地ニ陥レ然ル後ニ生ズ　139伝教・弘

法・親鸞・日蓮　140善ヲ勧メ悪ヲ懲《こら》ス　141発シテ皆節ニ中《あた》ル

第七学年（大正九年度）（19歳）

・一学期……142祈年祭の祝詞　143柳　144易の大要　145国学の四大人《うし》　146老荘の大意　147万葉集　148功成リ名遂ゲテ身退ク　149龍

・二学期……150前独逸皇帝ウィルヘルム二世の事　151五風十雨　152刑名学　153マホメット　154地水師　155運用ノ妙、一心ニ存ス

・三学期（予定項目）……156和光同塵　157神皇正統記　158濂洛《れんらく》ノ君子　159心学　160十年、一日ノ如シ　161地雷復　162孝明天皇の御製　163西洋哲学概論　164明倫の御製　165因果応報　166一以テ之ヲ貫ク　167死シテ寿ヲ亡ハズ　168神人合一

※他に、御進講の原稿がなく項目名のみ記録されているものとして、左の二十八項目がある。

第五学年……第一学期「陰徳陽報」「君子、其ノ独ヲ慎ム」「満レバ損ヲ招キ謙《ゆず》レバ益ヲ受ク」／第二学期「ソクラテス」「至誠ニシテ動カザル者、未ダ有ラザル也」「学ビテ時ニ之ヲ習フ」「四海ノ内、皆兄弟也」「絜矩ノ道」／第三学期「農神ヒポクラテスの詩」「任重クシテ道遠シ」「中朝事実」「天ノ作《な》セル孽《わざわい》ハ違クベシ」「貞観政要」「宝箴」「浩然の気」

第六学年……第一学期「十三経に関する説明」「プラトー・アリストートル」「文事有ラバ必ズ武備有リ」／「英国皇太子に関すること」「ストイック」「秋声賦」「スピノザ」／「カント・フィヒテ」

第七学年……第一学期「ミル・ベンタム・スペンサー」「進化論」「シェークスピア・ゲーテ」／第二学期「マキャヴェリー」「水戸学」

五　初年度御進講の「序説」

以上の百数十項目を通覧すると、いずれも多かれ少なかれ「教育勅語」と関係がある。しかし、紙幅に制約があるため、本章では、初年度（第一学年）の前半（大正三年六月〜九月）に講じられた「序説」十二項目を、後半（同十月〜翌四年三月）に講じられた「教育勅語」の導入と考え、簡単に紹介しておこう。

まず1「三種の神器」では、前掲の「趣旨」（方針）に則り、これが「知・仁・勇の三徳を示されたるもの」であること、広く外国の古典・学説に照らせば「支那も西洋も其の教を立つること同一」なること、ただ「我に在りては皇祖大神が実物を以て之を示された」ところに特長があること、特に歴代のうち「天智天皇は知、仁徳天皇は仁、神武天皇は勇を代表せらるる」とみられること、しかも「明治天皇の如きは三徳を一様に具備」されていたこと、従って裕仁皇太子は「知・仁・勇の三徳に着眼して修養せらる」べきこと、とりわけ「倫理なるもの……貴ぶ所は実践躬行の四字に在り」と説く。

続いて2「日章旗」では、「日の丸の由来」と日＝太陽の絶大な恩恵について略述する。そして「我が国にては、皇祖天照大神を太陽に比し奉り……皇祖嫡流の御子孫を〝日の御子〟と称する」と説く。

次に3「国」では、「国民……剛健なるときは（国も）繁栄す」ること、欧州で第一次大戦（一九一四〜一九一八年）が始まっていた当時、日本が同盟中の英国に「相応の援助を与ふべき」は、国家間の「信義」によって「東洋の平和を確保せん」ためであること、しかも「世界の大勢は終《つい》に人種の競争に帰着」するとなれば、「我が日本帝国は、将来独力を以て欧米のアーリア諸民族と相対抗するの覚悟なかるべからず」と説く。

続いて4「兵」では、「武」という文字が本来「戈《ほこ》を止むと書し、平和を意味する」こと、ただ不可避の非常時には「敢然と起ちて戦はんがため……常に兵備を整へ置くべき」こと、しかし「最も肝要なるは武士的精神の如何に依り……今後も益々この（尚武）精神を鼓舞し練磨し、常に正義の上に行動する……用意を以て列国の間に立つべき」と説く（末尾の「挿話」がおもしろい）。

次に5「神社」では、「我が国の神々は我等の祖先」と総括しうること、従って、神武天皇が鳥見《とみ》山で「皇祖の霊」を祀られたごとく「之（祖先神）を祭ることは、唯子孫として孝心を致す」にほかならないこと、しかも「能《よ》く神を祭らんとすれば、先づ能く政を施」すために、「祭政」が「一致」してこそ「国運を維持し拡張しうること」、さらに「正直の首《こうべ》に神宿る」と言われるごとく「惟神《かんながら》の道も其の根本は正直の二字に在り」と説く。

続いて6「米」では、稲作が天照大神の神勅に由来し、歴代の天皇も農業を奨励してこられたこと、それゆえに神嘗祭・新嘗祭、とりわけ大嘗祭を丁重に行われること、稲作は「国民の生命を支へ、精神を養ひ、又一国の経済を立つ」こと、従って皇太子は「之を作り出す民の粒々辛苦の状をも知らせ給ひて、而して日々の膳羞《ぜんしゅう》に向はせ給はば、報本反始の念自《おのず》から起り、同時に国運・民情等につきても、必ずや大に覚らせ給ふ」と説く。

次に7「刀」では、日本人が「古来尚武を以て立国の精神」としてきたこと、日本刀は鋭利なうえに「曲らず折れず、剛と強とを兼備」すること、その刀を鍛錬する以上に「人物を鍛ふるには、猶ほ幾倍の苦心を要する」と説く。

続いて8「時計」では、漏刻（水時計）などについて略述したあと、「時計は規律の根本にして、又信の証票」だから、学校の内でも外でも「時間を厳守」すべきこと、また人生も「瞬間の継続」だから、かって陶淵明《とうえんめい》が「時ニ及ビ勉励スベシ、歳月人ヲ待タズ」といい、また朱子《しゅし》も「少年老ヒ易ク学成リ難シ、一寸ノ光陰軽ンズベカラズ」というとおり、「時に当りて宜しく大に勉励すべき」と説く。

次に9「水」では、日本人が古来「非常に心身の清潔を尊び……清廉潔白を愛するの情強き」こと、そのため日常的に「冷水浴等を実行」し、「衣服・寝具・室内等を清潔ならしむ」こと、また古語に「水は方円の器《うつわ》に随ひ、人は善悪の友による」とか、「朱に交れば赤くなる」とあるとおり、「心して其の友を択び、善良なるものを得て、以て己を善良ならしむ」こと、さらに「度量の広大なるを称して海の如しといふ」が、「人に長たるもの」は「人の己に異るを容れ、人の己に忤《さから》ふをも許す…度量必ず益々広きを致す」ため「大に修養を積」むべきことなどを説く。

続いて10「富士山」では、単に日本一の麗峰として讃えるだけではなく、「高貴な人」は富士山のように「一見人をして先づ心服せしむるの風容を具する」こと、それには「清廉潔白、至誠を以て一貫する」べきことなどを説く。

さらに11「相撲」では、「日本の国技」と称される相撲の来歴を説明したあと、「相撲道……の大力士たらんものは、必ず正々堂々の陣を張り……公明正大なる心事とを兼ね有す」べきことを説く。

そして最後の12「鏡」では、明治天皇が御製によって「鏡を鑑として大和心を磨けよとの御教訓を垂れ給はりし」こと、人が鏡を見るのは「容儀を正す」ためであって「虚飾を加へん」ためではないこと、「古へを以て鏡と為せば……能く消長を知り……省みて足らざるを補ひ、誤れるを正すこと」ができること、また

「人を以て鏡と為せば……過《あやまち》を改め善に遷るの益ある」こと、とりわけ「朋友は真に善を責め悪を戒め、相互に学問志業に切磋琢磨すべき」こと、さらに「人君としては必ず忠臣の苦言を納れ、以て己を正すべきこと」などを説く。

以上が「序説」の要点である。ほとんど身近な主題のもとに、関連する具体的な話題を「倫理」に結び付けながら説き示されている。しかも、その中に「教育勅語」の徳目と関係の深いこととして、仮に四字句で約言すれば、1実践躬行《じっせんきゅうこう》、2皇恩感謝、3国際貢献、4義勇奉公、5祭政一致、6報本反始、7尚武鍛錬、8刻苦勉励、9択交修養、10清廉潔白、11公明正大、12自省親交、などがわかりやすく盛り込まれている。まさに後半以降への導入として的確な内容と言えよう。

むすび――「倫理」の実践躬行――

このように杉浦重剛は、数え六十歳の大正三年（一九一四）、東宮御学問所の「倫理」担当御用掛に任じられ、その前半で「帝王倫理」の「序説」を講じ、その後半で「一般倫理」として「教育勅語」を講じたのである。それを少年皇太子裕仁親王（満十三歳）がどのように受けとめられたのか、詳しい記録・資料はまだ見当たらない。ただ、大竹秀一氏も『天皇の学校』（二二一～二二二頁）に引いておられるエピソードであるが、幹事・小笠原長生が次のように語っている[12]。

（杉浦）先生は、教育勅語を捧読するのに「世々其の美を済せるは」とある所の世々を「セイセイ」と読まれるので……（迪宮）殿下も矢張り「セイセイ」と御読みになるやうになられたのです。そこで私

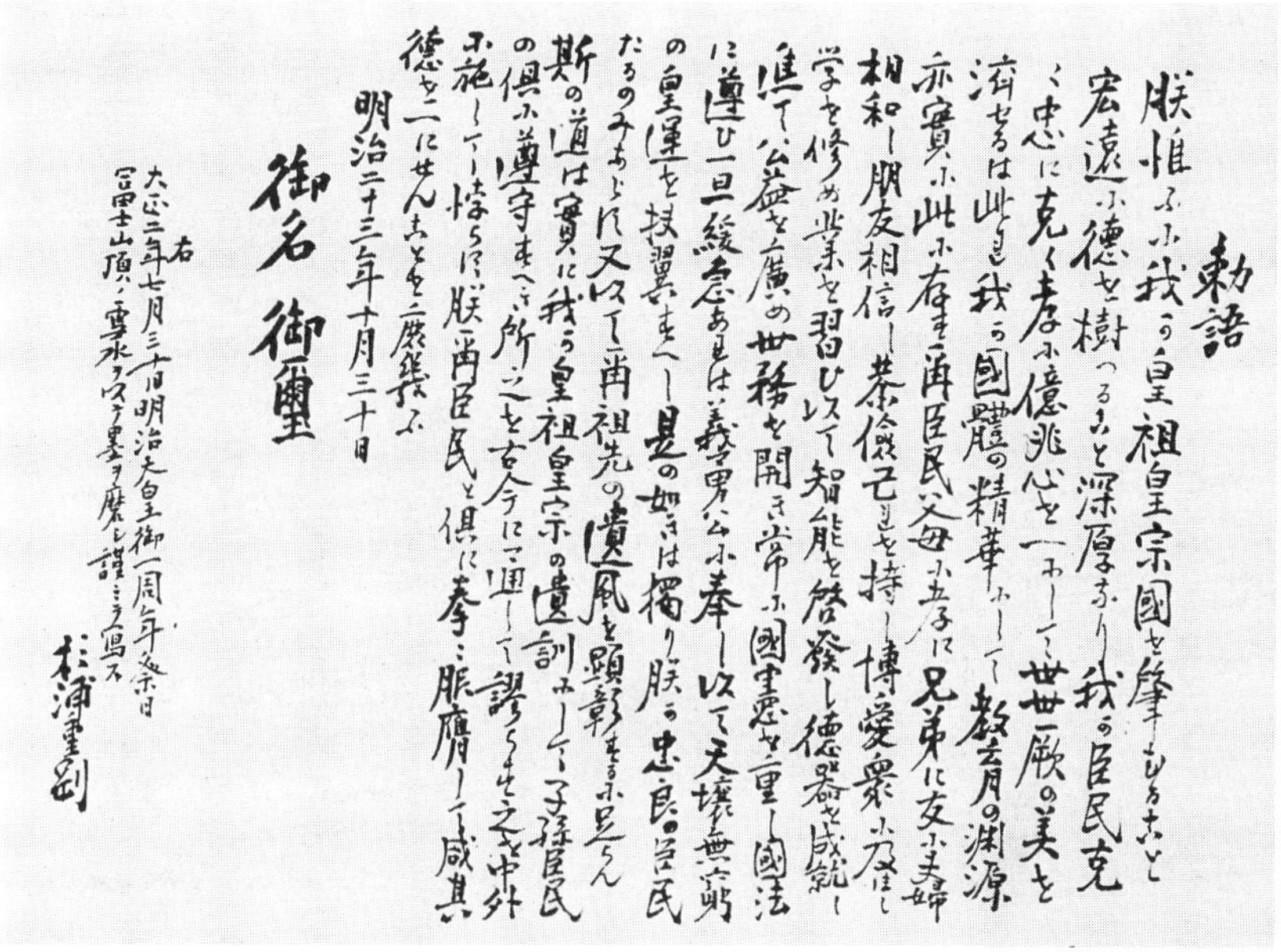
勅語

朕惟ふに我か皇祖皇宗國を肇むること宏遠に徳を樹つること深厚なり我か臣民克く忠に克く孝に億兆心を一にして世々厥の美を済せるは此れ我か國體の精華にして教育の淵源亦實に此に存す爾臣民父母に孝に兄弟に友に夫婦相和し朋友相信し恭儉己れを持し博愛衆に及ほし学を修め業を習ひ以て智能を啓發し徳器を成就し進て公益を廣め世務を開き常に國憲を重し國法に遵ひ一旦緩急あれは義勇公に奉し以て天壤無窮の皇運を扶翼すへし是の如きは獨り朕か忠良の臣民たるのみならす又以て爾祖先の遺風を顯彰するに足らん斯の道は實に我か皇祖皇宗の遺訓にして子孫臣民の倶に遵守すへき所之を古今に通して謬らす之を中外に施して悖らす朕爾臣民と倶に拳々服膺して咸其徳を一にせんことを庶幾ふ

明治二十三年十月三十日

御名　御璽

右

大正二年七月三十日明治天皇御一周年祭日

富士山頂ノ雪氷ヲ以テ墨ヲ磨シ謹ミテ寫ス

杉浦重剛

日本中学校長杉浦重剛直筆（教育）勅語（「大正二年七月三十日、明治天皇御一周年祭日富士山頂ノ雪氷ヲ以テ墨ヲ磨シ謹ミテ写ス／杉浦重剛」と付記。『遺墨集』所載）

は……僭越でしたけれども、殿下に……世間では普通に「ヨヨ」と読み居りまする旨を言上したのです……が、其の後になつても依然として「セイセイ」と御読み遊ばされたのであります。……此の一事は偶々以て先生の御進講の徹底する所を見るべきであらうと思ひます。

その後も「倫理」は、数年間にわたり毎週進講された。しかも、大正七年（一九一八）五月からは、皇太子妃に内定した久邇宮良子《くにのみやながこ》女王《にょおう》のため、久邇宮邸内に仮設された御学問所の御用掛も兼ねている。(13) ところが、翌九年秋、この御婚約に対して、良子女王の生母家系に〝色盲遺伝〟の疑いをかけ、久邇宮家に辞退を求める策動が表面化してきた。

それに対して杉浦は、同年十二月「倫理」の進講を「運用ノ妙一心ニ存ス」で打ち切り、御学問所御用掛の辞職届を出し、ひそかに同志（称好塾・日本中学校の卒業生など）の協力をえて、御婚約実現（反対阻止）に向け全力を傾けた。[14] 御学問所副総裁・浜尾《はまお》新《あらた》への意見書（『杉浦重剛全集』第六巻所収）を見ると、「已《すで》に御内定相成り候以上……御取消に相成り候儀は、満天下に悪模範を示し為され……候事と相成り候。……万一の事これあり候ては、小生も最早自決致し候外これなしと覚悟致し居り候」と固い決意を述べている。

その理由は、みずから「倫理」御進講者として「日本の皇室は智・仁・勇を以て立たなければならぬ、といふことを平生申上げてゐる」が、もし万一「かかる不信不仁の事（大正天皇が一たん内定された御婚約を不当な理由で解消するような措置）を遊ばすことになると、……日本の皇室に発する道徳の淵源に傷がつく」という強い信念に基づいており、まさに「死を決して闘った」のである。[15]

これは杉浦の「教育勅語」を含む「倫理」教育が、決して口先だけの説教ではなく、文字どおり命懸けで「実践躬行」すべきものであることを示範したことになろう。

一方、杉浦の教えを受けられた裕仁親王は、大正十年（一九二一）春、御学問所を修了して、ヨーロッパ数か国（特に英国）歴訪の船旅に出られた。そして帰国直後の十一月、病状の進行した父君大正天皇の代役「摂政」に就任しておられる。ついで五年後の十二月、父帝崩御に伴って満二十五歳で践祚《せんそ》され、それから満六十二年と二週間にわたり、昭和天皇として「天職」を全うされたのである。[16]

その間の偉大な御治績は、容易に書き尽くしえない。ただ、あえて本章の視点から申せば、「教育勅語」にも示される「徳」（帝王倫理）の実践躬行に努められた御生涯であったと評することができよう。[17]

（平成二十二年六月三十日稿）

注

（1）「教育勅語」の解説書は、準公的な井上哲次郎『勅語衍義』（明治二十四年、成美堂）あたりから戦時下の森清人『教育勅語謹話』（昭和十八年、直霊出版社）まで、少なくとも五百種以上あることが確認されている。そのうち主要なものが、日本大学精神文化研究所編『教育勅語関係資料』第一〜第十五集（同所、昭和四十九年）、日本教育史基本文献・史料叢書49・峯間信吉編『教育勅語衍義集成』（大空社、平成十年）等に収録されている。

（2）猪狩又蔵（史山）編・杉浦重剛『倫理御進講草案』（大日社、昭和十一年）。これは四六判全一二〇〇頁の特装大冊であるが、『杉浦重剛全集』第四巻（思文閣出版、昭和五十七年）には新組で再録。なお、前者から「教育勅語」十一回分と猪狩の「後記」を省き、本文のみ写真縮小した新書判三分冊本も出ている（三樹書房、昭和五十九年）。

（3）永積寅彦氏は、明治三十五年（一九〇二）二月、大迫尚道の三男に生まれた（のち永積家に養子）。同四十一年四月、学習院初等科に入り、同学齢の裕仁親王（及び華頂宮博忠王・久邇宮邦久王など）と同じクラスで六年間過ごす。その間に選ばれた五名の御学友の一人として、大正三年（一九一四）から七年間、東宮御学問所で学んだ後、同十四年三月、東大法学部卒業。昭和二年三月から同四十一年三月まで侍従職（課長を歴任、次長で退官）、同年九月から同十二年六月まで掌典長を務められた。
それから最後に平成元年二月、昭和天皇御大喪に祭官長を奉仕された。私はその前後十数回、友人の高橋紘氏（当時、共同通信社会部デスク）と共に永積氏の御自宅を訪ね、合計五十時間余り御話を承った。のみならず、初等科・御学問所の教科書などを拝借し、御日記などの主な部分の抜き書きを頂戴した。その口述記録をまとめたのが同氏『昭和天皇と私―八十年間お側に仕えて』（学習研究社、平成四年）である。また「国史」と「法制」の教科書は、私の解説を加えて、勉誠出版と原書房から複製刊行した。

（4）杉浦重剛御進講（校注・解説　所功）『昭和天皇の学ばれた教育勅語』（新書判、勉誠出版、平成十八年。その大幅な補訂版、同社、同二十二年）。

（5）大町桂月・猪狩史山共著『杉浦重剛先生』（政教社、大正十三年）、藤本尚則『国師　杉浦重剛先生』（敬愛会、昭和二十九年）、猪狩史山『杉浦重剛先生小伝』（研究社、同四年）、海後宗臣『西村茂樹・杉浦重剛』（北海出版社、同十一年）、石川哲三『国宝　杉浦重剛』・同『杉浦重剛の生涯』（同顕彰会、同五十三・五十九年）、明治教育史研究会編『回想　杉浦重剛』（思文閣出版、同五十九年）など。なお、猪狩史山・中野刀水編『杉浦重剛座談録』（岩波文庫　同十六年）もある。

（6）杉浦重剛『日本教育原論』（初版・明治二十年二月、金港堂出版。『杉浦重剛全集』第一巻、昭和五十八年、思文閣出版・国民精神文化研究所編刊『教育勅語渙発関係資料集』第一巻にも所収）。なお、杉浦は同二十年、英国ブラウィング著『教育原論沿革史』と米国ペインター著『教育全史』を翻訳出版している。

（7）杉浦重剛「科学より見たる神道」（初出・明治四十四年十二月『称好塾報』。『杉浦重剛全集』第一巻所収、昭和五十八年、思文閣出版）。

（8）この「倫理」御用掛として、初め一高の元校長で大正三年当時京大の文科大学長だった狩野亨吉（四十九歳）が候補に挙げられた。けれども、本人が固辞したため、京大総長の沢柳政太郎（狩野の同級生）と東大総長の山川健次郎（狩野の恩師）らが熟慮協議した結果、杉浦こそ「人格高潔の国師」「命懸けで事に当たる人」と見込んで決定したと伝えられる（注5の藤本著など）。

（9）玉木正誼（乃木希典実弟）遺族が所蔵される墨書き草案（大竹秀一氏『天皇の学校』文藝春秋、昭和六十一年刊に全文引用）。

（10）例えば、明治四十三年（一九一〇）第三学年の「御心意状態」報告書（『原敬関係文書』別巻所収、NHK出版『昭和天皇のご幼少時代』収録）によれば、丸尾錦作御用掛長から「勅語の御話」を聞かれた後、「迪宮はね、朕というのは〝始め〟のことで、冀《こいねが》ふは〝おしまひ〟のことだと思っていた」と無邪気に話しておられる。
　また初等科六年間クラス担任を務めた石井国次（のち東宮御学問所でも地理と数学を担当）が記した「教案簿」（授

業記録）が部分的に残っている（東京の知人所蔵、複写受贈）。例えば、その明治四十五年＝大正元年度分（第五学年東組）を見ると、「修身」の時間（月曜と木曜の一限）の月曜には、必ず毎週「勅語奉読」があり、そのあと「教育勅語読方」（六月十一日・七月一日）「教育勅語ノ大意」（九月二十日・十月七日）「教育勅語ノ解釈」（十月十四日・十一月四日）がある。さらに、「華族一同ニ賜リタル勅諭ノ読方」（十一月十二日・十八日・十二月二日・九日・十六日・一月十三日・二十日）「学習院設立勅語ノ読方」（一月二十七日・二月三日・十七日）「漢文及ビ講義」（二月二十三日）及び具体的な加藤清正・徳川光圀・松平定信などの「訓話」も行われている。

(11) 平田諭治氏『教育勅語国際関係史の研究』（風間書房、平成九年）Ⅱ部「官定英訳教育勅語の成立とその位相」によれば、「教育勅語」の公式英訳は、日露戦争後に作成され、明治四十年（一九〇七）文部省から英国ロンドン大学へ派遣された菊池大麓が、日本教育に関する講演で紹介して好評を呼んだ（のち米国各地でも講演）。また、同四十二年には文部省が『漢英仏独教育勅語訳纂』（The Imperial Rescript on Education translated into Chinese, English, French, & German）を刊行している。

(12) 大町・猪狩共著『杉浦重剛先生』（注5）所引の回想。

(13) 拙稿「久邇宮良子女王（香淳皇后）と杉浦重剛」（『歴史と旅』平成十二年九月号）

(14) 東宮御学問所教科書『倫理進講要録』巻五末尾「付録」に「（第七学年）第二学期末より第三学期全部、病の為め欠勤せり」と記されている。

(15) 古島一雄（杉浦の教え子、のち衆議院議員）『一老政治家の回想』（中央公論社、昭和二十六年。のち中公文庫）。杉浦を中心とする猛烈な運動が反対派を追いつめ、宮内省は翌大正十年二月十日、「御婚約に変更なし」と公表するに至った。その御婚儀は、同十二年秋に予定されていたところ、九月一日の関東大震災で延期となり、翌十三年一月二十六日に挙行されている。それを病床で伝え聞いて安堵した杉浦（数え七十歳）は、その半月後（二月十三日）、「国家の前途が気遣われるのみじゃ」と夫人に呟いて永眠したという（注5伝記参照）。

(16) 多くの天皇が御任務を「天職」と認識されていたことは、例えば慶応四年（明治元年）三月十四日、「五箇条の御誓文」と共に示された明治天皇の「御宸翰」の中でも、「朕……身骨を労し心志を苦しめ艱難の先に立ち、古列聖の尽させ給ひし蹤を践み、治績を勤めてこそ、始めて天職を奉じて、億兆の君たる所に背かざるべし……」と記されている。

(17) 周知のことながら、「教育勅語」の徳目に即して一端を申すならば、まず父君大正天皇のために「摂政」を務め、また母君貞明皇后のために孝養を尽くされた。さらに三名の弟君（秩父宮・高松宮・三笠宮）との親交に努められ、もちろん良子妃＝香淳皇后と相和して仲睦じく、しかも御学友や近侍者らとの信頼関係を大切にされた。

御自身、幼少時から礼儀正しく慎み深い態度を持ち続けられ、まさに天下万民に博愛の大御心を及ぼされた。御学問所終了後も進んで修学に励み続け「スメラミコト」としての見識を高め帝徳を深められた。それゆえ、平常時には立憲君主として誠実に「統治権を総攬」され、大東亜戦争中のような非常時にも、皇居に留まって大元帥の大任を果たされ、皇祖皇宗による肇国以来の「皇運」「国体」を護り通すことに全力を尽くされたと言えよう。

しかも、明治天皇の「教育勅語」に示されているような徳義の実践躬行者と仰がれる昭和天皇を御手本としてこられた今上陛下は、すでに昭和二十年（当時満十一歳）、四月の天長節講話や八月十五日の玉音放送を聴かれ、「私も心や体を強くし、国民から仰がれるやうな人になりたい」と御日記の作文に書かれている（木下道雄氏『側近日誌』（文藝春秋、平成二年刊）の昭和二十年十一月十三日条に「東宮の御日誌文」を東宮侍従職から拝借して書写）。

第五章　西村茂樹の道徳的皇室論

はじめに ―憲法第一章は「天皇」―

先ほど日本弘道会の鈴木勲会長（元文化庁長官）から紹介されたとおり、私は昭和五十年（一九七五）から六年間、文部省、現在の文部科学省に勤め、教科書調査官という仕事をさせていただいた。それまで大学にいたので、率直に言って教育行政について勉強することはなかった。しかし、公務である「教科書検定」をするために、教育法規を何度も読んで頭に入れ、それに基づいて少しでも良い教科書を作ることに努めた。その際、不思議に感じたのは、現在の小学校や中学校、あるいは高等学校の教科書を見ても、皇室のことをあまり書いていないことである。稀に書いてあっても、かなり批判的・否定的なことに傾いている。日本は言論の自由な国であるから、それも一応やむをえないが、やはり大前提がある。それは何かと言えば、現在の日本は昭和二十二年五月以来、日本国憲法の下にあるから、今の憲法の中で天皇なり皇室のことがどういう位置づけにあるかということを正確に教えなければいけないはずである。けれども、それが必ずしもそうなっていない。

今さら申すまでもなく、現行の憲法は、明治の憲法を根本的に改正したことになっている。そのため、法手続的には、昭和二十一年の十一月三日という明治天皇のお誕生日、当時の「明治節」を選んで、昭和天皇が公布された。表向き明治憲法を改正するという形をとり、枢密院《すうみついん》の議を経て、昭和天皇により公布されたのである。

しかしながら、その中身は、占領軍のＧＨＱが起草し、その翻訳草案をＧＨＱの監視下で衆貴両院において審議したものである。ただ、GHQといえども、無から有を生じたわけではない。明治憲法をはじめ、民間の草案や意見もいろいろ参照して、これならば日本人が守るであろうものを作った。

その結果、憲法の枠組み自体、第一章という憲法で最も重要な部分が「天皇」という章にされた。そして第一条から第八条まで、天皇に関する規定を設けている。

世界の憲法を見ても、第一章に何を置くかということは、その国の特徴を示す極めて大切なポイントである。それゆえ、我が日本国は、憲法の冒頭に天皇を国家・国民統合の「象徴」と仰ぐ〝立憲君主国〟だということが明記され、また皇位は代々「世襲」と定められており、さらに天皇が国家・国民のために国事行為を行われるべきことまで明示されている意味は、極めて大きい。

もちろん、第二章の「戦争放棄」も、あるいは第三章の「国民の権利・義務」も大事であろう。しかし、それらと並んで第一章に「天皇」の規定が置かれていること、それが日本国家にとっても国民統合にとっても、どういうものなのかということを、きちんと教育することは、当然必要なことだと思われる。しかし現状は、なかなかそうなっていないのである。

一　学習指導要領の示す「天皇の地位」

〈資料一〉は、現在出ている文科省編『小学校学習指導要領解説書 社会編』である。申すまでもなく、現在の教育は、「日本国憲法」の下で「教育基本法」に基づき、「学校教育法」に則って行われている。そして小中高で行われる教育の大綱は、「学習指導要領」で具体的に示されている。

○小学校社会科の内容

例えば、小学校の社会科では、どのような内容を盛り込んだらいいのかという大枠が、あまり深く立ち入らないで書かれている。社会科の六年生の「目標と内容」のところを見ると、だいたい日本の歴史と政治・経済について初歩的な知識を教えることになっている。

そこにこう書いてある。「日本国憲法は、国家の理想、天皇の地位、国民としての権利及び義務など国家や国民生活の基本を定めている」から、こういうことを六年生では教育の「内容」として教えなければならない、としている。

しかも「内容の取扱い」という項に、より具体的なことが書いてある。それを見ると、「天皇の地位」については、「日本国憲法に定める天皇の国事に関する行為など児童に理解しやすい具体的な事項を取り上げ、歴史に関する学習との関連も図りながら、天皇についての理解と敬愛の念を深めるようにすること」と明記している。

もちろん、「国民としての権利及び義務」については、「参政権、納税の義務などを取り上げる」ということで、国民の権利・義務についていろいろしっかり教えるが、それと同時に、「天皇の地位」についても、憲法に定められている国事行為などを具体的にきちんと取り上げるようにということが、指導要領そのものに書いているのである。

さらに文科省の作る『学習指導要領解説』を見ると、次のような説明が付いている。『「天皇の地位」について調べるとは、天皇の国事行為等を取り上げて調べ、天皇は日本国の象徴であり日本国民統合の象徴として位置づけられていることを理解できるようにすること』とある。

それが具体的にはどういうことなのかと言えば、「『天皇の地位』の指導に当たっては、児童の発達の段階を踏まえ、抽象的な指導にならないようにするため、例えば、国会の召集、栄典の授与、外国の大使等の接受などの国事行為」、これらはいずれも憲法に明記されている国事行為であるが、それだけではなく、「国会開会式への出席、全国植樹祭・国民体育大会への出席、被災地への訪問・励ましなどを通して、象徴としての天皇と国民との関係を取り上げ、天皇は日本国の象徴であり日本国民統合の象徴であることを理解できるようにする」ということまで示されている。

さらに注目すべきは、「内容（一）の歴史学習との関連に配慮し、天皇が国民に敬愛されてきたことを、理解できるようにすることも大切である。これらの指導を通して、天皇についての理解と敬愛の念を深めるようにする必要がある」と、ちゃんと明記されている。これが現在の学校教育における基本的な方針なのである。

もちろん、それに批判的な人、反対する人があっても不思議ではない。とはいえ、少なくともこれを公教育の前提として考えるならば、これを教科書に盛り込み、学校の教室でも正確に教えてほしいというのが、たぶん多くの国民の期待であろう。

そういう意味で、私どもが教科書検定の仕事をしていたときも、個人の思想とか信条ではなくて、こういう戦後の文部行政で積み上げられてきた成果としての大きな目標・内容を実現できるような教科書であるかどうかを調べたのである。

けれども、私の印象として申せば、そういうことを積極的に取り上げる教科書は多くなかった。また教科書に少し書かれていても、果たして教室できちんと教えられていたかどうかと言えば、いくつかの学校を廻ったこともあるが、必ずしもそうではなかった。ただし、その後二十年も三十年も経っているので、だんだん良くなってきているかもしれない。

今ここに示したのは、この（平成二十三年）四月から実施されている新しい「学習指導要領」の内容である。これに基づく教科書が作られ、それが従来よりも充実したものになってほしいと念じている。

そういう意味で、私がこれから申し上げることは、現行憲法に基づき、すでに改正された新「教育基本法」を踏まえている。とりわけ「学習指導要領」などに見える「天皇と国民との関係」とか、それを学習することによって、「天皇についての理解と敬愛の念を深める」ということは、いったいどうしたら可能なのか、またかつてはどのようになされてきたのかということを、皆さんと共に考えてみたい。

二　西村茂樹博士の事績

今年（平成二十一年）は安政の大獄《たいごく》（一八五九）から満百五十年、明治の改元（一八六八）から百四十年目になる。しかも明治の帝国憲法と皇室典範ができてから満百二十年である。

そういう百年以上の、百二十年ないし百五十年の歴史を視野に入れながら見るならば、戦後日本は大きく変わったというが、もっと大きく変わったのはまさに幕末維新から明治の時代だと思われる。それまでの生活が衣食住も含めて西洋風に変わり始めた。当時の人々は、変わることをよしとして、どんどん西洋風へと突き進んだのである。

しかしながら、西洋化あるいは近代化が不可避だとしても、それだけでいいのかという思いを持つ人々もあった。やはり古来の日本的・東洋的なものの良さを、どのようにしたら西洋的・近代的なものと折衷しながら活かしていけるのか。それによって本当に新しい意味での日本的なものをどうしたら新たに作り出していけるのか。そういうことに、早くから心を砕かれ大きな働きをされた一人が、西村茂樹《にしむらしげき》博士（一八二八～一九〇二）にほかならない（以下、原則として敬称・敬語を省略する）。

西村博士の年譜をたどると、皇室にかかわることが多い。それを〈資料二〉の年譜に示した。ほかの事績もたくさんあるが、ここでは高橋昌郎氏の人物叢書『西村茂樹』付載の年表を参考にさせていただいた。

○明治天皇の侍講

西村茂樹は明治六年（一八七三）から文部省に勤め教科書の編纂に当たっていたが、同八年、数え四十八歳で洋学の才能を認められて、明治天皇の侍講という役に任じられた。当時すでに和学・漢学・洋学の三方面にわたる御進講が行われており、そのうちまもなく東大の初代綜理（総長）になる加藤弘之の後を受けて、洋書の御進講を担当されることになったのである。

侍講の役はまもなく辞するが、御進講はその後も続けた。しかも同十年からは、有栖川《ありすがわ》宮・伏見宮・小松宮・北白川宮の四親王に対しても、毎月三回、洋書を進講している。

○『古事類苑』の編纂

ついで明治十二年（一八七九）には、『古事類苑《こじるいえん》』の編纂事業を提言している。この学問的・文化的な意義は、いくら強調しても足りないほど大きい。百年以上経った今日でも、私ども歴史家にとって不可欠の最も頼りになる一大史料集が『古事類苑』である。古代から幕末までの漢文や古文の膨大な原史料を正確に読み解き、それを数百項目に分けて配列した日本独自の、エンサイクロペディアにも優る史料百科事典である。

こういうものを日本で作る必要があることを、西村は文部省の教科書編輯局にいて大胆に提案した。その完成までには紆余曲折があり、途中から神宮司庁がスポンサーとなり出版されたが、その最初に作られたのが「帝王部」である。

おそらく西村の念願は、日本古来の歴史や文化を、これから多くの人々に正しく伝えていこうとすれば、あらゆる項目の信頼できる史料集＝『古事類苑』を必要とする。とりわけ帝室＝皇室の歴史・文化こそいちばん重要と考えて、全数十巻にわたる『古事類苑』の最初に「帝王部」を作らしめたのであろう。

○『婦女鑑』の編纂

さらに明治十七年（一八八四）には、現在の日本弘道会のルーツとなる「東京脩身学社」を「日本講道会」と改称し、また宮内省の出仕として「文学御用掛」を務めている。そして、昭憲皇后からの御依頼により、『婦女鑑《ふじょかがみ》』の編纂に大きな力を発揮した。これが新しい全集にも入れられたので、今回あらためて読みつつあるが、なかなかおもしろい。

ちなみに、少し余談なるが、私には孫が二人いて、下の孫娘がこの春から小学校に入る。そこで、私の好きな本をプレゼントして、「しっかり読むんだよ」と言って渡したところ、「ありがとう」のついでに「おじいちゃんの部屋にはいっぱいご本があるけど、それみんな読んでいるの」と逆襲されてしまった。私は歴史家として必要な書物をいろいろ買うが、それらを教科書のように全文読むことは、ほとんどない。

先般こちらの日本弘道会から新版『西村茂樹全集』の既刊分を送っていただいたが、すぐ読まなければいけないと思いながら、書斎に積んであった。けれども、孫に言われて、これではいかんと思い直し、一巻から順々に全部読ませてもらった。岐阜と京都を往復する車中で、隅から隅まで目を通すうちに、いろいろ学ぶことがあった。

その中で、『婦女鑑』は西村自身の単著でないにせよ、その基本方針を立てて何人もの協力を得て作ったものである。ここには和漢洋の優れた婦人、あるいは望ましい家庭などの逸話が多く描かれている。これは現在、特に女性の役割とか家庭の重要性を考えるためにも、あらためて読まれることが望まれる。そういう意味で、西村が『古事類苑』についで『婦女鑑』の編纂も推進した意義は、極めて大きい。

○皇太子の御教育掛

ついで明治十八年（一八八五）には、数え五十八歳で当時七歳の皇太子嘉仁《よしひと》親王（のち大正天皇）の御教育御世話掛に任じられた。ご承知のとおり、明治天皇の皇子が次々早逝される中で、嘉仁親王は唯一人なんとか生き延びられたが、御誕生のときから御病気がちであった。そのため、幼稚園・小学校の時期はほとんど登校されず、なかなか勉学も難しい状況であられた。しかし、いろいろな方の助けも得てだんだん健康を回復され、やがて立派な漢詩も和歌も詠まれるような帝王になられた。

そういう心身とも非常な困難を抱えられた皇太子殿下に、西村が御教育掛としてどんなことをして差し上げたのか。まだ詳しく知られていない。しかし最近、『大正天皇実録』が部分的に見られるようになったから、宮内庁などにある資料を調べさせていただければ、かなりのことがわかるに違いない。

○帝国憲法と皇室典範

さらに翌十九年から宮中顧問官を拝命した。そのころから道徳の研究と普及に本腰を入れて取り組んだことは、皆さんご承知のとおりである。

そして明治二十二年（一八八九）には、「帝国憲法」と「皇室典範」が完成した。明治の憲法や典範については、戦後の学界でも教育界でも、あまり評価されていないが、十数年にわたり周到に歴史を調べ、西洋に学んで仕上げられた、極めて優れた近代法典である。

とりわけ憲法というのは、国家・国民のために作るものだから、必要があれば変えていく、という前提で作られる。それに対して皇室は、二千年以上の歴史を担う存在であるから、時々の多数決などで安易に変えてはならない。そこで、日本国の根本法として、国務のための憲法と宮務のための典範を分けて作ったことは、まことに賢明なあり方と言えよう。

これは、いろいろな人々の意見（とりわけ井上毅）を取り入れて、最終的に明治天皇がお決めになったから欽定法という。この二大法典が明治二十二年二月十一日「紀元節」に制定されたのである。

○明倫院の建議と教育勅語

そのころ西村も、国家と皇室のこと、政治と宗教はいかにあるべきか、政治と教育をどうすべきか、ということを考えていた。そして具体的に道徳の観点から論じられ実践されていく。例えば、この明治二十二年には、宮内省に「明倫院」を置くべきだと提案し、また天皇ご自身が国民教育の基本方針を示されるべきだという提言もしている。それも一因となって、翌二十三年「教育勅語」が出されるに至った。

さらに明治二十六年、西村は御講書始で明治天皇に「英国史」を御進講した。そして同年、『徳学講義』を書き、その普及に努めている。当時すでに数え年で六十六歳、いろいろな公職を退き、まさに「弘道」のため全身全霊を注ぐことになった。

ちなみに、私は今年満で六十七歳、三年後に定年退職の予定であるが、西村博士にあやかって、これからいよいよ新たに頑張りたいと思っている。

三　西村の皇室観・皇室論

西村茂樹は『徳学講義』を書き、それを各地で講じ広めていった。また『国家道徳論』も著している。そういうものを見ると、皇室について深い尊崇の念を持っていたことがわかる。

やがて西村は、明治三十五年（一九〇二）八月十八日、数え年の七十五歳で世を去る。その前後に、明治天皇・昭憲皇后両陛下、および皇太子殿下（のち大正天皇）からお見舞いを賜わり、さらに正三位・勲一等を授けられている。しかし、その功績は、政治家や官僚としてではなく、まさに教育者・道徳家として皇室のため国家のため貢献したことにある。

そこで、念のため西村が皇室についてどのような考えを持ち、どのようなことを広めていこうとしたのか、ということを確認しておきたい。

まず『日本道徳論』（六十歳）では「東西の学を折衷し、古今の異同を考へ」とある。ここがなかなか重要であって、日本人は独りよがりにならないよう、東洋と西洋の学問を折衷し、さらに過去と現代の違いをよく考えなければならない。そのうえで、「本邦国民の品性を造る」にはどうしたらいいのかということで、具体的に八項目（1勤勉、2節倹、3剛毅、4忍耐、5信義、6進取の気に富む、7愛国の心盛ん、8万世一系の皇室を奉戴す）を挙げている。

この八番目に、「万世一系の皇室を奉戴《ほうたい》す」とあることが、極めて重要である。「民心を一定せしむる」には西洋諸国なら「宗教を尊崇する」ことになるが、日本では「至高至貴の皇室」があるから、「民心をして悉《ことごと》くこの皇室に帰向せしめ」ることが最も大切だと明言している。

これは明治の人だから当たり前だろう、と思われるかもしれない。しかし当時も、論壇などではフランスやアメリカのように、日本を共和制にしたらいいという反皇室論がもてはやされていた。そういう中で、やはり日本には近代化も必要だが、皇室を抜きにして日本がまとまり発展することはありえないというのが、心ある人々の考えであった。そういう意味で、西村も「万世一系の皇室を奉戴す」ることこそ、日本国民の品性を向上させるのに重要だ、と考え、当会の要領（甲号）にも、「一、忠孝を重んずべし。神明を敬うべし」についで、「二、皇室を尊ぶべし。本国を大切にすべし」と明示されたのである。

ちなみに、最近「品性」とか「品格」という言葉が流行して、『〇〇の品格』という本も十冊以上出ている。そのすべてを読んだわけではないが、『日本の品格』とか『国家の品格』というようなタイトルの本でも、皇室のことに言及しているのは、管見の限り、渡部昇一博士（上智大学名誉教授）くらいである。渡部教授はさすが「日本の品格」を考えるとき、皇室の品格にならうというか、それを手本とすることが必要だ、というポイントをきちんと書いている。

すでに百二十年以上前、西村茂樹は「国民の品性を造る」ために、「万世一系の皇室を奉戴」する心がなければならない、と指摘していたのである。

ついで明治二十二年（六十二歳）、土方久元宮内大臣に対する意見書で、「本邦の歴史を按ずるに、国民道徳の根元（別のところでは「道徳の源」）は常に皇室にある」から、国民道徳を高めていくためには、皇室をお手本とし、皇室の道徳を国民道徳の根本として学ばなければならない、と指摘している。それゆえ、明治二十二年、帝国憲法と皇室典範ができても、これでよしとせず、「今日断然大詔を発せられ」、つまり明治天皇ご自身が教育について基本的な方針を詔書でお示しいただきたい、と提言したのである。

その翌年十月「教育勅語」が出された。これは早くから準備されていたことではない。憲法と典範ができたあと、翌年に初めて総選挙を行い帝国議会を開設する過程で、いろいろな議論が起き混乱が生じてきた。特に地方を治める知事たちは、若者たちが仕事を放り出して政治活動に走り廻る状況を鎮めるためにも、教育とりわけ徳育を正す必要があると考えた。そして、明治二十三年二月に地方長官会議で「徳育涵養の義に付いての建議」がなされ、その声を受ける形で「教育勅語」が作られることになったのである。

しかし、そういう必要性は、上述のとおり西村博士がすでに前年から言っていた。それが結果的に実ったので、「教育に関する勅語」が出ると、心から歓迎している。

そのころ西村は、教育の中でも道徳というものは、文部省に任せておくのではなくて、宮内省自身が直接やるべきだ。およそ教育には徳育・知育・体育がある。そのうち文部省がやるのは知育と体育でよろしい。徳育は宮内省が中心に行う。皇室の道徳をお手本として、宮内省がやるために、「明倫院」というものを置くべきだと提言している。

この明倫院には学士を置く。それは学識も徳望もある人物を選んで終身官として任じ、日本の徳育の根源を導いていくようにしなければならないという。これは当時の日本でも容易に実現しなかったが、根本的な考え方は今なお傾聴に値する。

やがて明治二十七年（六十七歳）『国家道徳論』を著した。その中に「本邦の国体は……皇統一系、万古に渝《かわ》らず——」、それ故に、「皇室は即ち国家、国家は即ち皇室なり」とある。皇室と国家は一体なのだという。もちろん、一体といっても、決して絶対専制の君主ではなく、まさに立憲政体をとる制限君主を当然の前提として、「近年、立憲政体の定まるに及び、皇室益々その鞏固《きょうこ》を加ふ」と述べている。

つまり、皇室が国家・国民の頂点に立憲君主としておられ、具体的なことは三権の実務者たちに委ね、あらゆる国民を信頼して一つにまとめていかれる。このような立憲君主制のもとで公議政体ができたことによって、皇室はますますその基盤を固くされたという認識である。

そこで大事なことは、「臣民たる者、宜しく欽定憲法を恪守《かくしゅ》して、各々その職分を尽さざるべからず」、つまり、憲法ができて国民の責任が大きくなったのであるから、なんでもお上に任せておいたらいいのではなく、国民自身がそれぞれの職分に力を注がねばならない、と説いている。

同じ『国家道徳論』の中で、国家の官制として「宮内省には侍講の官なかるべからず」、つまり明倫院を置くことが難しければ、せめて侍講を置いて、「学識・徳望・年齢の三者を兼ねたる者を選びて之に任ずべし」と論じている。

実は、明治の初めにあった侍講はいったん廃止された。なぜなら、元田永孚などが明治天皇に大きな影響力を持つに至ったので、伊藤博文とか山縣有朋のような人々が、側近の侍講を廃止したのである。しかし、西村は、日清戦争の始まった明治二十七年ころ、あらためて侍講を置き、天皇に国学と漢学と洋学の三者を広く深く学んでもらう機会を作らなければいけない、と進言した。学は和漢洋にわたることが望ましく、とりわけこれからの天皇、国家最高の指導者には必要なことだと、言っているのである。

その内容として「国学者は本邦の古史及び古法律の類を進講し、漢学者は支那の経典及び資治通鑑の類を進講し、洋学者は西洋の政治学・歴史の類を進講すべし」という。これはその後、毎年正月の「御講書始」などにおいて、おおよそ和学と漢学と洋学の人々が御進講するという伝統となり、今日に及んでいる。

さらに明治二十六年（一八九三）の『徳学講義』は、やがて数年がかりで発行する『道徳教育講話』として普及される。その中で説かれている「君臣の道」には、「君の道」もあれば「人民の道」もあるという。「人民の道は、忠義・勤勉・公平・廉潔の四徳が最も大切である」が、それより前に君主自身「人君は是丈の事をせなければならぬ、と云ふことを知つて置く必要がある」。つまり一般国民が道徳を守る前提として、君主自身が人の上に立つことを認識し、自ら為すべきことを十分よくわきまえておられるべきだ、と論じている。

これこそ帝王学にほかならない。ただ、すでに明治二十三年の「教育勅語」でも、いろいろな徳目を挙げられた最後に、「朕、爾臣民と倶に拳々服膺して、咸其《みなその》徳を一にせんことを庶幾《こいねが》ふ」とある。つまり明治天皇ご自身、上述の道徳を自分もしっかり守っていくと宣言され、まさに率先垂範でなければならない、ということを示しておられる。

このような「教育勅語」のもとで、西村が「君の道」を説いたのは、皇室が道徳の根元であり源だと確信していたからに違いない。事実、皇室ご自身がまさにそういうお手本を示されてきたという歴史があり、また当時もそうだったからである。それゆえ、今後ともそうであってほしい、それによって世界からも信頼され尊敬されるような日本にしなければならない、という願いが込められている。

そういう意味で、西村茂樹が明治の初めから亡くなるまで約半世紀の間に、皇室を道徳の根元と仰いで、国民道徳の向上に努めた功績は、いくら強調してもしすぎることはないであろう。

四　戦後教育のあり方

最後に、このような皇室を中心とする道徳教育の重要性は、戦後教育の中でどのように受け継がれてきたのか、またこれからどのように受け継いでいくことができるのか、ということを申し上げたい。

戦後の学校教育では、あまり皇室を重視せず、まして皇室を徳育の中心と仰ぐことは稀であった。しかし、皇室の中では今上陛下の御教育掛だった小泉信三博士（一八八八〜一九六六）が、皇太子殿下のためにいろいろな努力をしてきた。

昭和二十四年（一九四九）東宮職御教育常時参与に任じられた小泉博士は、例えば幸田露伴《こうだろはん》や福澤諭吉の作品を、皇太子殿下と一緒に朗読している。それによって、今上陛下は、名文の表現力というか、そこに示される格調とか奥深さを学ばれ鍛えられたのであろう。

ちなみに、今上陛下の「お言葉」は、宮内庁のホームページにも出ているが、あれは侍従や誰かの書いたものをそのまま読んでおられるのではない。もちろん、原案は用意されるが、ほとんど全文に手を加えられ、ご自身の思いを書き込まれている。いずれも大変に優れた内容であり、品格の高い名文である。

もう一つ、小泉博士と皇太子殿下は、イギリス人ニコルソンの書いた『ジョージ五世伝』、あの分厚い原書を数年かけて読み通されたという。ジョージ五世（一八六五〜一九三六）は、大正十年（一九二一）皇太子裕仁親王（のち昭和天皇）がイギリスを訪ねられたとき歓迎してくれた国王である。およそ立憲君主というものは、いかにあらねばならないか、ということを真剣に考えて、みずから身を慎み国民のお手本となり、政治家たちに「道徳的な警告」も与えられるような言動を、生涯かけて示された名君である。

つまり、立憲君主は「君臨すれども統治せず」の格言どおり、政治的な実権を行使しない。けれども、政治家や役人などが、その王の前に出たら、嘘をつけない、悪いことをしてはいけないと、襟を正すような人格者でなければならない。そういう人格の高い国王であれば、彼らに道徳的な忠告を与えることができる。そんな意味のことを、「立憲君主制」というエッセーに書いており、それが小泉信三全集の『国を思ふ心』の中にも入っている。

これは一例にすぎないが、今上陛下は、このようなことをお若いころからいろいろ学んでこられた。しかも、そのお心がけを皇太子のときから御即位後もずっと持ち続け、その実践に努めておられる。そのお蔭で、現代の私どもも、皇室を道徳の根元＝源と仰ぐことができるのである。

一方、戦後の一般社会、特に小中高などの学校教育では、道徳教育を非難し否定しがちであった。しかし、すでに被占領下から日本的な教育を立て直すために、いろいろな方々が多くの努力をしてきたことも、忘れてはならない。その一人が、吉田内閣の文部大臣を務めた天野貞祐《あまのていゆう》博士である。占領下でも道徳教育の必要性を主張し、みずから『国民実践要領』を作成している。ただ、当時は日教組などの反対運動が激しく、要領は闇に葬り去られてしまった。

しかし、それを受けて、なんとか教育を立て直そうとしたのが高坂正顕《こうさかまさあき》博士である。中央教育審議会（会長森戸辰男氏）の委員として非常に努力し、主査として昭和四十一年に『期待される人間像』をまとめた。これが戦後教育の大きなターニングポイントになっていると思われる。

もちろん、文部省関係の心ある人々が、昭和二十年代にも三十年代にも非常な努力をしてきた。だからこそ、高坂博士を委員に迎えて中央教育審議会で三年有余の審議をした後、『期待される人間像』を答申することができたのである。その中身は早速「学習指導要領」などに取り入れられ、やがて平成十八年（二〇〇六）の改正「教育基本法」に趣旨として盛り込まれた。現行の「学習指導要領」も、それに基づいてできていると言ってよい。

時間の関係で詳しく話せないが、『期待される人間像』は、序文と四つの項目から成っている。これからの教育に求められるのは、単に「個人」としてだけでなく、「家庭人」として、また「社会人」として、さらに「国民」として、立派な人間を育成することである。その際、日本人としては、天皇の地位、皇室の役割を正しく理解しなければならないという。

そこで『期待される人間像』には、「われわれは日本の象徴として国旗をもち国歌を歌い、また天皇を敬愛してきた。……天皇は日本国の象徴であり、日本国民統合の象徴である。われわれは祖国日本を敬愛することが、天皇を敬愛することと一つであることを深く考えるべきである」と明記されている。

このような『期待される人間像』が昭和四十年代の初めに出された。そのおかげで、現在の「学習指導要領」にも、「天皇についての理解と敬愛の念を深めるようにすること」という一文が入っているのである。

つまり、現在の学校教育でも、重要なフレームワークはだいたいできている。いわば絵はすでに描かれている。しかし、これを本当においしい餅にするのは、これからの文部行政であり、全国で教育に携わる人々の努力いかんであろう。

前述のとおり、明治時代には、近代化の過程で西洋の文物に呑み込まれそうになり、時に破滅もしかねなかった。そんな日本を西村博士や多くの先人たちがなんとか立ち直らせようとしてきた。とりわけ昭和二十年代の敗戦・占領により、日本人は自信を失い、外来の文物に心を奪われがちであったが、それを再び立て直すために志のある先人が非常な努力を重ねてきた。

現代の私どもは、その成果を少なくとも後退させないように、できれば少しでも前進させて、次の世代に実のあるものとして受け継ぎたいものである。

注

〈資料一〉『小学校学習指導要領解説　社会編』第六学年（平成二十年三月、文科省告示）

内容（二）㋑……日本国憲法は、国家の理想、天皇の地位、国民としての権利及び義務など国家や国民生活の基本を定めていること。

［解説］ここでは、我が国の政治の働きについて学習する際に、現在の我が国の民主政治は日本国憲法の基本的な考えに基づいていることを考える手掛かりとして、日本国憲法は国家の理想、天皇の地位、国民としての権利及び義務などの国家や国民生活の基本を定めていることを調べる対象として挙げている。

内容の取扱い……内容の（二）については、次のとおり取り扱うものとする。

エ　㋑の「天皇の地位」については、日本国憲法に定める天皇の国事に関する行為など児童に理解しやすい具体的な事項を取り上げ、歴史に関する学習との関連も図りながら、天皇についての理解と敬愛の念を深めるようにすること。

［解説］「天皇の地位」について調べるとは、天皇の国事行為等を取り上げて調べ、天皇は日本国の象徴であり日本国民統合の象徴として位置付けられていることを理解できるようにすることである。（中略）

「天皇の地位」の指導に当たっては、児童の発達の段階を踏まえ、抽象的な指導にならないようにするため、例えば、国会の召集、栄典の授与、外国の大使等の接受などの国事行為や、国会開会式への出席、全国植樹祭・国民体育大会への出席、被災地への訪問・励ましなどを通して、象徴としての天皇と国民との関係を取り上げ、天皇は日本国の象徴であり日本国民統合の象徴であることを理解できるようにする。

また、内容の（一）の歴史学習との関連に配慮し、天皇が国民に敬愛されてきたことを理解できるようにすることも大切である。

これらの指導を通して、天皇についての理解と敬愛の念を深めるようにする必要がある。

〈資料二〉西村茂樹博士の関係略年譜（高橋昌郎氏『西村茂樹』吉川弘文館・昭和六十二年刊参照）

明治八年（一八七五）（48）五月、初めて天皇陛下に拝謁。加藤弘之に代り侍講を拝命（洋学担当）
明治九年（49）一月、侍講を辞す。その後、宮内省御用掛（御進講は継続）
明治十年（50）十一月、有栖川宮・伏見宮・小松宮・北白川宮の四親王に毎月三回進講（洋書）
明治十二年（52）五月、『古事類苑』の編纂に着手→同二十九年「帝王部」刊行
明治十七年（57）四月、東京脩身学社を日本講道会と改称（同二十年、日本弘道会）
　十月、宮内省出仕＝文学御用掛、『婦女鑑』編纂
明治十八年（58）十一月、皇太子嘉仁親王（七）、御教育御世話掛拝命
明治十九年（59）二月、宮中顧問官拝命（〜三十三年一月）／十二月、「日本道徳論」講演→翌二十年四月、草稿を印刷
明治二十一年（61）七月、華族女学校校長兼任（〜二十六年十一月）
明治二十二年（62）二月、「帝国憲法」「皇室典範」制定に際し、宮内省に「明倫院」の設立を建議
明治二十三年（63）一月、日本弘道会の要領（甲号）を定む／十月、教育勅語を歓迎
明治二十六年（66）一月、御講書始に「英国史約翰記」御進講／四月、『徳学講義』脱稿（明二十八〜三十四年発行）
明治二十七年（67）三月、『国家道徳論』を著す
明治三十年（70）九月、第一高等学校倫理科担当（毎週）
明治三十二年（72）八月、（翌年八月も）愛知県下で道徳教育講話
明治三十三年（73）二月、明治天皇より花瓶、昭憲皇后より銀盃を特に賜わる。
明治三十五年（75）八月十八日長逝。天皇・皇后・皇太子より御見舞品、正三位・勲一等。

第六章　廣池千九郎の〝万世一系〟最高道徳論

はじめに ―主な論点―

廣池《ひろいけ》千《ち》九郎《くろう》博士は、現在一般にどのような人物として知られているだろうか。例えば『講談社 日本人名大辞典』[1]には、次のように説明されている（傍点は引用者。以下同じ。原則として敬語を省略する）。

ひろいけ・ちくろう〔広池千九郎〕（一八六六―一九三八）明治～昭和時代前期の歴史家・教育者。慶応二年三月二十九日生まれ。小学校教員をへて、明治二十八年東京へ出て『古事類苑』の編集に従事。四十年神宮皇学館教授。モラロジー（道徳科学）を提唱。昭和十年道徳科学専攻塾（現麗沢大）を創設した。昭和十三年六月四日死去。七十三歳。豊前下毛郡（大分県）出身。著作に『東洋法制史本論』『道徳科学の論文』など。

これによれば、廣池博士は「教育者」であるとともに「歴史家」とみなされている。確かにその前半生は、歴史の研究に励み「東洋法制史」の専門家となった。しかも、後半生においては、モラロジーという「新科学」を創唱し、内外に普及した教育実践の功績が大きいと言えよう。

その歴史観・教育論を通覧すると、著しい特徴があることに気づく。それは、日本の皇室に対する強い関心と深い敬愛の念が、長年の歴史研究と教育実践に一貫している、ということにほかならない。

本章では、廣池の皇室論に焦点を絞って検討する。いわゆる〝万世一系〟の皇室に伝えられる「御聖徳」を日本の「最高道徳」とみなし、それをモラロジーの中核に据えた由来を、廣池博士の著述[2]と先学の考察[3]に基づいて確認する。そのうえで、廣池博士の御聖徳論を、あらためて私の視点から検討してみたい。そのために、論点を六つに分けて説明しよう。

第一点は、廣池が皇室史に関心を持ち、歴史家の立場から研究を積み重ねてきた来歴。

第二点は、廣池が「天祖」天照大神の「天岩戸籠神話」に道徳的な新解釈を導き出した経緯。

第三点は、廣池が東京で親交を深めた穂積陳重博士（東大教授）から学び取ったとみられる影響。

第四点は、明治天皇の示された「教育勅語」と、それを重んじた杉浦重剛翁と廣池の考え方との対比。

第五点は、廣池の説く御聖徳が、歴代天皇の事績を通して、どのように認められるかの検証。

第六点は、そのような御聖徳が、今上陛下の御事績を通して、どのように認められるかの例証。

なお、ここでは以上のうち、一・二・三・四については要点を略述するに留め、五について少し詳しく説明する（六は第九章に詳述）。共に細かな点は補注に記したので、後ほど併せて参照いただきたい。

一　皇室・天皇の史的研究

廣池博士が日本の歴史や古典を本格的に学んだのは、明治十六年（一八八三）、十七歳で小川含章[4]に師事してからとみられる。そして早くも二十歳代後半から啓蒙的な教材をつくり、また郷里の『中津歴史[5]』などをみずから出版している。

しかし、皇室の歴史を研究し著述をするようになったのは、同二十五年（一八九二）、二十六歳で京都へ移ってからである。上洛直後に創刊し、二年半余り独力で編集発行した『史学普及雑誌』には、京畿一帯の史跡調査も踏まえて、みずから多彩な人物評論を執筆し続けた。とりわけ初代の神武天皇から第五十代の桓

武天皇に至る主要な方々の事績が、ほとんど毎号、各御代の国民との関係にも留意しながら、平易に論述されている。(6)

ついで同二十六年には、『皇室野史《やし》』が出版された。本書では、「武家時代の皇室の実情」「皇室と人民との関係」を解明するため、主に応仁の乱（一四六七—一四七七）から幕末の王政復古（一八六七）まで四百年近い歴史を、具体的に取り上げている。それを通じて、廣池は「皇室の栄えたる時人民楽み、皇室の衰へし時、人民苦みたりとの通理」が「発見」できたと記している（注（2）に記すA『廣池博士全集』第一巻。以下これを注2A『全集一』と略記、四五六頁）。

このような皇室史研究は、明治二十八年（一八九五）、二十九歳で東京へ移り住み、『古事類苑』の編纂事業に従事した十余年間に、ますます熱心に行われた。(7)その契機は、廣池博士を抜擢した井上頼圀《よりくに》博士が、「明治三十年頃……私（廣池）に向かって……日本の国体（とりわけ「世界中の君主は数代もしくは数十代にして滅亡するのに、日本の皇室のみはなぜ万世一系であるか」）……を徹底して研究」するよう勧めたことにある。そこで廣池博士は、「日本皇室の万世一系の真原因を学問的に探究し、且つ決定せんと思い……爾来研鑽年を重ねてきた、と三十余年後（昭和二年）に述懐している。(8)

もちろん、日本の皇室が「万世一系」に続いてきた「真原因」の解明というのは、まことに極めて大きな難しい研究テーマである。しかしながら廣池博士は、三十代前半から「徹底して研究」に取り組んだ。その一例として今も残っているのが『歴代御伝』の編纂計画にほかならない。

これは、内容を「歴代天皇篇」と「后妃・皇族篇」と「皇室制度篇」に分け、各々の年月日順に綱文（見出し）を立て、関係史料を原文（漢文・古文）のまま列記する、という専門性の高い壮大なプランである。しかも、その構想を然るべき人々に理解し協力してもらうため、平安時代の中でも特に「聖代」の「聖主」として仰がれる醍醐天皇（在位八九七―九三〇）と村上天皇（在位九四六―九六七）を取り上げ、その両御伝に関する稿本を試作した。のみならず、明治三十一年（一八九八）、それを添えて宮内大臣田中光顕に要望書を提出している[9]。

さらに、廣池博士の研究対象は、この三十代から四十代にかけて、「東洋法制史」（及び日本語と中国語の文法）に広がる。その成果は、まず早稲田大学や神宮皇學館で講述され、やがて『東洋法制史序論』『東洋法制史本論』と題する大著にまとめられている。これも皇室史（万世一系）の解明と決して無関係ではない。中国（及び韓国）と日本の「法律」概念や「親族」制度を比較研究することによって、日本（特に皇室）の固有性と普遍性を、より深く認識するに至ったものとみられる[10]。

二　天祖神話の道徳的解釈

このように廣池博士は、早くから皇室に関心を持ち、歴代天皇の実像を具体的に研究し、やがて「万世一系の真原因」解明に取り組んだ。それは、一方で『古事類苑』の編纂と東洋法制史の本格的な研究を通じて、また他方で明治四十年（一九〇七）から赴任した伊勢の神宮皇學館における研究と教育を通じて、着々と進められている。

すなわち『東洋法制史序論』の中で、中国（甲）においては「民主主義・箇《個》人主義の発達を遂《と》げ」たのに対して、日本（乙）では「君主主義・国家主義の発達を遂げ」た。しかし、「其実際に於ては……甲（中国）

は、古代聖人治世の理想的時代に於ては、帝王社会主義（Imperial socialism）を行ひしも、其後に至りては……革命屢々《るる》行はれ」てきた。それに対して、「乙（日本）は終始、帝王社会主義其国に行はれて、革命（王朝交代）の不幸未だかつて之ありし事なく、上下一致、国運世を逐《お》うて隆盛に赴くの状態」に至る、と結論づけている（注2A『全集三』所収『序論』二九八―二九九頁）。

ただ、中国でも「古代聖人治世（理想的時代）」には、堯《ぎょう》・舜《しゅん》の聖帝や周公旦《しゅうこうたん》のような「天意に契合し、天道に一致する理想的人格を有する」聖人がいたと信じられている。しかも、それは「その言行、天下万民の師範たる」孔子が、彼らを「聖人」として理想化したという伝承の「事実」によるものである。だから、孔子こそ「真誠の聖人」だと評価している（同上『序論』一四七―一五三頁）。

ついで、明治四十一年（一九〇八）、東洋法制史の実地調査を主目的として、清朝の中国各地を歴訪した。その際、孔子の子孫が「賢者相次いで出で、血統連綿、以って今日に至り……その余烈の偉大なる……その世系の永きこと……日本の万世一系の皇統に準ずべき」ことを現地において実感した。そして、これが「モラロジーにおける最高道徳の発見の端緒である」と、後日みずから記している[11]。

一方、伊勢へ移り神宮皇學館で「法制史」とともに「神道史」などの講義を担当することになった。ここで明治四十二年に『伊勢神宮』を早稲田大学出版部から刊行したが、その第一章「伊勢神宮と我国体」は、神宮中心の国体論として注目される。それと同趣の見解が、同年の「神道講義」ノートに次のごとく記されている（注3（二）五七―五八頁。原文は旧仮名づかい）。

日本と中国（原文では「支那」）との国体の比較／……両民族は、宗教上の信仰の根底というものが全く相違して居る……。即ち日本民族は純然たる祖先崇拝の国なり。即ち自己の祖先を崇拝し、合わせて大祖先たる天祖（皇祖）に向かって絶対に崇拝する……然るに中国民族の絶対的崇拝物は決して祖先にあらず、上帝即ち天（天帝）である……。我が国においては……天祖天照大神の御子孫を君主として仰ぎ奉る……。中国においては……天道と一致する人格を有するところのいわゆる聖人なるものを君主と仰ぐのである。

つまり、日本と中国では、「祖先崇拝」のあり方が全く異なることに気づいた。そのうえ、「国民の総本家たる君家（皇室）の大祖先」として「天祖」（皇祖）天照大神の重要性を強く認識している。

もちろん、神話上の「天祖」と歴史上の天皇は異なる。廣池博士もそれを注意深く区別しているが、神話（記紀では「神代《かみよ》」）の神々は多く人格神として登場する。それゆえ、翌四十二年（一九〇九）、一種の宗教的信仰を得るに至った廣池博士は、「遂に天祖の天の岩戸籠りの御時に於ける御心事御状態は、正《まさ》しく慈悲寛大自己反省の宗教的大聖徳の御発現たりし事を発見し、而してこれが……我が万世一系の国体の精華であり教育の淵源である事を確認した」と記している。(12)

ここにいう「天の岩戸籠り」神話は、周知のとおり、古来日本で最高の皇祖神と仰がれる天照大神《あまてらすおおみかみ》＝大《おお》日孁貴《ひるめのむち》（日の神）に関する物語の一節である。ただ、『古事記』（七一二年撰上）と『日本書紀』（七二〇年撰上）の所伝を子細に対比すると、重要な部分が異なる。

すなわち、高天原における物語であるが、姉の天照大神は弟の須佐之男命《すさのおのみこと》＝素戔嗚尊による再三の乱暴な振る舞いに対して、天の岩戸へ隠れ籠られた。その理由を、『古事記』には「見畏《みかしこ》み」と伝え、『日本書紀』には「慍《いか》りを発し」と記されている。(13)

この点について、廣池博士は、井上正鉄《まさかね》（江戸中期の神道家）の説にヒントを得て、『古事記』を是とした。

そして「天照大神が、素尊《すさのおのみこと》からかくまで反対と迫害とを受くるということは……上は御祖先の神々に対し奉り、下は伊弉諾《いざなぎ》尊及び伊弉冉《いざなみ》尊に対し奉って、相すまぬと睿感《えいかん》し給うた」（自己の責任を反省された）とみなす。それゆえ、天の岩戸へ籠られたのは「更に一段の道徳的修養を積まるる必要ありとの御精神に基づけるところの御行動であった」「これによりて大神は更に新たに慈悲寛大自己反省の最高道徳的品性を御完成あそばされ」たという、道徳論的な新解釈を打ち出している。(14)

注目すべきは、この新解釈が単なる机上の文献解釈ではないことであろう。そのころ、廣池博士は天理教の教義をめぐり一部の幹部から激しく非難されたが、それに反撃するのではなく「これを自己の不徳として反省する」「いかなる事も自己に反省し……感謝してこそ……初めて人心を救済することができる」（『日記』大正四年四月七日、意訳 注3（ホ）四〇五—四〇六頁）と思い到り、潔く身を引いている。このような自身の実体験と天祖神話の新解釈とが表裏一体となっているからこそ、これより提唱される「道徳科学（モラロジー）」が大きな説得力を持っているのであろう。

しかも、このような「慈悲寛大自己反省の最高道徳的品性」を完成された天照大神の「御聖徳」は、以後の歴代天皇に受け継がれ、「内《うち》祭祀に奉仕し、外《そと》人民を愛すること」が「天皇の職務」（まつりごと）として執り行われてきたのである。

そして、かような「天祖の最高道徳に加うるに、歴代天皇の最高道徳は……累積《るいせき》して大積善の結果を表し、万世一系の皇室をこの地上に現した」とみなされている（注2B『論文』⑥三三二—三三三頁）。この点については、後（四）で具体的に検証する。

三　穂積陳重博士との親交

ここに至って、廣池博士は「万世一系の真原因」を解明したことになると認識している。[15] しかしながら、その論理は単純に納得し難いところが少なくない。もちろん、それが単なる思いつきやこじつけでないことは、学識のある人々なら、ほぼ理解されるであろう。なぜなら、どの著書・論文を見ても、関係する古今の原文資料や内外の参考文献を読破し検討することによって、可能な限り客観的に論証しようと努める真摯な姿勢が貫かれているからである。

こうした取り組み方は、廣池博士の本来的な素質と教育的な修練によるものであろうが、それだけでなく、東京において親交を深めた恩師の学問的な影響によるところも大きいと思われる。その恩師として特筆されるのは、『古事類苑』の編纂に深く関わった井上頼圀博士と佐藤誠実《じょうじつ》博士[16]であり、さらに忘れてならないのが東京帝大教授の穂積陳重《のぶしげ》博士にほかならない。

このうち、前二者は日本の古典と歴史の精緻な考証学者である。また穂積博士は西洋の古典と歴史にも精通した博識の民法学者である。したがって、廣池博士は前二者から古来の国学や漢学を厳しく鍛えられるとともに、欧米にも精通した穂積博士から親しく近代的な学問の方法論を学ぶことが多かったとみられる。

確かに廣池博士自身、明治三十年（一八九七）ころ初めて面会した十歳年上の穂積博士から、「法律学を学ぶためには、法律哲学を学ばなければならない……まず比較法学・歴史法学を実証的にやるがよい」との助言を受けた、と後に語っている。『伝記 廣池千九郎』にも「穂積博士の著書や論文を読み、その人格と思想に共鳴し……穂積博士を自己の道徳の師として……明治三十五、六年ころ内弟子になった」とある（注3（ホ）二五七—二五九頁）。

この穂積博士は、明治二十六年（一八九三）から三年間、法典調査会の主査委員長として、「民法」のうち「親族編・相続編」などの起草・審議に最も尽力した。そこには、戸主を中心とする「家」の制度が定められており、家督相続では「祖先祭祀」の継承を重視している。[17]

しかし、「祖先祭祀」という宗教的概念を公的な法律に明文化することは、そのような信仰・風習を認めない一神教の人々にとって、容易に理解し難いと思われる。

そこで、起草の責任者だった穂積博士は、「民法」施行から三年後の明治三十二年（一八九九）、ローマで開催された国際東洋学会（International Congress of Orientalists）において、「祖先祭祀と日本法律」（Ancestor-worship and Japanese Law）と題する講演を行い、欧米の識者たちに対して、日本の伝統的な法規定への理解を求めた。この講演原稿は、二年後に丸善から英文で出版されている。[18]

ちょうどそのころ、穂積博士から比較法制史の実証的研究を勧められた廣池博士は、数年後（明治三十八年）に『東洋法制史序論』を出版した。本書は副題のとおり「東洋（中国と日本）に於ける法律と云ふ語の意義の研究」だから、引用文献は漢籍と和書が圧倒的に多い。しかも、加えて欧米人の著作が数種類[19]と、穂積博士の英文講演の第一章冒頭が翻訳引用[20]されている。

また、穂積博士は、先の講演に対する欧米人の批判に応える際、クーランヂ（Coulanges）の『古代都市』（The Ancient City）やハーン（Hearn）の『アーリアンの家族』（The Aryan Household）などを引きながら、古代のヨーロッパにも祖先祭祀に類する慣習があったことを加筆している。その影響であろうか、廣池博士も明治四十三年（一九一〇）に提出した学位論文「支那古代親族法の研究」（五年後に出版の『東洋法制史本論』所収）の中で、これらの洋書を数箇所引用している。[21]

さらに、穂積博士は、大正元（一九一二）年の講演「祭祀と国体」において、「我が大日本帝国の以《もっ》て万国に異なる所以《ゆえん》が何処に在るかと云ふと、この祖先崇拝を以て終始する国体であるからである……もし皇祖皇宗の祭と云ふものが無かったならば、かくの如き国体を生ずると云ふことはできない」「万世一系・皇謨無窮と云ふことの基は（皇祖神を祀る）伊勢の神宮を尊ぶことから出来て居る。皇室の御尊崇と同時に、国民すべての崇敬服従の精神が、皇祖皇宗と云ふ一点に集中して居るのが我が国の国体である」「祖先の祭祀は、我国に於て……教育・徳教、および日常社会生活の基礎となつて居る」と端的に説明している。[22]

このような国体観・祖先祭祀論は、すでに廣池博士も数年前から講述してきた論旨とほとんど変わりない。両者は親交を重ねていく過程で、お互いに理解と確信を深めていったのであろう。

四　教育勅語と杉浦重剛翁

とはいえ、穂積博士がこのような祖先祭祀に関する理解を客観的に説明するところで留まるのに対して、廣池博士はこのような知識に基づく確信を積極的に発展させ、やがてモラロジーを確立し普及に努めている。その中核に据えられたのが、日本の「最高道徳」は「万世一系」の皇室に伝わっている「御聖徳」にほかならない、という明確な見解である。これは、廣池博士の活躍した時代（明治後半～昭和初期）における主流の皇室観・道徳論と比べて、どのような共通点と相違点を有するであろうか。

そもそも「万世一系」という表現は、幕末維新の変革期に登場し、やがて明治二十二年（一八八九）発布の『大日本帝国憲法』第一条に、「大日本帝国は、万世一系の天皇、之を統治す」と規定された。これは、天皇の由緒を示す形容句として重い意味を持っている。(23) 例えば、憲法と『皇室典範』が完成すると、明治天皇はまず宮中三殿へ参って「皇祖皇宗の神霊」に制定の趣旨を奉告された。ついで憲法を発布する式典に臨み、次のように述べておられる。

わが祖わが宗は、わが臣民祖先の協力輔翼に倚《よ》り、わが帝国を肇造し、以て無窮に垂《た》れたり。これわが神聖なる祖宗の威徳と、並びに臣民の忠実・勇武にして国を愛し公に殉《したが》ひ、以てこの光輝ある国史の成跡を貽《のこ》したるなり。……

つまり、わが日本は、皇室の祖先と国民の祖先とが協力して国家を創建したものであり、また神聖な皇祖皇宗の威徳（威光徳望）及び忠実で勇敢な国民の奉仕（愛国殉公）により、まさに君民一体となって立派な歴史を積み重ねてきた、というのである。(24-1) また、翌二十三年（一八九〇）十月三十日に渙発された『教育勅語』でも、次のように示されている。

（1）わが皇祖皇宗、国を肇むること宏遠に、徳を樹つること深厚なり。……

（2）斯の道は、実にわが皇祖皇宗の遺訓にして、子孫・臣民の倶に遵守すべき所……

（3）朕、爾臣民と倶に拳々服膺して、咸其徳を一にせんことを庶幾《こいねが》ふ。

ここでは、（1）皇祖皇宗が日本国家を創建されたのみならず「徳」（人倫・道徳）の根源を樹立されたこと、（2）この道（教育の指針）は皇祖皇宗の遺された教訓であり、明治天皇の子孫も一般国民も一緒に従い守ってゆくべきこと、（3）天皇は国民と共に（むしろ率先して）「徳」を修得し、全国民に「徳」の恩恵が行きわたるよう切望しておられること、が簡潔に述べられている[24―2]。

つまり、「万世一系の天皇」は、一方で国家を「統治」（具体的には「統治権を総攬」）する立場の「元首」とされているが、他方で祖先以来の道徳的な教訓を率先実行して、全国民に道徳上の恩恵をもたらす〝聖人〟であることが求められていることになる。

したがって、この「教育勅語」を国民教育の根本方針とした明治後半以降（昭和二十三年まで[25]）の日本では、「皇祖皇宗」の遺訓が伝わっている天皇（広く皇室）を国民道徳の手本と仰ぎ、その修身実践に努めるよう教化することが求められた。そこで、例えば廣池博士が三十歳ごろから師事した真言僧の雲照《うんしょう》律師[26]も、『教育勅語義解』などを著し「神儒仏三道一貫の理法による徳教」を力説している。

また、廣池博士とも交流のあった十歳ほど年上の杉浦重剛《しげたけ》翁[27]は、大正三（一九一四）年から七年間、特設された東宮御学問所の御用掛として、皇太子裕仁親王（満十三―十九歳、のち昭和天皇）に「倫理」を御進講した。その開講「趣旨」を見ると、「三種の神器」及び「五箇条の御誓文」と並んで重んずべき「教育勅語」は、明治天皇が「わが国民に道徳の大本を示されたるもの」であると同時に、「至尊（天皇）もまたこれを実行し給ふべきことを明言せられたるもの」であるから、「皇儲《こうちょ》（皇太子）殿下……御みづからもこれを体して実践せらるべきもの」であると、道徳の率先垂範を求めている[28]。そして、例えば「蒔《ま》かぬ種子は生えぬ」と題する次のような一節は、廣池博士の考えとも極めて近いと言えよう。

> 古語にいはく「積善の家に余慶あり」……惟《おもん》みるに、わが国の皇室は、一百二十二代連綿として、常に仁愛民を撫し、政に励ませ給ひて……歳月を積ませ給へり。その結果は即ち今日の日本帝国なり。国運の興隆する、その由来する所の深きを知るべきなり[29]。

このように見ると、廣池博士が明治四十年代から「万世一系」の天皇（皇室）に伝わる「御聖徳」を日本の「最高道徳」と確信したのは、決して特異なことではなく、むしろ自然なことであったことが理解できる。そのうえ、廣池の説に見られる大きな特徴は、「御聖徳」「最高道徳」の中身である。それは、前述のごとく「天祖」天照大神の神話により感得された「慈悲寛大自己反省の御実践」という至高のモラルであって、観念的な原理的イデオロギーではない。

しかも、それは「天祖」の御子孫である歴代天皇に受け継がれ、また他の「貴族」や「準貴族」にも伝わっている。さらに中国の孔子（及びその子孫）や印度の釈迦、あるいはギリシアのソクラテスやユダヤのキリストに代表される世界の「聖人」にも共通する普遍性を持つと説かれている。(30) つまり、決して狭い独善的な皇室賛美論ではない。むしろ皇室の「御聖徳」を世界史大の観点から相対化して、それを皇室の方々だけでなく、われわれ一般の国民も受け継ぎ学び取ることのできる至高のモラルとして、万人に提示されているのである。

五　歴代天皇を貫く御聖徳

それでは、廣池博士が日本の「最高道徳」と確信した「万世一系の天皇」に伝わる「御聖徳」とは、果たしてどのようなことを指すのであろうか。その具体的な御事績の一端を、歴史家の視点から検証してみたいと思う。(31)

廣池博士は『古事記』など古典に基づいて論を立てている。およそ古典を正しく理解するには、古代人の世界観・生命観に可能な限り思いを寄せて考える必要がある。思うに、古来の日本人にとって、カミとヒトは不可分の関係にある。カミさまは、ヒトも含む万物を産み成すイノチの源と信じられてきた。そのイノチは肉体（身）と精神（心）とから成り、それが祖先から子孫へと受け継がれてきた。(32)

その代表とも言うべき歴代の天皇は、単に親の遺伝子を継ぐ子という生物学的な存在ではない。江戸時代に日本の古典を最も深く研究した国学者の本居宣長（一七三〇―一八〇一）によれば、「御世《みよ》々の天皇は、すなはち天照大御神の御子《みこ》になん大坐《いま》す。故に天つ神の御子とも日の御子とも申せり」（『古事記伝』巻一）という。確かに古来、皇位は「天つ日嗣《ひつぎ》」（皇太子も「日嗣の御子」）と称されており、歴代の天皇（及び皇太子）は日＝天照大神の継嗣＝御子と自覚され、その祖《おや》（祖先）を祀り、その遺訓に背かないよう心がけられたのである。

これを、もう少し具体的に説明しよう。まず皇室の祖先神と仰がれる「天祖」天照大神は、太陽のように万物を照らし育む至高の大神として、伊勢の神宮にも全国の神明神社にも、さらに大多数の一般家庭にも祀られている。しかも記紀の神話＝「神代」の物語によれば、その大神みずから高天原で御田を耕して神々に新穀を供える「新嘗《にいなめ》」の祭をされている。

つまり、天照大神は、神として祀られるだけでなく、みずから神に仕えられ神を祀られる慎み深い女神と伝えられる。これは、記紀神話の成立（八世紀初頭）に至るころまでの歴代天皇が、みずから祖先や自然の神々を祀られながら、当時の人々から格別に「明神《あきつみかみ》」「現人神《あらひとがみ》」と称され敬われていた「事実」の投影と考えてよいであろう。

ついで、九州から東征して大和に拠点を築き、初めて帝位に即かれた神武天皇は、それに先立ち「上《かみ》は乾神《あまつかみ》（天照大神）の国を授けたまひし徳に答へ、下《しも》は皇孫《すめみま》（瓊瓊杵尊《ににぎのみこと》）の正を養ひたまひし心を弘めん。……」との思いを述べられた。しかも、即位後間もなく「我が皇祖の霊《みおやみたま》（天照大神）……朕が躬を光《みてら》し助け給へり。今……天神《あまつかみ》を郊祀《まつり》て、用《も》て大孝を申《の》ぶべし」と仰せられ、鳥見山《とみ》（桜井市外山あたり）に「霊時《まつりのにわ》」（祭場）を設けて「皇祖天神《みおやのあまつかみ》」を祭られたと伝えられている。

この記事は、『日本書紀』にしか見られないから、その編纂段階で整え加えられたのかもしれない。しかし、そうであっても、建国の英主が祖先神たちの遺徳に思いを寄せて即位し、その恩恵に感謝する祭祀をされたことが、国史（国家の正史）に特筆されていること自体に、大きな意味があると思われる。

その国史編纂事業を開始された飛鳥時代の第四〇代天武天皇（在位六七三―六八六）は、兄帝天智天皇の偉業を継ぎ、中華帝国の唐を手本としながら律令的な中央集権国家の形成に多大な治績を上げられた。それゆえ『万葉集』にも、「大君は神にしませば……」と称えられている。

しかも、その事績を見ると、皇女の大来《おおく》内親王を天照大神の「御杖代《みつえしろ》」（大神の御杖がわりに仕える人）とも言われる「斎王《さいおう》」（斎内親王《いつきのひめみこ》）として伊勢へ遣わされた。また、その神宮の壮大な建物（および神宝・御装束）を二十年ごとに造り替える「式年遷宮」の制度もつくられた（実施は次の持統天皇朝から）。そのうえ、全国の「天社・地社」を公費で修理させ、毎年二月の「祈年祭」（豊作を祈願する祭祀）のとき、全国から参集する祝《はふり》（神主）らに幣物（お供え）を頒給するような制度も始めておられる。(33)

さらに、平安前期の第五九代宇多天皇（在位八八七―八九七）は、幼少時から仏教を篤く信仰され、譲位後に出家して「法皇」となられたほどである。しかし、在位中は菅原道真など有能な文人官吏を積極的に登用して治績を上げ、皇子の醍醐天皇や皇孫の村上天皇とともに、後代の人々から「聖主」「聖代」と讃仰されている。しかも、当時の政治的な権力者である藤原基経との厳しい確執事件（阿衡《あこう》の紛議）が一年ぶりに解決した直後の仁和四年（八八八）十月十九日、みずから御日記に次のように書いておられる。

我が国は神国なり。因りて毎朝、四方・大中小の天神地祇を敬みて拝す。敬拝の事、今より始めて後に一日も怠ること無けん。

これによれば、宇多天皇は事件の解決を神明の加護によるものと実感されたのか、我が国は「神国」（神々の護り給う国）であるから、「毎朝」天地四方のあらゆる神々を敬んで拝するのみならず、今後、それを毎日励行し続けよう、と決意して開始されたのである。これより七十年前の弘仁九年（八一八）ころより、天皇がみずから毎年正月一日の夜明け前に、宮殿の庭先で「天地四方」の神々などを拝礼される「元旦四方拝」が行われてきた。(34) それに加えて、この宇多天皇朝から一年中にわたり毎日早朝、あらゆる神々に敬意を表して拝礼する行事が始められたことになる。

しかも、この「毎朝四方拝」は、以後の歴代天皇に受け継がれてきた。もちろん、いろいろな事情により行うことのできない日もあったであろうが、例えば第八四代の順徳天皇（在位一二一〇―一二二一）により著された『禁秘抄《きんぴしょう》』という禁中（宮廷）の心得を解説した名著に、次のように記されている（原漢文）。

賢所《かしこどころ》／およそ禁中の作法は、神事を先にし、他事を後にす。旦暮《たんぼ》（朝夕）敬神の叡慮《えいりょ》懈怠《けたい》なし。あからさま（かりそめ）にも神宮（伊勢）並びに内侍所《ないしどころ》（賢所）の方を以て御跡と為したまはず……恒例毎日の次第／早旦（早朝）に御湯を供す。……清涼殿の……石灰壇《いしばいのだん》に……主上（天皇）御心を正して巽《たつみ》（東南）向きに着御し、神宮（伊勢）・内侍所（賢所）已下を御祈請したまふ。……八幡・賀茂など殊なる神たちなり。……毎日の御拝、夜半の後、一切の不浄を止む。……（朝の）御膳より以前、常の事なり。

これによれば、鎌倉初期の当時でも、宮中の作法として、㋑何よりも神事を優先しなければならない、毎日いつも敬神の心掛けを怠ってはならない、お休みのときも伊勢の神宮や内裏の賢所（天照大神を祀る所）のほうに御足を向けるようなことがあってはならない、とされている。また、㋺毎日の恒例行事として、早朝に清涼殿の中の御湯殿で御体を浄められてから、同殿の東南の隅にある石灰壇（床まで土を築き床面を石灰により塗り固めた所）へ着座される。そこで天皇は御心を正され、京都から東南の方角に向き、伊勢の神宮と内侍所をはじめ、伊勢に次いで重要な石清水《いわしみず》の八幡宮や賀茂の上下両社などを遥拝《ようはい》して祈請される。そのために、毎日前夜半から一切の不浄なこと（僧尼や服喪中の人らとの面会など）を止め、翌朝は朝食以前に行うことになっていたのである。

このような毎朝四方拝については、第九十六代の後醍醐天皇（在位一三一八―一三三九）が著された『日中行事』にも、より詳しく記されている。

また江戸初期の第百八代後水尾天皇（在位一六一一―一六二九）が著された『当時年中《ねんじゅう》行事』には、前に掲げた『禁秘抄』の冒頭部分を引用されて「今以てかたく守らるる一ヶ条なり」と書かれている。後者に日中行事の記載はないが、毎朝の四方拝も行われていたに違いない。[35]

以上、歴代天皇が大切にしてこられた神祇の尊重、とりわけ天照大神を崇敬される主な実例を見てきた。これは、まさしく千数百年以上にわたって続く「万世一系」の天皇を貫く、最も重要な「御聖徳」と言えよう。廣池博士の確信は、歴史的に確かな裏づけを有することなのである。

六　今上陛下に見る御聖徳

最後に、このような敬神崇祖の御聖徳は、第百二十五代の今上陛下（御名明仁《あきひと》）も十分備えておられることを、すでに公表されている「お言葉」や御製《ぎょせい》（和歌）により例証させていただきたい[36]。

昭和八年（一九三三）十二月二十三日、昭和天皇の御長男として誕生された皇太子継宮《つぐのみや》明仁親王は、同二十年八月、学習院初等科（小学校）の六年生で大東亜（太平洋）戦争の敗北に直面した際、「新日本の建設」と題する作文を書いておられる。

それを拝読すると、「今は日本のどん底です。……このどん底からはい上がらなければ……日本人が国体護持の精神を堅く守つて……今よりも立派な新日本を建設しなければなりません。……それも皆、私の双肩にかかつてゐるのです。それには……明治天皇のやうに皆から仰がれるやうになつて、日本を導いて行かなければならないと思ひます[37]」と綴られている。

これによれば、当時まだ満十一歳の少年皇太子は、すでに日本の再建を御自分の責務と認識され、それには曽祖父明治天皇のごとく「皆から仰がれるやうに」御自身を修練していく、との固い決意を示されている。父君の昭和天皇も祖父の大正天皇も、明治天皇を手本として来られたが、その伝統をしっかり受け継いでおられたことになる。

ついで皇太子明仁親王は、学習院の中等部から高等部への数年間、アメリカから招かれたヴァイニング夫人に英語を学ばれた。そのヴァイニング女史が少年皇太子の御人柄について「殿下は、自分に対しても他人に対しても、正直であり謙遜である。……強い責任感と、日本及び日本国民への深い愛情とをもっておられる。御自分の使命を自覚し、真摯にそれを受け容れられる。さらに……〝惻隠《そくいん》の情〟（深い同情心）をもっておられる」[38]と評している。

さらに明仁親王は、昭和二十四年（一九四九）から十数年間、東宮御教育常時参与（もと慶應義塾塾長）の小泉信三博士より、いわゆる〝帝王学〟を学ばれた。その中身はいろいろあるが、例えば、よく孔子の教えをまとめた『論語』を引いて話をされたようである。そこで、皇太子殿下は後年「好きな言葉に〝忠恕《ちゅうじょ》〟がある。『論語』の一節に「夫子《ふうし》（立派な人物）の道は忠恕《ちゅうじょ》のみ」とあり……自己の良心に忠実で、人の心を自分のことのように思いやる精神です」と語っておられる。

また、お二人で丹念に読まれた書物として、福澤諭吉が皇室の社会における役割を説いた『帝室論』や、ハロルド・ニコルソンの〝King George V. His Life and Reign〟（『国王ジョージ五世伝―その生涯と統治―』一九五二年刊）などがある。小泉博士が後者をテキストに選んだのは、この中に記される「立憲君主は、道徳的警告者たる役割を果たすことができる。……そのためには、君主が無私聡明、道徳的に信用ある人格として尊信（尊敬と信頼）を受ける人でなければならぬ」ことなどが、将来天皇となられる皇太子殿下のために役立つと考えたからであろう[39]。

やがて昭和三十四年（一九五九）に美智子妃殿下と結婚されてからの三十年間、および平成元年（一九八九）に皇位を継承されてからの二十年間、あわせて五十年間に及ぶ御事績を、知り得る限りの資料により確かめてみると、今上陛下は、先天的な御資質に加えて、幼少期からの御修徳により、まさに廣池博士の言う「最高道徳」を体得し実行しておられることがわかる。

その広大な御聖徳は、もちろん簡単に述べ尽くせない。ただ、その端的な実例は、一方で祖先や自然の神々を祀りながら「自己反省」を怠らず、他方で「慈悲寛大」の御心から、戦争や災害などで犠牲となった人々や、さまざまな分野の恩人・先達などを偲んで、祭祀・慰霊や激励に努めてこられたことである。しかも、それを詠まれた御製が公表されているので、その一部を紹介しておこう。

1　ともしびの静かにもゆる神嘉殿　琴はじきうたふ声ひくく響く（昭和32年歌会始、23歳）
2　霊前にしばしの時を座り居れば　耳に浮かびぬありし日の声（昭和41年、小泉信三東宮参与弔問、32歳）
3　松明《たいまつ》の火に照らされてすのこの上　歩《ほ》を進め行く古《いにしえ》思ひて（昭和45年、新嘗祭、36歳）
4　神殿へすのこの上をすすみ行く　年の始の空白み初《そ》む（昭和49年、歌会始、40歳）
5　百年《ももとせ》を祝ふ集ひに先達《せんだつ》の　功《いさお》かへりみ彼の御世《みよ》を思ふ（昭和55年、明治神宮鎮座六十年祭、46歳）
6　ありし日のみ顔まぶたに浮かべつつ　暗きあらきの宮にはべりぬ（平成元年、殯宮《ひんきゅう》祗候《しこう》、55歳）
7　日の本の国の基《もとい》を築かれし　すめらみことの古《いにしえ》思ふ（平成2年、近江神宮五十年祭、56歳）
8　父君のにひなめまつりしのびつつ　我がおほにへのまつり行なふ（平成2年、大嘗祭、56歳）
9　人々の年月かけて作り来《こ》し　なりはひの地に灰厚く積む（平成3年、雲仙岳噴火、57歳）
10　戦に散りにし人に残されし　うからの耐へしながとせ思ふ（平成4年、日本遺族会創立四十五周年、58歳）
11　激しかりし戦場《いくさば》の跡眺《なが》むれば　平らけき海その果てに見ゆ（平成5年、沖縄平和祈念堂前、59歳）
12　精根を込め戦ひし人未だ　地下に眠りて島は悲しき（平成6年、硫黄島、60歳）
13　なゐ（地震）をのがれ戸外に過す人々に　雨降るさまを見るは悲しき（平成7年、阪神・淡路大震災、61歳）

14　土石流のまが痛ましき遺体捜査　凍《い》てつく川に今日も続けり（平成8年、長野県土石流災害、62歳）

15　疎開児の命いだきて沈みたる　船深海《しんかい》に見出だされけり（平成9年、対馬丸、63歳）

16　激しかりし集中豪雨を受けし地の　人らはいかに冬過ごすらむ（平成10年、集中豪雨の被災者、64歳）

17　六年《むつとせ》を経てたづねゆく災害の　島みどりして近づききたる（平成11年、奥尻島、65歳）

18　あまたたび通ひし道をこの宵は　亡き母君をたづねむと行く（平成12年、香淳皇后みまかりまして、66歳）

19　幾すじも崩落のあと白く見ゆ　はげしき地震《ない》の禍《まが》うけし島（平成13年、新島・神津島訪問、67歳）

20　千歳越えあまたなる品守り来し　人らしのびて校倉《あぜくら》あふぐ（平成14年、正倉院、68歳）

21　開拓につくしし人ら訪ひ来れば　雲を頂く浅間山見ゆ（平成15年、軽井沢町の大日向開拓地、69歳）

22　地震《ない》により谷間の棚田《たなだ》荒れにしを　痛みつつ見る山古志の里（平成16年、新潟県中越地震被災地、70歳）

23　あまたなる命の失せし崖の下　海深くして青く澄みたり（平成17年、サイパン島訪問、71歳）

24　ガス噴出未だ続くもこの島に　戻りし人ら喜び語る（平成18年、三宅島訪問、72歳）

25　シベリアの凍《い》てつく土地にとらはれし　我が軍人《いくさびと》もかく過しけむ（平成19年、ラトビア占領博物館、73歳）

26　災害に行方《ゆくえ》不明者の増しゆくを　心痛みつつ北秋田に聞く（平成20年、岩手・宮城内陸地震、74歳）

ここには、今上陛下の真心が率直に表されている。その基本的なあり方は、「国民の幸せを常に願ってきた天皇の歴史に思いを致し、国と国民のために尽くすことが天皇の務めである」（平成十年十二月の記者会見）とのお考えが、日々の誠実な「まつりごと」（祭祀と公務）に貫かれている。これこそが今上陛下の御聖徳であり、現代の日本に具現されている「最高道徳」の代表例にほかならないと思われる。

むすびに代えて

廣池千九郎博士が、日本の皇室は何ゆえ「万世一系」にわたり続いてきたのか、という大きなテーマの研究に取り組み、その「真原因」を解明したのは、今から約百年前のことであった。その真原因として確信したのは、天祖神話と歴代天皇に見いだされる「御聖徳」が、世界の諸聖人とも通ずる「最高道徳」にほかならないということである。

この章では、その来歴をたどったうえで、その意義を歴代の主要な天皇と今上陛下の御事績などを例証として確認することに努めた。私も現代の日本に生を享けている一歴史研究者の立場から、皇室が永く続いてきたのは、多くの天皇が祖先伝来の「御聖徳」を真摯に学び修養に努めてこられたからこそ、一般国民との関係も「終始相互の信頼と敬愛(40)」により結ばれている、という道徳性の高さが最も大きな要因である、とみなすことは十分可能だと考えている。

〈付記〉本章を準備するにあたり、モラロジー研究所廣池千九郎研究室の橋本富太郎研究員などから助言と協力をいただいた。また、前半（一・二・三・四）をまとめるにあたって、井出元教授（麗澤大学学長補佐）の著書（注3（ニ）など）から多くの教えを賜った。ここに併せて心より感謝の意を表しておきたい。

注

(1) 上田正昭他編『講談社 日本人名大辞典』(平成十三年初版、講談社) 一五八三頁。

(2) 廣池博士の主要な著述は、A『廣池博士全集』全四冊(昭和十二年初版。同五十年第三版、廣池学園事業部)と、B『道徳科学の論文』全十冊(昭和三年初版、同六十―六十三年「新版」、平成三年同別巻〈総目録・索引〉、広池学園出版部)に所収(『日記』などを除く)。以下の引用はA第三版とB新版による。

(3) 先学の論考は、主に(イ)内田智雄編『生誕百年 広池博士記念論集〈増補版〉』(昭和四十八年、広池学園事業部)(ロ)大澤俊夫『青年教師 広池千九郎』(昭和五十七年、広池学園出版部)、(ハ)下程勇吉『日本の精神的伝統』(平成八年、同上)、(ニ)井出元『廣池千九郎の思想と生涯』(平成十年、同上)、(ホ)モラロジー研究所編『伝記 廣池千九郎』(平成十三年、モラロジー研究所)など参照。

(4) 小川含章(一八一二―一八九四)は、大分で私塾の「麗澤館」を開き、漢学や英学などを教授したが、同館の目的は「尊皇愛国の旨を体し、倫理道徳を明らかにする」ことであった。明治十六年(一八八三)、十七歳で入塾した千九郎少年は、ここで「初めて……日本の国体の偉大なることが分かり、それが源となって、私のあらゆる研究が成り立っている」と、後年回顧している(注3(ホ)五八・六〇頁)。

(5) 例えば、明治二十一年刊の『小学修身用書』は、三巻それぞれに五十の格言を掲げ、古今の身近な人物の例話で説明する。また翌二十二年刊の『小学歴史歌』は、神代から明治に及ぶ日本史上の主な出来事を、七五調の歌で綴る。さらに同二十四年刊の『中津歴史』は、古代から近代に及ぶ郷土中津の通史であり、京大の森鹿三氏も「その研究方法がきわめて科学的で……体系の壮大精到……とくに資料捜採の厖大と内容の充実など……日本史研究における瞠目すべき先駆的業績」(注3(ロ)一二一頁所引)と高く評価している。

(6) 誌上に採り上げられている天皇名(諡号)を列挙すれば、創刊号に神武・天智、二号に神武・持統、三号に崇神(と聖徳太子)、四号に垂仁・持統、五号に景行、六号に成務・仲哀・天智、七号に(神功皇后と)応神・安徳、八号に応神・仁徳・天智、九号と十号に応神、十一号に仁徳・天智・桓武、十二号に仁徳、十三号に仁徳・履中、十四号に履中・反正、十五号に允恭、十六号に允恭・安康、十七号と十九号に雄略、二十号に神武・雄略、二十一号に雄略、二十二号に雄略・安徳、二十三号に清寧、二十四号に持統、二十六号に顕宗・桓武、最後の二十七号に桓武の各天皇である（注3（二）二三―二四頁）

（7）『古事類苑』（全一〇〇〇巻、洋装本五〇冊〈別に総目次・索引一冊〉）のうち、廣池博士が原稿を執筆したと確認できるのは、四分の一近い二四八巻にのぼる。特に多いのは「神祇部」一四巻、「宗教部」五三巻、「官位部」一五巻、「政治部」三五巻、「外交部」一六巻、「文学部」三〇巻、「産業部」一三巻、「人部」一〇巻などである（注3（イ）所収の西川順士「『古事類苑』と広池博士」参照）。

（8）前半は注3（二）一二九頁所引の昭和二年「モラル・サイエンス及びモラロジーの略説明」、後半は注2B『論文9』五頁（『論文6』二四七―二四八頁も同趣）。
なお、井上頼圀博士（一八三九―一九一四）については、田辺勝哉『井上頼圀翁小伝』など参照。

（9）『醍醐天皇御伝』と『村上天皇御伝』の稿本（モラロジー研究所に現存）は、それぞれ「惣載・政道・仁徳・文徳・行幸・奉仏・崩御と追福・山陵・雑載」の九項目から成り、編年史書・史論書・年代記・系譜類・説話集・教訓書・詩文集・和歌集・法制書・儀式書・日記類などを原文（返点・濁点など付加）で引用し、ごく一部に「私按」（意見）を添えている。ちなみに、東大の史料編纂掛で『大日本史料』（宇多天皇以降の編年史料集）の刊行を開始するのは明治三十四年（一九〇一）だから、それ以前に民間の個人が諸書を博捜し編纂されるには多大な苦労があったに違いない（拙稿「『歴代御伝』の構想と稿本」『国書逸文研究』第一〇号、昭和五十六年）。
なお、この要望書は残念ながら直ちに採用されなかった。けれども、これが一つのきっかけとなり、やがて明治四十年代に宮内省の大事業として、図書寮で歴代にわたる『天皇・皇族実録』編纂計画が立てられ、大正時代を経て昭和十一（一九三六）年までに全一二九三巻（洋装本二八五冊）が完成されている（拙稿「『天皇・皇族実録』の成立過程」『産大法学』第四〇巻一号、平成十八年)。

(10)『東洋法制史序論』(略称『序論』。明治三十八年十二月刊、早稲田大学出版部)は、この研究を勧めた穂積陳重博士が、序文で「全編を法律なる語の意義の論定に委す。その材料の豊富なる、その論結の創思的なる、実に驚くべきものあり」(注2A『全集三』三五頁)と高く評価している。

また『東洋法制史本論』(略称『本論』。大正四年三月刊、同上)は、すでに明治四十二年刊の『韓国親族法親等制度の研究』と、翌年に東京帝国大学へ提出した学位論文「支那古代親族法の研究」(大正元年に法学博士号授与)と、新稿「支那喪服制度の研究」(支那親族法外篇)とを合成した大著である。なお、その間の同三十九年ころに『倭漢比較律疏』と『大唐六典』校注の原稿も作成されている。

(11)『経歴』。なお注3(二)四四頁に、「広池は……中国における価値判断の基準が聖人と称される人の言行にあることを突き止め……道徳行為の重要性を確認したことは、……東洋法制史研究における最大の成果であり、「道徳科学」の研究への起点でもあった」とある。

(12)『伊勢神宮』を大幅に増訂した『伊勢神宮と我国体』(大正四年九月刊)の「神宮中心国体論」(注2A『全集 四』一三・五三頁)。

(13)『古事記』上巻(岩波・日本古典文学大系本八一頁)には、「是に天照大御神、見畏みて、天の石屋戸を開きて刺しこもり坐しき」とある。一方『日本書紀』巻一の神代第七段本文(岩波・日本古典文学大系本一一八頁)には「天照大神……此に由りて発慍《いか》りまして、乃《すなわ》ち天石窟に入りまして、磐戸を閉じて幽《こも》り居《ま》しぬ」とある。

(14)注2B『論文6』三〇一—三一四頁。この井上正鉄(一七九〇—一八四九)は、「禊《みそぎ》教」を創唱して、それを咎める幕府により三宅島へ流されたが、門弟に書き送った『唯一問答書』の中で「大日霎貴……天の岩戸にこもらせ玉ふて……その修行によりて、天御中主神と同体同根にならせられ候」と説いている。それを廣池博士の恩師井上頼圀博士は「よくその真相を穿《うが》ち得たもの」と評価していたという(同上三〇二—三〇六頁)。

このような神話の理解（神々の物語を人間の言動と同様に受けとめ、その意味を考えること）は、即物的な合理主義に慣れた現代人にとって不可解かもしれない。しかしながら、古典を深く理解するためには、できるだけ古代人の感性・常識に近づくよう心がける必要がある。けだし、古代の日本人にとって、カミ（神々）とヒト（人々）は不可分の関係にあるとみなされていた。日本の古典にみえるカミは、「産霊」（むすび）の神とか「産土」（うぶすな）の神などと記されるように、人間を含む万物を産み成すイノチの源にほかならない。そのイノチが悠久の祖先から永遠の子孫へと受け継がれていく。それゆえ、子孫の一人ひとりが、自己の由来を顧みて祖先を祀り、祖先の恩恵に感謝しながら、祖先の遺訓を大切に守り続け可能な限り実践するよう努めてきたのである。

(15) この解明時期について、廣池博士みずから「明治四十年（一九〇七）のころに至りて、日本皇室の万世一系の第一原因はその御祖先たる天照大神の御聖徳にあり、しこうしてその第二原因は御歴代の天皇の御聖徳にあることを明らかに確かめ得た」と記している。また「翌明治四十一年、私は中国の法制調査のため同国に遊びて、孔子及び顔回の子孫のいまに同国において貴族もしくは準貴族として万世一系なるを発見し、日本における貴族中には、貴族として万世一系のもの甚だ多き事実と彼此相対照して、ここに私の史眼は大いに高められた」とか、「その後引き続きて、……最高道徳に関する種々なる傍例を見ることを得、……かくて実に日本皇室の万世一系にあらせらるる根本的主因は全く天照大神の御聖徳によるに相違なしと考えさせていただく根拠を得た」と説明している（注2B『論文6』二四八—二四九頁）。

(16) 佐藤誠実博士（一八三九—一九〇八）については、山本毅堂氏「文学博士佐藤誠実先生小伝」（『国学院雑誌』第一四巻四号）、注3（二）一三三—一四四頁など参照。

(17) 明治の『民法』相続編には、第九八七条に「系譜・祭具及び墳墓の所有権は、家督（戸主）の相続」すべきものと定められていた。それを承けて戦後の改正『民法＝相続編』においても、第八九七条に「系譜、祭具及び墳墓の所有権は……慣習に従って祖先の祭祀を主宰すべき者が（一括）これを承継する」と明文化されている。

(18) 本書は十一年後の大正元（一九一二）年に訂正増補版が出された（翌年にも一部増補）。やがて同六年、穂積博士の甥

（令息重遠氏の従兄）にあたる巌夫氏による日本語訳『祖先祭祀と日本法律』が岩波書店から刊行されている。なお、本書の内容を全面的に補充整理した「祭祀と法律」、その要旨を大正元年に郷里の愛媛教育協会で講述した「祭祀と国体」などが、遺稿集『祭祀及礼と法律』（法律進化論叢第二冊、昭和三年刊、岩波書店）に収録されている。

（19）Austin（オースティン）のlectures on Jurisprudence（法理学講義）、Haynes（ハイネス）のLaw of Equity（衡平法）、Boissonade（ボアソナード）の性法講義、Jhering（ユーリング）のDer Kampf ums Recht（権利競争論）、Maine（メーン）のAncient Law（古代法）、Smith（スミス）のElements of the Law（法律原論）及びBible（創世記・申命記）

（20）『序論』（注2A『全集 三』一一四―一一五頁）に「穂積博士〔先生、名は陳重〕の『Ancestor-Worship and Japanese Law（祖先崇拝と日本の法律）』……は……『祖先崇拝の起源は、諸大家の説によれば、幽霊を恐るゝに帰着するが如し、……されど、予は之に賛成するを得ず、……原始時代の人民が、その生存中に、その両親を愛せしに、死後に至りて……両親を尊敬するの念が、やがて、畏敬（Awe）の念に近くなり……この畏敬の感情を起さしめしは、愛の念にして、恐怖（Dread）の念にあらず』と云ひて、之より朱熹の家礼の語、并びに故栗田教授〔先生、名は寛〕の祭典私考の語……等を引きて、次に『……祖先の霊……に物を供し之を拝する……は、子孫が、祖先に対して感ずる愛情と尊敬とに外ならず』と云へり」と引用されている。

（21）例えば、「以上（中国古代の嫡長子による家の祭祀継承）は即ち、古代のアリアンの相続法が宗教的信念の上に立てられて、その長子は、祖先に対する責任を尽くさむが為に生まれたるものなりとの観念を有し〔The Ancient City 九四頁「古代相続権の本性及び原理」の条、并びに、一〇八頁「長子家督権」の条〕又、父は、長男を生みしに由て、彼の祖先に対する責任を果したりとの観念を有せし（The Aryan Household 八〇頁）類と、正に能く東西相類似する所あるを観る」（注2A『全集 三』五七一―五七二頁）などと援用されている。

（22）注18遺稿集『祭祀及礼と法律』一二八・一三一・一三八頁。

なお、本書の冒頭に写真で掲げられている短冊の和歌に、穂積博士が（大正四年、爵位を授けられた際）「父ゐまさば母ゐまさばと思ふかな　おほ（大）御恵の告げまほしさに」とある。また歌子夫人が（大正十四年、夫婦で橿原神宮に詣でられた際）「かし原や我がとほつおや（遠祖、つまり穂積家の祖先可美真手命《うましまでのみこと》）もこの宮に　つかうまつりけむ其かみおもほゆ」と詠んでいる。二人とも、父母を敬愛し祖先を崇敬しておられた至情が偲ばれる。

(23) 拙稿「『万世一系の天皇』に関する覚書」（『産大法学』第三九巻三・四合併号、平成十八年二月）参照。
確認できる四字成句の初見は、慶応三年（一八六七）十月、岩倉具視の提出した「王政復古議」に「皇家は連綿として万世一系なり」とあり（『維新史綱要』）、やがて明治九年（一八七六）十月、元老院で作成した『国憲』第一次草案に「日本帝国は万世一系の皇統を以て之を治む」とある。

(24—1) 明治神宮編『明治天皇詔勅謹解』（昭和四十八年、講談社）八八二—八三三頁〈筆者小出孝三氏〉

(24—2) 同上八六八—八九一頁〈筆者鳥巣通明氏〉。なお、八木公生『天皇と日本の近代』下「教育勅語」の思想」（平成十三年、講談社現代新書）九九—一三二、二四二—二八〇頁参照。

(25)「教育勅語」は、もともと大臣の副署を伴わない「王言」（天皇ご自身のお言葉）として示された教育文書である。それゆえ、昭和二十年八月の敗戦後でも、家永三郎氏すら「教育勅語成立の思想史的考察」（『史学雑誌』第五六巻第一二号、昭和二十二年）の中で「頗る普遍性豊かにして近代的国家道徳を多分に盛った教訓」と評価している。
しかし、ＧＨＱでは、「教育基本法」の施行後も根強い影響力を持っていた「教育勅語」を公教育の場から追放するため、国会に「無効宣言を決議するよう要求してきた」。そこで、やむなく同二十三年六月、衆参両院が「排除」「失効」の決議をしたのである。その経緯は高橋史朗「教育勅語の廃止過程」（『占領教育史研究』創刊号）参照。

(26) 雲照律師（一八二七—一九〇九）は『国民教育之方針』（明治三十三年刊、東京博文館）に、「皇祖皇宗は……我等臣民の祖宗にましませば、忠孝二途なく、天壌無窮の神宣を信奉すること」などを強調している（注3（二）一五二頁）。

(27) 杉浦重剛翁（一八五五—一九二四）は、大学南校（東大・理学）を出て英国に留学した科学者であったが、帰国後に教育者となる。明治二十五年（一八九二）から東京英語学校＝日本中学校の校長を務めて「倫理」を教授し、その実績により東宮御学問所「倫理」御用掛を拝命した（本書四章参照）。

(28) 杉浦重剛著（猪狩又蔵編）『倫理御進講草案』（初版は昭和十一年刊、大日社。杉浦重剛全集本は同五十七年、思文閣出版）。同書の初版と全集には、第一学年に御進講の「教育勅語」が付載されている。それを独立させて筆者が校注・解説を加えた『昭和天皇の学ばれた教育勅語』（平成十八年刊、新書版。勉誠出版）もある。

(29) 同前『草案』第二学年第二学期第四。なお、『杉浦重剛座談録』（岩波文庫）にも、「陰徳あれば陽報あり」とか、「偉い人が後の世に崇められるのは、この世で精力（人徳）を余計に貯へたからだ」などと説いている。

(30) 注2B『論文』5・6・7・8・9に詳論所収。なお、大正五年（一九一六）刊『日本憲法淵源論』を著したのも、「我が天祖ならびに列朝聖明（歴代天皇）の御実現遊ばされたるところの人類最高の道徳たる慈悲寛大・自己反省の御聖徳を各自の心に体得して、その国家固有の歴史習慣法制を貴び、人類自然の秩序を重んじ、以てその応分の幸福を享受し、文化の発達を遂ぐべき事を示す」（注2A『全集四』三八九頁）ためと説かれており、単なる民族を超えて、人類への普遍性が志向されている。

(31) 拙著『歴代天皇の実像』（平成二十一年、モラロジー研究所）に主要な天皇の御事績を紹介した。なお、以下の五と六では、廣池博士が歴代天皇に受け継がれてきたという「内祭祀に奉仕し、外人民を愛すること」（二の末尾参照）のうち、前者（祭祀）に関する主要な事績を例示する。ただ、後者（愛民）の実例はあまりにも多いので、ほとんど割愛するほかないが、大正三年（一九一四）、東宮御学問所御用掛の白鳥庫吉博士がみずから執筆した『国史』全五巻（平成九年、勉誠社、原寸複製。のち同十二年、縮小分冊の文庫本、共に筆者の解説付載）に、簡潔ながら主な御事績が挙げてある。

(32) カミとヒトとの関係については、時代や宗教などの違いによりさまざまな考え方がある。我が国の特に古代社会では、『古事記』『日本書紀』などの神話（むしろ「神代史」＝神々の時代の歴史）に示されるとおり、複数のカミガミが多数のヒトやモノ（動植物も自然界）も産み成されたと信じてきた。決して絶対的な唯一の神が万物を造り出したのでなく、いわば親（カミ）が子（ヒト）を産み成されたのだから、カミとヒトにはイノチのつながりがある（ヒトにはカミのイノチが宿っている）と考えられてきたのである。

ちなみに、ヒという大和言葉は「日」（太陽）も「霊」（精神）も意味する（両方とも上代特殊仮名遣い甲類）。「火」は乙類であるが、これも古くは日・霊と同様、エネルギー・生命力の源を指す言葉であったと思われる。

（33）二十年ごとを式年（一定の周期）とする伊勢神宮の式年遷宮は、戦国時代に百年ほど中断したが、近世初頭に復興され、近代に入ってからも式年どおりに続けられてきた。現在でも、天照大神の後裔と信じられる今上陛下の「御聴許」を得て着々と準備が進められ、来る平成二十五年（二〇一三）十月、第六二回の式年遷宮が行われる予定になっている。拙著『伊勢神宮』（平成五年、講談社学術文庫）参照。

（34）拙著『平安朝儀式書成立史の研究』（昭和六十年、国書刊行会）所収「元旦四方拝の成立」参照。この元旦四方拝は、以後中断することなく続けられ、現在も毎年元日の午前五時半ころから、天皇の御所の近く（神嘉殿の前庭。昨年から御高齢に配慮して御所のベランダ）で厳粛に執り行われている。拙著『天皇の「まつりごと」―象徴としての祭祀と公務―』（平成二十年、ＮＨＫ出版生活人新書）参照。

（35）この「毎朝四方拝」は、明治の初め（一八六八）まで京都御所（清涼殿）で天皇みずから行われてきた。東京の皇居へ遷られてからは、当直の侍従を毎朝宮中三殿（賢所・皇霊殿・神殿が揃うのは明治二十二年）へ遣わし代拝せしめられることとなったが、天皇は御所で慎まれる。なお、毎月三回の「旬祭」は、一日の朝のみ、天皇みずから宮中三殿を廻って拝礼されることが多いけれども、十一日と二十一日の朝は侍従に代拝せしめられる。注34拙著参照。

（36）今上陛下の御発言は、皇太子期の分が薗部英一編『新天皇家の自画像』（平成元年、文春文庫）などに、また即位後の十年分が宮内庁編『道』（平成十一年、ＮＨＫ出版）に御製と併せて収録された（正篇）。また、最近十年分の御言葉と御製も『道』続編（同二十一年）として刊行された。宮内庁のホームページには、両方すべて英訳も公表されている。

なお、皇太子期の御歌は、同妃の御歌と一緒に『ともしび』（昭和六十一年、婦人画報社）所収。

(37) 木下道雄氏（当時の侍従次長）『側近日誌』（平成二年、文藝春秋）の昭和二十年十一月十三日条に、同年八月十五日、東宮大夫穂積重遠博士（穂積博士令息）の指導により書かれた作文「新日本の建設」が引用されている。

(38) エリザベス・ヴァイニング夫人著（小泉一郎訳）『皇太子の窓』（昭和二十八年、文藝春秋社）五〇九―五一〇頁。同書三三二頁によれば、学習院高等科一年生（十六歳）の皇太子殿下が「将来何になりたいか」という質問に対して、即座に「ぼくは天皇になるだろう」（I shall be the Emperor）と英文で答えられたという。

(39) 『小泉信三全集』第十巻「国を思ふ心」（昭和四十一年、文藝春秋社）所収「ジョージ五世伝」参照。今上陛下も平成十（一九九八）年五月、英国訪問に先立って「ジョージ五世の伝記は小泉博士と一緒に読みました。……国王は相談され、励まし、そして警告する……と書かれていますが、ジョージ五世が地道に誠意をもって、国のため国民のために歩まれた姿は、感銘深いものがあります」（注36『道』正篇一七頁）と述べておられる。

(40) 昭和二十一年（一九四六）正月元日公表の「新日本建設に関する詔書」（俗称「天皇の人間宣言」）は、ＧＨＱの指示により、天皇の神格を否定するため作られ出されたものである。しかしながら、その中にすら、昭和天皇の要望によって、明治元年（一八六八）諸事一新の方針実現を天神地祇に誓った「五箇条の御誓文」が冒頭に全文掲げられ、また「朕と爾等国民との紐帯は、終始相互の信頼と敬愛とに依りて結ばれ、単なる神話と伝説とに依りて生ぜるものに非ず」と君民一体の関係を再確認しておられる。拙著『皇室の伝統と日本文化』（平成八年、広池学園出版部）所収「新日本建設の詔書」参照。

第七章　歴代の天皇と現代の皇室

はじめに ―日本の君主制度Q&A―

今上陛下は、本年＝平成二十一年（二〇〇九）の一月七日に御践祚《ごせんそ》から満二十年、また四月十日に御結婚から満五十年の節目を迎えられた。この機会に、私は数年前から準備してきた書物を三冊公刊した（『歴代天皇の実像』『天皇の「まつりごと」』及び高橋紘・米田雄介両氏との共編著『皇室事典』）。その影響であろうか、さまざまな方面から天皇・皇室に関する問い合わせが少なくない。

例えば、同年八月、東京のインターテレメディアを通じて、シンガポールのテレビ局（Channel News Asia）から「アジアの君主制度」（Asian Monarchies）という特別企画（五回シリーズ）のロング・インタビューを受けた。そこで、あらかじめ示された質問「日本の君主制度」に対して、可能な限り正確な回答を用意しておく必要があると考え、取り急ぎ要点のメモを作成した。取材（録画）はごく一部分しか放映されないであろうから、そのメモを文章化した覚書（Q&A）を本章に収めておこう。

一 象徴天皇は立憲君主

Q一 「象徴」としての天皇陛下は、どのような存在ですか。

A一① 戦後被占領下の昭和二十一年（一九四六）当時の「明治節」に公布された現行の「日本国憲法」は、いわゆる国民主権の原則を立てながら、国家の特徴を示す第一章を「天皇」とした。それは、日本国の基本形態（いわゆる国体）が「立憲君主制」（憲法に従う制限君主の制度）であり、単なる民主共和制でないことを示している。

それゆえ、日本の国歌は、象徴天皇の長寿を祝い祈る「君が代」であることが、法律で定められている。また「国民の祝日」として法律に定められる祝日（現在十五日）のうち、日本を代表する唯一の「ザ・ナショナル・デー」は「天皇誕生日」である。さらに「日本国旅券（パスポート）」にも、国会議員などのバッジなどにも、天皇（皇室）の「菊花」紋章を模したデザインが用いられている。しかも、世界の国々では、天皇が公式に訪問されると、必ず元首として最高の礼を尽くすことが、国際慣例となっている。

A一②　憲法の第一条に「天皇は、日本国の象徴であり、日本国民統合の象徴であって……」と規定されている。この象徴天皇は、第四条で「国政に関する権能を有しない」と政治権能を否定されているが、第三条以下で「内閣の助言と承認」により「国事に関する行為」を行う役割が定められている。

例えば、第六条に「天皇は、国会の指名に基いて、内閣総理大臣（首相）を任命する」とある。つまり、日本国の首相は、国権の最高機関である国会（衆議院と参議院）において過半数の多数決で「指名」されるが、指名された議員は、国家・国民統合の象徴である天皇から皇居（宮殿）で「任命」される。それによって、与野党を含む全国民のために働く日本国の首相として公認され、そのような自覚を促される。

A一③　このほか、天皇の具体的な国事行為は、第七条に十項目列挙されている。例えば、九項に「外国の大使及び公使を接受すること」とある。これによって、現在日本に駐在する百数十の国々と国際機関の大使・公使らが着任する際、本国の元首から日本の天皇にあてた「信任状」を差し出すために、宮中へ参内して直接天皇に捧呈《ほうてい》する儀式が行われている。

すなわち、象徴天皇は、内閣の大臣や国会の議員などのような国政に関する権能を持たない。しかし、それを超える日本国の代表者であり、全国民統合の中心者である。しかも、憲法の第二条に「皇位は世襲」と明記されており、大和朝廷以来千数百年以上続く世襲の君主として、格別な権威を保持しておられる。

二　天皇の三種類の御仕事

Q二　象徴天皇は国事行為のほかに何をされているのですか。

A二①　天皇の行為は、政府の見解でも学界の通説でも、おおまかにⓐ国事行為とⓑ象徴行為とⓒ祭祀行為などに分けられる。このうちⓐについては、主な例を前述した。ついでⓑは、憲法に明示されていないけれども、日本国と国民統合の象徴として行われることが必要でありふさわしい、とみなされる公的な行為である。さらにⓒの皇室（宮中）祭祀は、神社神道に則った祭儀が用いられるため、現行の憲法が公人の宗教的活動を抑制している関係から、ⓐやⓑと区別して、私的行為とされる。しかしながら、昔も今も、天皇が国家と国民のために行われていることは、ⓐやⓑと変わりがない。

A二②　ⓑ象徴行為は二種類ある。一つは「君主的な公人行為」として、国会の開会式や認証官の任命式への臨席、各界の功労者や春・秋の叙勲者などの拝謁、国賓や公賓などの歓迎行事の主宰、国家的大行事や国際的な大会への臨席、天皇誕生日や春と秋の園遊会など祝賀行事の主宰、招待を受けた外国への公式訪問などがある。もう一つは「伝統的な公人行為」として、歌会始・講書始の主宰、各種の福祉活動や古典的・現代的な文化・産業などの奨励、大規模な災害の見舞いなどがある（園部逸夫氏『皇室法概論』など参照）。

A二③　ⓒ皇室（宮中）祭祀は、皇居の中にある神社のような建物（宮中三殿）の中で、天皇自身により行われる。それを掌典長が補佐し、時に代理を務めたりする。また、掌典や侍従たちが各地の陵墓や主要な神社へ勅使として出向くこともある。

それを三分すると、まず年・月・日の節目ごとに行われる拝礼として、毎年元日の四方拝《しほうはい》と歳旦祭《さいたんさい》、毎月一日・十一日・二十一日の旬祭《しゅんさい》、毎日早朝の侍従による御代拝《ごだいはい》などがある。ついで自然の神々などに祈願し感謝する祭祀として、春先の豊作を祈願する祈年祭、秋過ぎの収穫に感謝する新嘗祭《にいなめさい》、心身のツミ・ケガレを祓い除く節折《よおり》・大祓《おおはらえ》などがある。

さらに祖先の神々などに感謝し祈願する祭祀として、皇祖の天照大神に感謝する賢所御神楽、初代の大王を特に祀る神武天皇祭、当代の先帝を特に祀る昭和天皇祭、歴代の天皇と皇族を祀る毎年の春分と秋分の皇霊祭、および一定年数（式年）ごとの式年祭、全国の天神地祇を祀る毎年の春分と秋分の神殿祭、天皇の即位や皇族の結婚などに際しての臨時祭などがある。

とりわけ毎年十一月の新嘗祭と即位直後の大嘗祭《だいじょうさい》は、格別丁重に行われる（夜中に合計約四時間）。これは日本古来の稲作文化と深い関係がある。現に今上陛下は、みずから皇居内の田圃《たんぼ》で稲作（種播き・田植から刈り取りまで）を続けておられる。

三　日本国家の成立段階

Q三　日本（国家）と天皇（朝廷）は、どのようにして始まったのでしょうか。

A三①「日本」という国号も「天皇」という称号も、七世紀初め、推古女帝が隋《ずい》へ送られた国書（外交文書）に「日出《ひいず》る処《ところ》の天子《てんし》」とか「東の天皇」と記されたころから用い始められたとみられる。ただ、それが国家の法令に明文化され外交文書にも公用されるようになったのは、七世紀末か八世紀初めからである。それ以前、わが国はシナより「倭《わ》」と称され、また天皇も国内で「大王《おおきみ》」と称されることが多かった。

わが国では、およそ一世紀から三世紀ころ、各地の有力な豪族が割拠し抗争していた。けれども、四世紀前半ころまでに日本列島の大部分が、最も強力な大和王権（朝廷）により統一された。ついで四世紀後半には朝鮮半島まで勢力を伸ばすに至った。それゆえ、五世紀ころには、シナ王朝の皇帝から「東夷《とうい》」の「倭王」として公認され、また国内では諸王の上に立つ「治天下《あめのしたしろしめす》」の「大王」と敬称されている。

A三②　大和朝廷の統一過程については、シナより漢字の伝来する以前の確実な史料がない。しかし口誦の伝承はあったに違いなく、それらを五世紀ころから文字で記録した資料に基づいて、八世紀初めに編纂されたのが『古事記』『日本書紀』である。その中にダイナミックな建国史話が見られる。それとシナの歴史書や朝鮮の金石文及び考古学上の発掘資料などを丹念に照合して、総合的に考証された第一人者が田中卓《たかし》博士である。それによれば、現在の天皇の祖先にあたる初期の大王が中心となり、有力豪族を次々と帰服させて国内を統一した、という大筋は史実に近いと認められる。

すなわち、元来九州にあったヤマト王権は、何度も本州への進出を試みている。そして弥生中期の一世紀初めころ、初代の神武天皇（カムヤマトイハレヒコノミコト）が、畿内の大和に入って拠点を築くことに成功されたとみられる。ついで三世紀前半ころ、第十代の崇神《すじん》天皇が、畿外の地域に勢力を広げられ、やがて四世紀初めころ、第十二代景行《けいこう》天皇と皇子倭建命《やまとたけるのみこと》（＝日本武尊）が、九州も東国（関東）も平定された。さらに四世紀後半ころ、第十四代仲哀《ちゅうあい》天皇の皇后息長帯姫《おきながたらしひめ》（＝神功《じんぐう》皇后）が、朝鮮半島にまで兵を進めている。

その後、五世紀から六世紀には、儒教（漢字・漢籍）や仏教（仏像・仏典）などが、朝鮮（おもに百済《くだら》）を経て伝えられた。そして七世紀代（飛鳥《あすか》時代）には、シナ（隋・唐）を手本とする中央集権的な律令国家体制を形成することができたのである。

四　天照大神と女帝容認

Q四　日本史上、女性の天皇が何名もいたのはなぜですか。

A四①　初代の神武天皇から百二十五代目の今上陛下まで（中世の北朝五代も含めると合計百三十代）の中で、八名十代の「女帝」（女性天皇）が実在する。そのうち、二名は二度即位（重祚《ちょうそ》という）しておられ、大部分（六名八代）が七～八世紀（飛鳥・奈良時代）に集中している（他の二名は一七、一八世紀の江戸時代）。しかも、各々に天皇として（上皇としても）相当な役割を果たされ、それが公的に評価されている。この点、女帝の存在を公的に認めない（例外的に即位しても国家の正史で否定される）シナ王朝や朝鮮諸国と著しく異なる。

A四② このような特徴が生まれた原因は、初代の神武天皇より前のあり方に由来するものと考えられる。『古事記』『日本書紀』に見える「神代史」（神話時代）の物語によれば、日本で最高の「皇祖神」として仰がれる「天照大神」は、「大日孁貴《おおひるめのむち》」とも称されるとおり、偉大な女性神（The Sungoddess）と伝えられる。この最高女神が「皇祖神」（天皇の祖先の神）として、今なお皇居の中の賢所と伊勢にある「皇大神宮」（通称「内宮《ないくう》」）に祀られている。また全国に神明《しんめい》神社があり、さらに大多数の家庭でも神棚に祀られている。

それから五代目のいわば〝女系（母系）子孫〟として登場するのが神武天皇である。それ以降は今日まで二千年近く〝男系（父系）子孫〟が続いていることになる（八名の女帝もすべて男系の女子である）。

このように皇祖神は、古くから女神として信じ仰がれてきた。これは、おそらく縄文時代の日本列島が、生命を産み成す母性を最も尊重する母性中心の社会だったからであろう。シナも殷代《いんだい》までは母性中心の母系社会であった（例えば「姓」という字も女偏である）。それが、周代以降、戦乱を勝ち抜くためにも父性中心の父系社会になったのではないかと言われている。このような父系（男系）を絶対視するシナから強い影響を受けた倭国＝日本でも、段々と父系中心の社会に変わってきたのであろう。

A四③ しかし、六世紀末に第三十二代の崇峻《すしゅん》天皇が暗殺されると、ほかに成人の男性皇族がいたにもかかわらず、姉の額田部《ぬかたべ》皇女が初の女帝（推古天皇）として推戴《すいたい》された。そして皇太子の聖徳太子を「摂政」に任じ、その薨後も治績を上げておられる。また七世紀末に三人目（四代目）の女帝となった第四十一代の持統《じとう》女帝は、夫君（天武天皇）の遺業を受け継がれた。その譲位後（七〇一年）に完成された「大宝令《たいほうりょう》」（最高法規）では、「男帝」の継嗣を原則としながら、「女帝」の継承も容認している。それゆえ、以後も五名

（六代）の女帝が、男帝の単なる〝中継ぎ〟ではなく、男帝に優るとも劣らぬ役割を公式に果たされた。

五　神道（神事）優先の皇室

Q五　天皇と神道の関係、皇室と仏教の関係は、どうだったのですか。

A五①　日本の神道は「カミのミチ」と称される。そのカミは、一神教のゴッド（造物主）と全く異なり、この日本列島のあらゆる所におわします。その神々が、あらゆる人や物を産み育て、多くの人や物にさまざまな影響を与えてきた。おおまかに言えば、祖先神と自然神である。古来の神道（カミのミチ）は、このような神々に感謝したり祈願する祭祀を行う日常的な営み（伝統的な信仰の風習）が基になっている。

　したがって、それはすでに狩猟中心の縄文時代からあったに違いない。ついで農耕中心の弥生時代以降には、このような信仰が格別重視されるようになった。それ以後、他の宗教（おもに仏教）が入ってきても、ほとんど対立せず、むしろ習合し共存してきたのである。

A五②　これを皇室に即してみれば、弥生時代から王権の基盤を固めた大和朝廷の歴代天皇（大王）は、あらゆる神々（天神地祇）を大切にしてこられた。とりわけ聖地の伊勢には、三世紀後半から皇祖神の「天照大神」、また五世紀中ごろから産業神の「豊受大神《とようけのおおみかみ》」が特別に祀られた。また宮中でも、前述のような祭祀を毎年丁重に繰り返し営み、現在に至っている。そのうえ、六世紀中ごろ仏教が公的に伝来すると、それを積極的に受け入れ、やがて天皇も皇族たちも熱心に信仰しておられる。特に皇位を退いた上皇や、皇位を継がない皇子・皇女、および天皇や皇族と結婚した后妃などは、さまざまな動機で仏教に帰依し、さらに出家して僧尼となった方も少なくない。

A五③　ただ、第八十四代の順徳《じゅんとく》天皇は、『禁秘御抄《きんぴみしょう》』（宮中の心得書）を著し、その冒頭に、「禁中（宮中）の作法、神事を先とし、他事を後にす」と明記されている。つまり宮中では、神事（神々を祭る行事）が最優先されるから、例えば、同じ日に仏事や他の行事が重なるようであれば一旬（十日）後に遅らせるとか、また神事の席には僧尼や忌服の人が参列しない、などの配慮をされてきた。

このように神事と他事（仏事など）は、いずれも公的な扱いを受けるが、きちんと区別され、主と従が明確にされている。だからこそ、ほとんど争うことなく共存できたのであろう。

六　陵墓は今も祭祀の対象

Q六　天皇陵はどのように扱われてきたのですか。なぜ発掘調査ができないのですか。

A六①　弥生時代から古墳時代までの天皇（大王）は、崩御後しばらくの間「殯宮《もがりのみや》」に安置され、やがて完成する墳丘墓へ埋葬された。特に五世紀前半の第十六代仁徳天皇の陵とみられる巨大な大仙《だいせん》陵（前方後円墳）は、エジプトのピラミッドより大きく（墳長四八六m、墳高三三m）、その築造に長期間を要している。

ただし、仏教の普及につれて、八世紀初めから天皇・皇族も火葬に付され、小さな墓標か石塔を建てるにすぎなくなった。それが十七世紀（江戸時代）に入ると、表向きは仏式でも実際は土葬とされた。特に幕末の孝明天皇以降は円墳式（上円下方墳）の陵が復興され、それが今日に及んでいる。

A六② このような天皇陵は、律令政府が「陵の霊を祭る」ために「諸陵寮」という役所を設け、各陵に陵戸や守戸を置いて管理にあたらせた。そして毎年十二月には、天皇の勅使として公卿（上級官人）が遣わされ、荷前《のさき》（諸国から貢進された初穂など）を供えることになっていた。

しかしながら、それらが中世に入るころから行われなくなり、やがて誰の陵かさえわからない所が増えてきた。そこで、江戸時代には、民間の学者や幕府の有志が陵墓調査を進めている。やがて幕末から明治初年に、それらに基づき、ほとんどの陵墓が確定された。それが現在の天皇陵であり、宮内庁の書陵部陵墓課により管理されている（一部不明な所も陵墓参考地として保管されている）。

A六③ このような天皇陵のうち、謎の多い古代の墳丘墓を発掘させてほしい、との要望が考古学者などから出されている。しかし、すべての天皇陵は、現に皇室の祖先が祀られている聖地であり、特に式年（明治以前の天皇ならば百年ごと）に厳粛な「式年祭」が営まれている聖域なのである。これは、すでに王朝の滅びたシナや朝鮮諸国などにあるような廃墟の遺跡と全く異なる。

従って、歴代天皇の子孫である現在の象徴天皇（及び皇族）により丁重な祭祀の対象とされている陵墓へ、勝手に立ち入ることができないのは当然であろう。まして掘り返すことなど、非常識と言うほかない。ただ、陵墓の表面調査などは、陵墓課員と考古学者により丁寧に行われている。

七　明治天皇の偉大な役割

Q七　明治天皇は、どのような役割を果たされたのですか。

A七①　明治以前の天皇は、時代により役割が異なる。おおまかに分ければ、まず古代（ほぼ一～六世紀）の「大王《おおきみ》」は、国内を軍事的・政治的に統一する最高指揮者であったと言えよう。ついで上代（ほぼ七～十二世紀）の「天皇《すめらみこと》」及び上皇は、律令政府の上に立つ最高責任者であった。しかし中世・近世（ほぼ十三世紀から十九世紀中ごろ）の「御門《みかど》」は、一時期（後醍醐天皇の建武中興期など）を除けば、幕府（武家）に統治の全権を委ねた名目的君主となっている。

ところが、幕末に内政も外交も危機に直面すると、将軍徳川慶喜《よしのぶ》みずから大政を天皇に奉還（返上）した。ついで新政府により「王政復古」（天皇親政）と「諸事一新」の基本方針が打ち出されたのである。それゆえ、明治天皇は、明治二年（一八六九）、それまで一千年あまり「宮処《みやこ》」（天皇の宮殿がある首都）であった京都から東京へ移り、江戸城跡を皇居として近代化＝西洋化の先頭に立たれ、「皇帝《エンペラー》」と称されるに至った。

具体的には、近代化のシンボルとして日常の衣・食・住なども真っ先に洋風化された。のみならず、国内各地へ積極的に出向いて、さまざまの産業や教育などの振興を奨励され、また日清・日露戦争に直面すると、「大元帥」として戦場の将兵たちに思いを馳せ平和の回復に努めておられる。

A七②　もちろん、それらは決して専制君主の独裁行為ではない。すでに明治元年（一八六八）「五箇条の御誓文」で「広く会議を興し万機公論に決すべし」と宣誓された明治天皇は、いち早く西洋的な内閣制度を採用し、続いて近代憲法の制定と帝国議会の開設を推進させ、立憲君主の立場を貫いておられる。また明治二十三年（一八九〇）「教育勅語」を下され、その中で全国民に家庭的・社会的な道徳励行を勧めるのみならず、それをみずから率先垂範することを誓っておられる。

要するに明治天皇は、満十四歳で践祚してから六十歳近くで崩御されるまでの間、極めて質素で勤勉な生活を実践することにより、各界の指導者や一般国民から深い信頼と尊敬を受けられた。そして、それまで二百数十もの藩に分かれていた日本を近代的な統一国家にまとめ上げ、また日清・日露の両大戦も勝利に導き、さらに欧米先進諸国の産業や教育などに追いつき追い越すなどの国家目標を達成されたのである。

それゆえ、ドナルド・キーン教授も指摘するとおり、明治天皇は「日本近代化の原動力」であり、「日本人を今日へ導いたのは、この指導者だった」と言ってよいであろう。

八　大正天皇と貞明皇后

Q八　大正天皇は、どのような方だったのですか。

A八①　明治天皇は、昭憲皇后との間に皇子も皇女も恵まれなかった。そこで、そのころは当たり前とされていた側室（女官）が何人もいて、その間に十数名の子女をもうけられた。しかし、大半が幼児期に亡くなり、生き残られた唯一の皇子である嘉仁《よしひと》親王（のち大正天皇）も、誕生のときから病弱であり、学習院の初等科（小学校）までは、ほとんど休まれるような状態であった。

ところが、十歳代中ごろからは、側近や学友と各地へ旅行などをされる間に、だんだんと健康になられた。そして明治三十三年（一九〇〇）、数え二十二歳のとき、九条道孝公爵の娘で十七歳の節子《さだこ》（のち貞明《ていめい》皇后）と結婚され、四名の元気な皇子に恵まれた。しかし、三十四歳で即位されて数年後、再び病状が進み、ついに大正十年（一九二一）、天皇としての公務ができないほどになられた。そこで、長男の皇太子裕仁親王（のち昭和天皇）を「摂政」に任じて大権を委ねられ、その五年後に満四十七歳で崩御されたのである。

A八② しかし、健康な時期には、和歌や漢詩を熱心に学ばれ、優れた数多くの作品を残しておられる。また皇太子時代に各地へ旅行された折には、多くの国民と気軽に交流され、皇室への親近感を高められた。それが昭和天皇や今上陛下による全国巡幸や国民交流のモデルになったとも言われている。

しかも、病弱な夫君を献身的に支え励まし続けられたのは、気丈な貞明皇后である。この皇后が、摂政を務める長男の裕仁親王にも強い影響を与えられたとみられる。

九 昭和天皇の多大な治績

Q九 昭和天皇は、戦争の前後にどのような役割を果たされたのですか。

A九① 昭和天皇は、明治三十四年（一九〇一）四月二十九日に誕生され、幼少期から厳しく育てられた。特に十三歳より七年間は特設の「東宮御学問所」で最高級の帝王教育を受けておられる。ついで大正十年（一九二一）ヨーロッパ数か国を歴訪され、イギリスではジョージ五世から「立憲君主」のあり方を学ばれた。

帰国直後「摂政」に任じられ、それから五年後の昭和元年（一九二六）満二十五歳で即位された。そして同六十四年（一九八九）一月七日、満八十八歳近くで崩御されるまでの間、日本的な立憲君主として、大きな役割を果たしてこられたのである。

その基本的な考え方は、明治・大正両天皇と同じく、帝国憲法に従い「統治権の総攬者」としての立場を貫かれることであった。そのため、行政・司法・立法の三権も、陸海軍の統帥権も、それぞれ輔弼《ほひつ》の任にある者の職責を重んじて、本務の遂行を見守り励ますことに努めておられる。

A九②　例えば、昭和十六年（一九四一）十二月、米・英・蘭など連合国との大東亜戦争（太平洋戦争＝第二次世界大戦）に突入する際、昭和天皇は明治天皇の御製（和歌）を読み上げ、戦争回避の内意を伝えられた。しかし、政府（東條内閣）の開戦決定を拒否することは、法的に立憲君主として不可能だったのである。

ただし、同二十年（一九四五）八月、ポツダム宣言を受諾して戦闘停止（いわゆる終戦）に踏み切る際には、天皇の御前で開かれた内閣と軍部首脳の合同会議において、戦争の継続か中止か決定できなくなり、鈴木貫太郎首相（もと侍従長）が天皇に判断を求めた。そこで、昭和天皇としては、内閣や軍部の権限をおかすことなく、国家・国民のために停戦（終戦）の決意を表明され、各自の立場を超えて全員それに従った。しかも、その決断（ご聖断）をあらゆる軍人にも国民にも知らせるため、天皇ご自身の御声（玉音）による詔書の朗読（録音）がラジオを通じて放送された結果、国内外の大規模な戦闘が一斉に停止されたのである。

A九③　この停戦（終戦）直後、日本は連合国軍の占領下に置かれた。そこで昭和天皇（数え四十五歳）は、

ＧＨＱ最高司令官マッカーサーの所へ出向かれた。それは、みずからの命乞いをするためではなく、全く逆に「自分はどう処分されても構わない。どうか飢えに苦しむ国民を助けてもらいたい」と真剣に訴えられたのである。そこで、その勇気と誠実さに感服したマッカーサーは、このような国民思いの天皇を利用しなければ占領統治を成功させることができない、と考えるに至ったのであろう。

Ａ九④　それから七年近い占領下で、ＧＨＱは日本を連合国の脅威とならないよう弱体化するため、「民主化」を名目にして大胆な改造を強行した。その際、天皇が「現人神《あらひとがみ》」と信じられるような存在ではないことを内外に明示する必要があると考えた。そこで、いわゆる神格否定の〝人間宣言〟を天皇自身が公表するように求めてきたのである。それに対して昭和天皇は、先方の要求を諒承されたうえで、この機会に明治天皇の打ち出された「五箇条の御誓文」を「新日本建設の国是（基本方針）」とするため、その全文を詔書の冒頭に掲げることによって、「民主主義が決して輸入のものではないことを示す」と共に、「天皇と一般国民との紐帯《ちゅうたい》（関係）は、終始相互の信頼と敬愛とによりて結ばれ」今後も変わることがない、と明言しておられる。

この「新日本建設詔書」が公表されたのは昭和二十一年（一九四六）元旦である。その正月に公表された御製（天皇の和歌）には、「ふりつもるみ雪にたへていろかへぬ松ぞををしき人もかくあれ」と詠まれている。戦争に敗れ、被占領下の困難な状況に陥っても、日本人としての誇りを失ってはならないと、力強く呼びかけられたのである。しかも、それから数年かけて全国を巡幸され、戦災などに苦しむ多くの国民を励まし続けられた。それが戦後復興の大きな原動力になったのである。

十　今上陛下の決意と実績

Q十　今の天皇は、どのような御方ですか。また具体的にどんなことをしておられるのですか。

A十①　今上陛下は、昭和八年（一九三三）十二月二十三日、昭和天皇（32歳）と香淳皇后（久邇宮家の良子女王、30歳）との間に待望の長男として誕生された（幼称継宮、御名明仁）。三歳で両親のもとから離れて赤坂の東宮仮御所へ移り、傅育官《ふいくかん》などにより厳しく育てられた。

この皇太子明仁親王は、昭和二十年（一九四五）八月、学習院初等科六年生で敗戦を迎えられた。そのとき書かれた日記の作文に、「新日本を建設」することは「私の双肩にかかつてゐる。それには……もつとしつかりして、明治天皇のやうに皆から仰がれるやうになつて、日本を導いて行かなければならない」との決意を示されている。

戦後は、学習院の中等科から高等科にかけて、米国より招かれたヴァイニング夫人に英語などを学ばれた。また昭和二十四年（一九四九）から東宮職の御教育常時参与となった小泉信三博士などから、立憲君主の具体的なあり方を学び取られた。やがて昭和三十四年（一九五九）正田美智子嬢との結婚を可能にしたのも、小泉信三参与の役割が大きい。

A十②　今上陛下は結婚されて今年（二〇〇九）で満五十年。このうち三十年間は皇太子として、また後の二十年間は天皇として、ご聡明な美智子皇后と共に公務を果たしてこられた。皇太子としては、父君昭和天皇をさまざまな形で補佐され、また天皇としては、父君と同じく前述のような国事行為・象徴行為及び宮中祭祀などを、それぞれ誠心誠意お務めになっている。

しかも、その過程で新しく始められたことが少なくない。例えば、昭和二十年（一九四五）の敗戦間際に膨大な犠牲者を出した沖縄と広島・長崎などに皇太子時代から心を寄せられ、何度も慰霊に訪れられた。海外で戦死した二百万余の英霊を慰めるため、平成十七年（二〇〇五）サイパン島にも出向かれている。

また、海洋立国の日本にとって大切な魚介類を育成するため、従来の全国植樹祭・国民体育大会に加えて、「全国豊かな海づくり大会」にも毎年臨席しておられる。さらに世界各国の大使・公使夫妻を、着任の際に接受するだけでなく、在任中も離任時も順々に宮中へ招いて懇談され、同様に日本の大使・公使夫妻も、赴任するときや帰任するとき、宮中に招いて慰労される。このような機会が、近年ますます増えている。

このほか、毎年「こどもの日」（五月五日）、「敬老の日」（九月第三月曜日）、「障害者週間」（十二月上旬）のころには、首都圏にある児童・養老・福祉の施設などを訪問される。また各地で大きな災害が発生すると、直ちに侍従を介して被災地にお見舞いを伝えられ、時期を考えてみずから現地を訪ね、被災地関係者らに真心のこもった慰問激励をされる。さらに民間有志の皇居勤労奉仕（毎週四日間）に対しても、各団体ごとに一々お言葉をかけられ労をねぎらわれる。

これらの行事には、ほとんど皇后陛下（一歳下）が同伴しておられる。そのような両陛下の御姿が、内外の多くの人々との交流を一段と感銘深いものにしている。

十一　皇太子・同妃のお立場

Q十一　現在の皇太子と雅子妃に、どんな問題があるのですか。

A十一①　皇太子殿下は、昭和三十五年（一九六〇）二月二十三日、当時の皇太子（26歳）と同妃（25歳）の間に長男として誕生された（浩宮徳仁《なるひと》親王）。他に弟宮（秋篠宮文仁親王）と妹宮（結婚して黒田清子《さやこ》様）がおられる。幼少時から両親のもとで育てられたが、将来父君の次に皇位を継ぐ「皇嗣」として、厳しく躾けられた。学習院大学（文学部・大学院）では、歴史学（日本史）を専攻され、ついで英国のオックスフォード大学にも留学し、テムズ河の水運史に関する学位論文を仕上げておられる。

そして平成元年（一九八九）一月、父君の即位により皇太子となられた。しかしながら、比較的自由な弟宮が先に（翌二年）結婚されたのに対して、現行制度では後継の男子を産むことが求められる皇太子妃は容易に決まらなかった。ようやく平成五年（一九九三）六月、小和田雅子様と結婚されたけれども、それから七年半後やっとお生まれになったのは、皇女の敬宮愛子《としのみやあいこ》内親王である。現在（平成二十一年）すでに四十歳代後半の両殿下には、皇子の誕生が望み難いと懸念されている。

A十一②　もちろん、皇太子も同妃も、将来の天皇・皇后となるためにふさわしい教養を十分に備えておられる。ただ、先に述べたような、後継の男子を産まなければならない、という非情な重圧が両殿下を苦しめ続けてきた。そして、ついに妃殿下は数年前から病気を患われ、容易に治らない状況にある。

ければども、皇太子殿下は毅然として、同妃殿下を全力で支え励ましながら、父君の公務を学び支えておられる。従って、もちろん時至れば、立派に皇位を継がれることであろう。また、それまでに同妃も、段々と健康を回復されることを心から祈っている。

十二　皇室典範の問題点

Q十二　現在の「皇室典範」には、どんな問題があるのですか。

A十二①　現行の「日本国憲法」は、前述のとおり、第一章を「天皇」とし、その第一条に、天皇を日本国・国民統合の象徴と位置づけている。ついで第二条に、「皇位は、世襲のものであつて、国会の議決した皇室典範の定めるところにより、これを継承する」と定めている。つまり、最高法規の憲法では、象徴天皇の地位は「世襲」で継ぐこと（大和朝廷以来の歴代天皇の子孫により継いでいくこと）を定め、その資格・順序などは法律の「皇室典範」に委ねている。換言すれば、典範の内容は、憲法の定める「皇位は世襲」という命題を満たすものでなければならない。

ところが、その「皇室典範」（法律）は、憲法と同時に施行するため、急いで作らざるをえなかった。そこで、憲法の趣旨と当時の状況を考えながら、大筋は旧「皇室典範」に基づき、それに部分的な修訂を加えるに留められた。従って、当時の憲法担当大臣金森徳次郎が、いずれ問題点は再検討するほかない、と国会で答弁している。

A十二② この現行「皇室典範」は、旧典範と対比すると、それまで容認されていた后妃以外の側室が産む庶子を否定すると共に、それまで皇族か華族に限定されていた后妃の条件を除去した。また、いわゆる政教分離の原則を理由にして、皇位継承に不可欠な「祖宗の神器」や「大嘗祭」の規定を入れていない。しかし、それ以外は旧典範の諸原則を引き継いでいる。

すなわち、天皇の終身在位（退位否定）を前提として、まず第一条に「皇位は、皇統に属する男系の男子が、これを継承する」と定めているから、皇位継承の資格は「男系の男子」皇族のみに限られる。

ついで第九条に「天皇及び皇族は、養子をすることができない」と定めるから、内廷（いわば本家の天皇・皇后と皇太子の家族）や宮家（いわば分家の独立した男性皇族）に男子（親王・王）がなければ、断絶してしまうほかない（女子がいても外から養子を迎えることができない）。

さらに第十二条に「皇族女子は、天皇及び皇族以外の者と婚姻したときは、皇族の身分を離れる」と定めるから、皇族女子（内親王・女王）が一般男子と結婚すれば、皇室を出て皇族の身分を失うことになる。

A十二③ このような三つの厳しい制約を含む新典範が、昭和二十二年（一九四七）当時の国会で可決制定された。そのころは、（父系）男子による継承が、皇室でも一般でも長年の慣習であり、それを続けることが当然と考えられていたこと、また当時は昭和天皇に弟宮が三名と皇子が二名おられたことなどから、旧典範と同様に「男系の男子」限定の原則を踏襲しても、皇位継承は可能と思われたのであろう。

しかし、GHQの皇室財産凍結令によって明治時代に出揃った伏見宮系の十一宮家を維持することが困難となり、全員（男性二十六名、女性二十五名）一斉に皇籍離脱を余儀なくされた。しかも、それから半世紀以上経った現在、男性皇族が段々少なくなり、皇太子より若い皇子は、秋篠宮家の当主文仁親王とその長男悠仁親王の御二方のみである。

また、皇族の未婚女性は八名（内親王三名・女王五名）おられるが、近い将来一般男性と結婚なされば、全員皇族でなくなる。さらに、現行制度のままであれば、皇太子の次に秋篠宮を経て百二十八代目を継がれる予定の悠仁親王が、必ず男子を産める女性と結婚できるとは限らないであろう。

A十二④　このような現状と将来を真剣に考えるならば、「皇位は世襲」とする現行憲法の命題に応えられるように、上記の三制約などを早急に見直す（制約をゆるめる）典範改正の必要があると思われる。少なくとも皇族女子（特に内親王）が一般男子と結婚後も皇族として皇室に留まることができるよう、「女性宮家」の創設を可能とする改定が急がれる。

なお、終身在位の原則も、半世紀前までは予測できないほどの長寿化が進む現在、「摂政」か「国事行為の臨時代行」を置く条件の見直し（高齢も理由に加える）などが必要となるに違いない。

〈付記〉最後の問題に関しては、拙著『皇位継承のあり方――〝女性・母系天皇〟は可能か』（平成十八年、PHP新書）および拙稿「『皇室典範』改正問題の核心①②③」（『WiLL』平成二十三年十・十一・十二月号）、同「宮家世襲の実情と『女性宮家』の要件」（『正論』平成二十四年三月号）などに詳論した。

第八章　昭和天皇の理想と事績

一　「みどりの日」から「昭和の日」に

昭和六十四年（一九八九）の一月七日早朝（六時半）、昭和天皇が崩御されて、従来の「天皇誕生日」が直ちに「みどりの日」となった。当時この名称についてはいろいろ批評されたが、ともかく崩御直後に、それまでの天皇誕生日が「国民の祝日」として残されたのは、まことにありがたい。

なぜかといえば、明治時代に明治陛下のお誕生日＝十一月三日は、「天長節《てんちょうせつ》」と称されていた。その日が大正時代に入って続いたのかというと、そうではない。もちろん大正の初めから、明治天皇のご聖徳をなんとか後世に伝えたいという声が強く、いろいろな人々が一所懸命に運動された。しかし、それが「明治節」と名付ける祝日として実現するに至ったのは、御代の替わった昭和二年（一九二七）である。それゆえ、ともかく「みどりの日」という名前であれ、従来の天皇誕生日（四月二十九日）が「国民の祝日」として残った意義は、極めて大きい。

これが「みどりの日」と命名されたのは、昭和天皇が生物学の研究者であり、植樹にもたいへん貢献され、まさにみどりなす日本の再建に大事なお働きがあったからだと思われる。年配の方々は、この日が「みどりの日」という名前でも昭和天皇及び昭和時代を偲ぶことができるに違いない。

しかしながら、今（平成十六年当時）の大学生などに尋ねると、もう昭和天皇がなかなか思い浮かばない。そこで、すでに数年前から、この日を「昭和天皇のご聖徳を思い起こし、皆で感謝を申し上げるような日にしたい」という民間有志の運動が盛り上がり、今ようやくそれが実りつつある。

実は昨年（平成十五年）七月、国会で「みどりの日」を「昭和の日」に改めるという「祝日法」改正法案が出され、衆議院は通ったが、参議院では会期切れのため廃案となってしまった。このようなことでは昭和天皇にも甚だ申し訳ない。

今年も伝え聞くところ、次の国会へ送り継続審議にするという。これが日本の現状である。今や若い人々が昭和天皇のことを知らないだけではなく、年配の政治家たちも昭和天皇の大切さを忘れかけているのではないか（その後、翌十七年に祝日法の改正が実現し、カレンダーの都合などにより同十九年から実施されるに至った）。けれども、こんなことでよいはずがない。私どもとしては、昭和天皇のご理想とご事績を再確認して、それを子供や孫たちに、さらに多くの人々に伝えていく必要がある。

二　「昭和」年号に込められた理想

昭和天皇はどういう理想を持っておられ、また昭和時代の人々がどういう理念を掲げていたのかを振り返ってみよう。それは端的に一言で申せば「平和」であったと思われる。

もちろん、平和でありたいということは、何も昭和天皇だけではなく、ご歴代の理想であり、同時に我が国本来の理想でもある。例えば、日本国を古くから「ヤマト」と称し、それに「大和」という良い漢字を当ててきた。大いに和する、これが日本の理想にほかならない。

平和というものには二つの要素がある、と考えられる。まず一つは祈り、平和に対する祈りである。平和を神々に対して祈るということ、これがなければならない。平凡な人間同士で、人間だけの平和を考えても、おそらく平和は容易に実現しない。やはり神々を信じ神々を奉じてこそ、平和に近づける。そういう意味で、神々に祈る、その祈りこそが平和の大事な要素だと思われる。

もう一つは、人としての務め。これがなければ、いわゆる空念仏に終わってしまいかねない。平和の実現に向けて、それぞれ人としての務めを尽くす必要がある。

平和というものは、単にピース・ピースと叫んでいるのではなく、一方でひたすら神々に祈るということ、他方でひたすらに務めを果たすということ、この両面がなければ実現しえないであろう。

そして実は、このような平和を祈りその実現に努め続けられたのが、昭和天皇のご生涯だったのではないか。そのご理想を初めて端的に示されたのが、践祚直後に「昭和」と改元されたことである。

年号＝元号というものは、もちろん学者が原案を考え、政府の関係者が協議したうえで、それを陛下が承認して勅定される。ほかの詔や勅でも、学者や政治家などが衆知を集めてまとめた最善案を天皇が認められ、それを陛下のご決定として発表されることになっていた。従って、これは天皇陛下のご理想であると同時に、良識的な国民の理想でもあると言ってよい。

年号は古来、中国の古典に基づき原案を選び出すことになっている。「昭和」というのも、『書経』という、今から二千年以上前にできた書物の中から採った文字である。『書経』に堯典という章があり、古代中国で理想とされた伝説上の聖天子・堯の治績として「百姓昭明にして萬邦を協和す」とみえる。

「百姓」とは、単に農民だけではなくて、あらゆる職業の人々、全国民を指す。また「昭明」は、明るく安らかなこと、「萬邦」とは、あらゆる国々つまり全世界である。その全世界を「協和」、協力和合せしめる。ひと言で申せば、全国民の平安と全世界の平和を意味する。これが今から二千年以上も前に、政治の理想として書かれ、その中から、昭明の「昭」と協和の「和」の文字を取り出して、「昭和」というすばらしい元号が作られたのである。

これは非常に大事なことだと思われる。日本には理想がないなどと言う人もいるが、そんなことはない。いつも御代の初めに新しい年号＝元号が定められ、そこに新しい御代の理想が示されてきたのである。

現に私どもは、いま今上陛下のもとで、「平成」という元号を使っている。この元号も、出典の一つは『書経』であって、「地平天成」（地平らかにして天成る）と見える。もう一つは司馬遷《しばせん》の書いた『史記』に、「内平外成」（内平らかにして外成る）とあり、『春秋左氏伝』には両方の成句が見える。これは要するに、「国の内にも外にも天にも地にも、平和を達成する」という雄大な理想を示すものにほかならない。

つまり、今われわれは平成の御代にいるが、「平成」の意味するところは、昭和時代の理想を受け継いで、家庭の内にも外の社会にも、あるいは日本の国内にも外の世界にも、あらゆるところで平和を達成することである。従って、現代のわれわれは「平成」という元号をしっかりと見据え、そのような理想の実現に努めることが、まさしく平成の御代に生きる日本国民の務めだと思う。しかも、その先蹤《せんしょう》をなすものが「昭和」という元号なのである。

三　即位礼における勅語の意義

昭和天皇は、ご即位のご大礼を京都において催された。明治の「皇室典範」に基づき、大正天皇のご大礼と昭和天皇のご大礼は、この京都において行われたのである。その意味は極めて大きく、このたびの平成のご大礼もぜひ京都でということを、私も京都商工会議所（塚本幸一会頭）の依頼により要望書として提出したこともあるが、残念ながら実現しなかった。ただ今回も、京都御所の高御座《たかみくら》が東京へ運ばれ、それを皇居の宮殿に据え、古式に則った即位礼が行われている。

昭和三年（一九二八）十一月十日、天皇陛下が紫宸殿《ししんでん》の高御座において読みあげられた勅語を拝見すると、「朕、内は即ち教化を醇厚にし、愈民心の和会を致し……外は即ち国交を親善にし、永く世界の平和を保ち……」と述べられている。つまり「昭和」という元号に表される偉大な理想と同じ趣旨を、こういう形で述べられたことになる。

このうち「教化を醇厚にする」とは、正しい教育を手厚く行うことである。人間は本来どんな人でも、良い性質を持って生まれている。しかし、正しい教えに触れないと、だんだん道から外れてしまう。そこで、リーダーが正しく教化しなければならない。家庭や学校で教育を施し、心豊かな人間にする必要がある。それによって「民心の和会を致し」、国民の気持ちが、自分のことだけでなく、家庭でも地域でも、また学校でも職場でも、さらに日本国中で、みんながお互いの存在に心を通わせ協力していく。そうすれば、おのずから内において平和が達成されるというのである。

しかも外に向かっては、「国交を親善にし、永く世界の平和を保つ」ことに努力しようとされたのである。もちろん、当時の日本にとって、それは容易なことでなかったに違いない。

振り返ってみると、日本は幕末に鎖国から開国へと踏み切った。けれども、明治時代には安政の不平等条約などが災いして、明治の日本は欧米列強から対等に扱われなかった。それをなんとか対等の条約に改正して独立を獲得するため、明治の先人たちは必死に努力した。その間に心ならずも清国やロシアのような大国を相手に戦争をしなければならなかったのである。

今年（平成十六年）は日露戦争（一九〇四～一九〇五）から百年になる。この戦いをなぜしなければならなかったのか。その原因はいろいろあるが、最大の要因は、日本が国交親善を図ろうとしても、ロシアが日清戦争に勝った日本を抑えるため、遼東半島の放棄を強要しながら、どんどん朝鮮半島へ攻め入ってきた。その危険を放置できなくなった日本としては、それをなんとか撥ね除けようとして戦争になったのである。その結果、日本は辛うじてロシアに勝ったのであるが、それは有色人種の小国が白色人種の大国を打ち負かしたという前代未聞の大事件として、世界中に大きな衝撃を与えた。それ以降、日本は国際社会から一人前の国家と認められるに至ったのである。

どんな戦争も人類の不幸な出来事である。とはいえ、日本が外国の言いなりにならず、いざという時には命がけで戦う気迫を示したことによって、欧米の人々にも、また欧米の植民地下に置かれてきた世界各地の人々からも、日本は尊敬すべき国家だという評価をかちえたのである。

国交親善とか世界平和といっても、自分の国内が分裂したり混乱して、他国から干渉されたり支配されるようでは、何もできるはずがない。まず国内が一つにまとまった統一国家であり、そして対外的に毅然とした独立国家であることを要する。

そのためには、トップ・リーダーが不退転の覚悟を持っていなければならない。幸い昭和天皇は、そういう気迫をもって長く平和を保とうと宣言された。このご即位の「お言葉」は、セレモニーの単なるご挨拶ではなく、新しい昭和時代の理想を掲げると同時に、毅然とした決意を示されたと言ってよいであろう。

昭和天皇は、御代の初めに「昭和」の理想を掲げられ、それを神々に誓い、その実現に向けて国民と共に努力を重ねてこられた。それは決して平坦な道ではなかったが、今振り返れば、偉大な新時代を作り上げられたのである。

四　二十世紀の初めにご誕生

もう一度話を戻すと、昭和天皇が誕生されたのは、明治三十四年の四月二十九日。明治三十四年というのは、西暦一九〇一年、二十世紀初頭の年である。これは、偶然ながら重要な意味を持っている。世界史的に見ると、十九世紀には欧米の勢力が世界を支配し、それが圧倒的になったため、白人以外のものは国際舞台に上がれないと思われていた。ところが、二十世紀の初め（一九〇四～一九〇五年）、日露戦争で日本が白人の大国ロシアを打ち負かした。その結果、欧米白人の絶対的な優位が崩れ、黄色人種も黒色人種も無視できない存在と認められ、やがて民族自決の原則が世界の認識となって、二十世紀を大きく変えたことは間違いない。

その初頭にお生まれになったのが、迪宮裕仁《みちのみやひろひと》親王である。当時、祖父の明治陛下は四十八歳、そして父君の皇太子嘉仁親王殿下（後の大正天皇）が二十歳、また母君の節子妃殿下（後の貞明皇后、公爵九条道孝の息女）が十七歳であった（いずれも満年齢）。

ご承知のとおり、大正天皇はご幼少のころからご病弱であった。しかし、十代に入って段々と健康を回復され、たいへんご健康な九条節子さまと結婚されて、本当にお元気なご長男がご誕生になったのである。これは奇跡的な出来事と言っても過言ではない。

実は明治天皇も、ほかにお子様が何人かお生まれになっているが、無事お育ちになった皇子は大正天皇お一人だけである。ただ、お生まれになったときからご病気を患われ、関係者は夜も眠られぬ状況であった。しかし、関係者の努力が実ったのか、段々と健康を回復され、皇太子として活発に活躍されている。最近、原武史という若い研究者が出した『大正天皇』という本を見ても、大正天皇は皇太子の時代に全国各地へ行啓され、たくさんのご事績を残しておられる。すでに明治天皇が全国各地へ行幸され、そのことが明治統一国家の形成に大きな意味を持っていることは、よく知られている。それに加えて、明治天皇よりも気楽に全国を行啓された皇太子嘉仁親王の功績も、想像以上に大きいと思われる。

この若い皇太子・同妃殿下のもとに、後の昭和天皇がめでたくお生まれになり、その後、弟君三名が続いた。こうして皇位を継承できる方が四名も恵まれたのである。

五　学習院初等科生の迪宮裕仁親王

この裕仁親王は、ご幼少時代からどういう教育を受けてこられたのかを振り返っておこう。古来、皇室や公家の世界では、お子さんが生まれると、かなり早くから里親のもとへ出す習慣があった。昭和天皇の場合も、お生まれから七十日目に薩摩出身の川村純義伯爵（六十五歳）という海軍大将の家へ預けられた。この川村さんは一家をあげて誠心誠意、迪宮さまのご訓育にあたっている。

しかし、その川村さんが明治三十七年（一九〇四）に亡くなられたので、迪宮さま（三歳）は弟の淳宮《あつのみや》さま（二歳、のち秩父宮）と共に皇孫仮御殿へ戻られ、翌三十八年一月に誕生された光宮《てるのみや》（のち高松宮）を加えて、ご兄弟三人で仲良く成長された。当時のご様子は、原敬関係文書の別冊『迪宮殿下・淳宮殿下御状況報告』(NHK出版『昭和天皇の御幼少時代』平成二年刊所収)にも詳しく記されている。

やがて学習院の初等科に進んで学ばれたのは、明治四十一年(一九〇八)春から大正三年(一九一四)春にかけての六年間である。当時、学習院の院長は乃木希典大将。ご承知のとおり、乃木さんは日露戦争で大変な苦戦の末、ついに旅順を陥落せしめた勇将であるが、立派な人格者として知られ、明治天皇から格別のご信任を得て、皇孫裕仁親王の教育を託された。そこで乃木さんは、まさに最後のご奉公と覚悟して一所懸命に務めた。学習院の寮に泊まり込み、ひたすら皇孫殿下のご教育に尽くしたのである。

乃木院長の教育は、具体的な訓育を重んじた。後に昭和天皇ご自身が、「乃木さんからは質素倹約とか質実剛健ということの大切さを教えてもらった」と感謝しておられる。それにまつわるさまざまなエピソードが残っている。

また、初等科の一年生から六年生までの担任は石井国次という先生である。この石井さんも立派な人格者で、この方が裕仁親王に与えた影響も大きいと思われる。ただ、従来その実態がよくわかっていなかった。ところが最近(平成十六年)、『週刊朝日』の三月三日号で、「学習院の担任が九十年前に綴った教室日誌を入手――昭和天皇の知られざる初等科時代」というスクープ記事を見かけた。それを発売日に京都駅で見つけ、大変に貴重な記事なので、早速、その記事を書いたSさんに電話で尋ねた。すると、彼女の親友が古書店から手に入れたものだが、もし研究に必要ならばご覧に入れる、と親切に言ってくださったので、上京の機会に全文を見せていただいた。

その資料は、学習院初等科時代のクラス担任であった石井先生ご自身の書かれた『教室日誌』と、裕仁親王のご学友十数名が交代でつけた『学級日誌』の両方がある。その内訳は、前者も後者も明治四十四年・四十五年＝大正元年・同二年度（四・五・六学年）の三年分で計六冊、及び前者の明治四十二年度（二学年）の一年分・一冊が残っている。さらに新しくわかったことであるが、別に石井先生が第五学年（明治四十五年＝大正元年）に毎日ひとりで担当された四時間の授業（修身・国語・算数、及び歴史か理科）の要点を記した『教室簿』一冊も入っている。

これらを拝見すると、初等科では、乃木院長の訓育だけでなく、石井先生による教科教育も、どれほどきちんと行われていたのかよくわかる。その詳しい紹介は別の機会に譲るが、一例のみ引けば、第二学年二学期の終わり近い明治四十二年十二月十八日の『教室日誌』に、「大掃除、畏《かしこく》も殿下には御雑巾を御持参あらせられ、御机・教師机をお拭きあそばさる」と記されている。二年生（八歳）の裕仁親王は、大掃除に自分で雑巾を持ってこられ、他の生徒たちと一緒に机を拭いておられたのである。

当時もう一人、丸尾錦作という、皇孫御殿のご養育掛長がおられた。この方は大変な豪傑として知られ、小学生の迪宮さまを厳しく躾けられた。特に「将来天皇になられる方は、時間を守っていただきたい。時間は誰にとっても貴重なものでありまして、殿下が少しでも遅れられたりしますと、皆が迷惑します」と、しばしば注意していた。ところが、あるとき、殿下が遊びに熱中して約束の時間を少し過ぎてから帰ってこられると、丸尾さんは入り口を閉めてしまい、絶対開けなかったと伝えられている。

これはなんでもないようなことだが、大事なことである。天皇陛下のお心得としては、宮中の行事であれ、地方へお出ましのときであれ、早すぎても遅すぎてもいけない。早すぎれば皆が慌てるし、遅すぎれば皆が心配する、ちょうどピッタリの時間、誤差一分以内というくらいでないと、多くの人々に迷惑をかける。それを考えて、丸尾さんは時間厳守を躾けられたのだと思われる。

なお、その皇孫御殿には、足立たかという方がいた。この人は女子高等師範学校（現在のお茶の水女子大学）附属幼稚園の先生であったが、抜擢されて皇孫御殿の侍女として迎えられた（後に侍従長から総理大臣となった鈴木貫太郎氏の奥方である）。この方は迪宮さまをたいへん優しく躾けながら、遊び相手でもあった。その影響もあって、裕仁親王は昆虫や押花など生物にご関心を持たれるようになり、やがてご即位後も生物学に大変ご造詣が深くなられ、新種の発見までされるような生物学者になられたのである。

六　東宮御学問所における歴史と倫理

次に一般の中学校から高等学校にあたる時期は、東宮御学問所というところで学ばれた。大正三年（一九一四）春から十年（一九二一）春までの七年間である。旧制の中学校は五年間、高等学校は三年間だったが、いわば中高一貫の御学問所で満十三歳から二十歳にかけて特別教育を受けられたのである。

この東宮＝皇太子のために御学問所を特設する構想は、初め乃木院長が立てた。しかし、その自決により後事を託され、御学問所の校長に当たる総裁を引き受けたのが東郷平八郎元帥である。東郷総裁は、この七年間、ほとんど毎日出勤して、皇太子教育の総監督にあたった。

また、その下で教務主任を引き受けて全教科の編成と運営にあたり、しかも歴史の授業を担当したのが、白鳥庫吉という学習院兼東大の教授である。この白鳥博士は、もともと東洋史の専門家ながら、日本歴史にも詳しく、その多彩な著書・論文は大部分が『白鳥庫吉全集』全十巻（岩波書店）に収められている。

しかし、その全集に入っておらず、著作目録にすら記されていない主要な著書がある。それは「東宮御学問所御用掛」として、白鳥博士が一人で書かれた『国史』全六冊の教科書にほかならない。私は十数年前、これを昭和天皇のご学友であった永積寅彦さん（元掌典長）から貸していただき、数年前に勉誠出版から、原寸大の複製本と廉価な文庫本にして出版させていただいた。大変すばらしい内容で、建国の昔から明治に至る日本歴史の大要が、歴代天皇の御事績を軸にすえて的確に纏めてある。この誠実な碩学《せきがく》がみずから国史と東洋史の教科書を書き、また西洋史は箕作元八博士の教科書を使っている。

一方、「倫理」を担当したのは、杉浦重剛という先生である。この方は滋賀県、現在の大津市膳所のご出身で、幕末に膳所藩の藩校教授の家で生まれた。京都に出て漢学や蘭学を修め、明治に入り貢進生として上京し、今の東大で学び、さらに留学生としてイギリスへ渡り、理科系の大学・専門学校で優秀な成績を修めた。しかし、帰国後は、教育によって日本を興したいと考え、有志と共に東京英語学校＝日本中学校という私立学校をつくり、また自宅を称好塾として、その指導に力を注いだ。

この日本中学校・称好塾は優秀な人材を育てた。最後のほうでは吉田茂さん（のち首相）もここに学んでいる。そういう人材育成の総責任者だったから、中学・高校にあたる東宮御学問所で教えるには最適任者に違いない。他の教科はほとんど東大か学習院の先生だったが、いわゆる帝王学の中心をなす「倫理」という科目を教えられることができたのは、長らく日本中学校の校長を務めてきた杉浦重剛さん以外にないと見込まれ、その大役を七年間務めている。

この杉浦さんが門弟数人の協力をえて作った『倫理御進講草案』がある。これはすでに戦前の昭和十一年から大型の一冊本が市販され、今も新書サイズの普及版（三冊）が三樹書房から出ている。その内容は実におもしろい。

しかも、さらに感服せざるを得ないのが、杉浦さんの心構えである。当時、東宮御学問所は東京の高輪、今のJR品川駅の近くにあった。しかし、先生の自宅は池袋あたりだったので、毎週二回（月曜と木曜）朝早く六時ころ人力車に乗り、御学問所へ七時までに到着された。しかも、万一車夫が一人で故障を生じ遅れると申し訳ないから、車夫を二人つけて出かけ、途中で靖国神社にお参りすることもあった。学校へ着くと、心を静めて八時にお出ましの皇太子殿下をお迎えする、ということをずっと続けている。

この杉浦先生は、「倫理」の御進講に際して三つの基本方針を立てた。まず第一は、「三種の神器に則り、皇道を体し給ふべきこと」、ついで第二は「五条の御誓文を以て将来の標準と為し給ふべきこと」、さらに第三は、「教育勅語の御趣旨の貫徹を期し給ふべきこと」、この三つを掲げたのである。

このうち、まず「三種の神器」のご精神とは、神器の鏡・玉・剣に託された「知・仁・勇の教訓」と解される。つまり、鏡によって表される正直明白な「知」、玉によって表される慈悲円満な「仁」、剣によって表される破邪顕正の「勇」である。そこで、将来の帝王たるもの、このような智・仁・勇を兼ね備えなければならない、と強調している。

次に「五箇条の御誓文」は、申すまでもなく、明治元年（一八六八）の三月、満十五歳の少年天子が京都御所において天神地祇に誓われた国是である。こういう国家の大方針を神々の前で誓われたのは、天皇みずから率先してそれを実行するという決意を示されたことになる。人々に向かって命令するのではなく、まず神々に向かって新しい国是の実践を約束されたことにより、その趣旨を多くの人々が理解し、その実現に協力するようになった。そこで、将来の帝王たるもの、これを政道のお手本として、しっかり学んでほしいと強調したのである。

さらに「教育勅語」は、明治二十三年（一八九〇）の十月、明治天皇が示された国民道徳のエッセンスである。しかし、これも国民にこうせよと命令されたのではなくて、その末尾に「朕、爾臣民と倶に拳拳服膺してその徳を一にせんことを庶幾ふ」と仰せられ、天皇ご自身が実践躬行することを明言しておられる。そこで、将来の帝王たるもの、その御趣旨を体して道徳の実践に努めてほしい、と強調したのである。

このように、杉浦さんの倫理教育は、明確な三方針の下に、具体的な事例を挙げながら行われた。しかも情熱を込めてわかりやすく話されたので、大変おもしろかったそうである。私は友人の高橋紘氏と二人で、御学友の永積（旧姓大迫）寅彦さんを訪ね、十数回にわたり昭和天皇のお話を詳しく承った。それを後日、学習研究社から『昭和天皇と私』という題の本にして出させていただいたが、この永積さんも杉浦先生のお話は、みな目を輝かして聞いたと話していた。

ところで、この御学問所における七年間の後半段階から、皇太子裕仁親王のお妃選びが進んでいる。そして早くも大正七年一月、そのころ学習院女子部の中等科三年生であった久邇宮邦彦王長女の良子《ながこ》女王に内定された。しかるに、その御生母が島津忠義の息女で、薩摩の影響拡大を快く思わない人々から、反対の動きがあらわれ、ついに久邇宮家のほうから婚約を辞退すべきだという声も強くなった。

けれども、この御婚約は、初め貞明皇后が良子女王を大変お気に入れられ、大正天皇に申し上げて内定されたのである。そこで、倫理担当の杉浦さんは、「天皇が一旦お決めになったことを安易に変えられるならば、帝王の倫理が成り立たなくなる。倫理というものは一貫していなければいけない」と強く主張し、心ある同志を動かして反対勢力を封じ込めてしまった。その結果、大正十年二月、御内定どおり決定されるに至り、この皇太子妃良子女王の倫理教育も、杉浦さんが担当している。この一件は、皇太子・同妃両殿下にとって、倫理は命懸けで貫くべきもの、という重大さを身近に学ばれる絶好の機会となったに違いない。

七　摂政五年を経て御即位

こうして七年間の勉学を終えられた皇太子裕仁親王は、大正十年（一九二一）の春から夏にかけて、船（巡洋艦「香取」）でヨーロッパへお出かけになられた。大正天皇も皇太子時代（明治四十年）に韓国を訪ねておられるが、はるかヨーロッパまで皇太子が視察に行かれたのは、日本史上初めてのことである。そして多感な満二十歳の青年皇太子が、第一次世界大戦直後のイギリス・フランス・オランダ・ベルギー・イタリアなどを巡り、各国の元首や国民多数と交流された。これは、まさに国際的な二十世紀にふさわしい帝王となられるのに、極めて重要な意味を持っている。

しかも、その半年にわたる欧州訪問から帰ってこられると、待ちかねたように大正天皇の摂政を委任された。父君は前述したように、ご成婚当時かなり健康を回復され、元気な皇子を四名も儲けられた。しかし、ご即位後、いろいろなご負担が加わり、大正四年十月の京都における御大礼はなんとか無事に務められたが、同七年ころから病状が進み、ついに同十年十月、皇太子裕仁親王を摂政とされたのである。それから同十五年十二月まで、皇太子は摂政宮と称され、天皇代行の大役を果たされた。

従って、昭和天皇のご在位は六十四年という（念のため、昭和の初めが一週間、終わりが一週間だから、厳密に言えば六十二年と二週間）が、摂政時代の五年二か月間も加えれば、七十年近いご治世であったことになる。

この摂政時代には、大正十二年（一九二三）九月一日、関東大震災が発生した。そのため、良子女王との御婚儀は翌年正月まで延期されている。この御二人の間に、三人の皇女が次々お生まれになった。しかし、いわゆるお世継ぎの皇子ができないため、一部の重臣が側室を勧めたところ、即座に拒否されたという。

なお、皇太子裕仁親王は、摂政に就任して公務多忙となられたが、その五年間も毎週かなりの時間を割いて、御用掛の先生方から各種の定例進講を受けておられる。例えば、東宮御学問所で最終学年（大正九年度）に「法制」を担当した清水澄博士は、みずから新たに執筆した教科書を用いて、「大日本帝国憲法」「皇室典範」及び「皇室令制」の御進講を御即位後も続けている。昭和天皇が近代的な立憲君主として成長されるうえで、これらの御進講が寄与するところは大であったと思われる。

やがて大正十五年（一九二六）十二月二十五日、父君（四十七歳）の崩御により、摂政宮の裕仁親王が直ちに践祚された（二十五歳）。それから一年間の諒闇《りょうあん》後、昭和三年十月、京都でご即位の大礼をあげられ、前述のような「お言葉」で、全国民の平安と全世界の平和を願う雄大な理想を示されたのである。

もちろん、このような理想が、すぐ簡単に実現したわけではない。むしろ即位早々から内外ともに難しい問題が山積して、ついに満州事変・支那事変（日華事変）を経て大東亜戦争（第二次世界大戦）への険しい道を歩むことになった。しかしながら、その間も昭和天皇は平和回復の志を持ち続けておられる。例えば、昭和十五年（一九四〇）の御製にも、「西ひがし　むつみかはして　栄ゆかむ　世をこそ祈れ　としのはじめに」とある。内外の厳しい諸情勢から戦争不可避な段階で、ひたすらに日本と世界の平和を祈っておられたのである。

八　終戦の御聖断と「新日本建設の詔書」

明治以来の帝国憲法では、天皇陛下といえども、立憲君主の立場から、内閣が責任を持って決めることに対してノーと言うことができない。そのために、昭和十六年十二月の開戦は、内閣による決定をお認めになるほかなかった。しかし、終戦にあたっては、鈴木貫太郎総理が御前会議において、内閣の意見が半々に分かれて決定できないため、御聖断を仰ぎたい、とお願いするに至った。そこで、昭和天皇は誰に憚《はばか》ることなく、かねての思し召しどおりに終戦のご決定を下しておられる。この御聖断が持つ意味は極めて大きい。

最近、イラクで独裁者が倒れたけれども、その後、国内がなかなかまとまらないのは、国民の大多数から信頼されるトップ・リーダーがいないからであろう。ところが、幸い日本では、戦争に負けたときも、天皇陛下がおられたから、そのもとで大多数の国民が一致結束できたのである。

事実、天皇ご自身が玉音放送で終戦を発表されると、まだ若干の戦闘能力を持っていた陸軍も海軍も一斉に矛を収めた。一般国民も天皇陛下が御聖断を下された以上、それに従うほかないと考え、今後とも陛下のもとでまとまって進んでいこうとしたのである。

戦後の日本は、占領軍のお蔭で再建された、などと思い込んでいる人々が少なくない。しかし、そうではない明白な証拠の一つとして、昭和二十一年の元旦に公表された詔書がある。

これは、もともと占領軍の要請で出されることになった。戦後の日本を統治するには天皇の役割が不可欠だと考えたＧＨＱの首脳は、一方で欧米人に誤解を招きやすい「天皇は現人神」という観念を、陛下みずから否定する文書を出してほしいと考え、その文章をひそかに作っていた。

天皇陛下はもともと人間であるが、神のごとき貴いお方だという意味で「現人神」と申し上げ敬ってきた。決して天皇がイコール神（天帝・Ｇｏｄ）であるはずがない。従って、その限りで天皇の神格を否定することは、陛下も政府もなんら異論がなかったのである。

ただ、そのとき昭和天皇があえておっしゃったことは、この詔書の中に、明治陛下の示された「五箇条の御誓文」の趣旨を盛り込んでほしいということであった。その結果、元旦詔書の冒頭には、「五箇条の御誓文」が全文掲げられ、続いて「叡旨、公明正大、また何をか加へん。……すべからくこの御趣旨に則り……新日本を建設すべし」と明言されている。つまり、戦後も日本人の行くべき道は、すでに明治天皇がお示しになった「五箇条の御誓文」にすべて尽くされているから、それに則っていけばよろしい、何も付け加えるものはない、とはっきり仰せられたのである。

戦後日本の基本方針は、ここに決まったと言ってよい。それは敗戦により自信を失いかけていた全国民に対して、新日本の再建も、「五箇条の御誓文」に則って行えばよいことを示されたのである。しかも、この昭和二十一年の正月に発表された御製に、次のごとく詠まれている。

ふりつもる　み雪にたへて　いろかへぬ　松ぞををしき　人もかくあれ

昭和天皇の御製はたくさんあるが、その中で国民に向かって「かくあれ」という一種の命令というか、あるいは強い要請をされたものはほとんどない。しかしながら、この時は敗戦に次ぐ被占領下で、国民になんとかしっかりしてほしい、深い雪に覆われたような厳しい状況でも、松が少しも色を変えないように、国民の皆さんも節操を変えないで日本人としての自信を失わないでほしい、と呼びかけられたのであろう。

この年には、占領軍による日本改造、というより日本解体の政策が相次いで強行された。とはいえ、明治以来の帝国憲法に代わるＧＨＱ案をベースにした日本国憲法すら、第一章を「天皇」として象徴世襲天皇制度を定め、明治節の十一月三日に公布されている。この憲法によって、我が国のあり方は根本的に変わってしまった、という見方もある。しかし、昭和天皇は、翌二十二年の正月に公表されたお歌でも、占領政策の嵐に屈せず、日本人らしく堂々とあってほしい、と次のように詠んでおられる。

潮風の　あらきにたふる　浜松の　ををしきさまに　ならへ人々

このように昭和天皇は、敗戦に次ぐ占領という重大な危機に直面しても、なんらたじろがれることなく力強いメッセージを発し続けられた。これが可能になったのは、践祚以来のご理想をしっかりと持っておられたからだと思われる。

九　宮中祭祀と全国行幸

このようにしてスタートした戦後の日本は、あらゆる面で戦前と一変したように見えるが、本質的に大事なところは必ずしも変わっていない。特に皇室では、古来の宮中祭祀を最も重んじられ、ひたすら国家・国民のために祈り続けてこられた。

昭和天皇が、戦前も戦後も宮中祭祀の励行に努められたことは、一般にあまり知られていないかもしれない。しかし、いくつかのエピソードによって、その一端をうかがうことができる。例えば、昭和二十年の元旦、東京では空襲警報が出されて、神嘉殿の前庭における恒例の四方拝を取り止めるほかない状況にあったが、天皇陛下の御指示により防空壕の吹上仮御所前でかろうじて行われた。また、戦後三十年目の昭和五十年（一九七五）、宮中歌会始で公表された御製にも、次のように詠まれている。

我が庭の　宮居《みやい》に祭る　神々に　世の平らぎを　いのる朝々

昭和天皇は、このように皇居の中で神々への祈りを込め続けられたが、それだけでなく、むしろ積極的に全国各地へ出向かれた。その行幸は、戦前からあったが、特に戦後、戦災などで打ちひしがれた一般国民を励ますため、数年かけてほとんど日本全国を廻っておられる。それは還暦すぎの昭和三十年代後半以降も続けられ、さらに八月十五日の全国戦没者追悼式には毎年お出ましになっている。

そのような機会に、天皇陛下はいろいろな人々の声に耳を傾け、また歴史のゆかり深い父祖の地なども訪ねられた。そして、あらゆることを「聞こしめし知ろしめす」スメラミコトのお務めを果たそうとされたのである。そのことは、同四十一年正月と同六十年正月に公表された御製にも、次のごとく詠まれている。

日日のこの　わがゆく道を　正さむと　かくれたる人の　声をもとむる

遠つおやの　しろしめしたる　大和路の　歴史をしのび　けふも旅ゆく

しかしながら、昭和天皇は昭和六十二年九月に入院手術をなされ、まもなくいったん回復された。けれども、翌六十三年九月、再発重体となられ、その百十一日後（翌六十四年一月七日）ついに八十七歳九か月余のご生涯を閉じられるに至った。そのため、晩年近くに次のごとく詠んでおられる。

思はざる　病となりぬ　沖縄を　たづねて果さむ　つとめありしを

実は昭和六十二年の国体に、陛下は沖縄へお出ましになるご予定だったが、ご病気のため結局お出ましになれなかった。陛下は敗戦直後から、日本全国を廻られたが、最後に沖縄だけ残ってしまったのである。ご承知のとおり、昭和二十年の四月から六月まで、沖縄では本土の楯となって二十万を越す人々が犠牲になった。そのことを、ずっとお心に掛けておられたから、なんとかして沖縄に行きたいと思っておられたが、ついに果たせないつらい思いを詠んでおられる。これも平和への切なる祈りといってよいであろう。

ただ、そのお気持ちを体して、皇太子殿下が熱心に沖縄へお出ましになり、ご即位後もしばしばお出ましになっておられる。これこそ昭和天皇の果たされなかった役目を受け継がれた今上陛下の、平和への大きなお働きの一つだと思われる。

日本が今日平和でありうる理由は、色々考えられるが、まさに昭和天皇と今上陛下、もっと言えばご歴代天皇の深い祈りがあり、そして大変なお務めがあってこそ成り立っているのだと思われる。

〈付記〉本章は、平成十六年（二〇〇四）四月二十九日、京都八坂神社で開かれた同社崇敬会（清々会）における講話記録である。

なお、最近（平成二十三年十二月）刊行された高橋紘氏（私と同齢の盟友）の遺作『人間 昭和天皇』上下（講談社）には、新資料が数多く盛り込まれており、学ぶところが多い（『比較文明研究』〈麗澤大学比較文明研究センター〉十七号記載の拙稿「高橋紘氏の遺著『人間 昭和天皇』の背景」参照）。

第九章　今上陛下の具現される最高道徳

はじめに ―モラルサイエンス国際会議から―

昨年（平成二十一年）八月、モラロジー研究所でモラルサイエンスの国際会議が行われ、その際に私も管見を発表する機会に恵まれた。その要点を最初に申し上げておきたい（以下、敬語省略）。

廣池千九郎博士は、「皇室が万世一系に続いてきたのはなぜか」という最も重要な研究テーマを解明し、その成果として「最高道徳」という理念を発見した。しかも、それが単に日本固有のものではなく、あらゆる世界にも通用すること、先ほど話された服部英二先生（モラロジー研究所道徳科学研究センター顧問）の言葉を借りれば「通底する最高道徳」として存在してきたものであること、そうであるがゆえに、今後とも日本のみならず世界において、これが尊重され継承されるべきものだ、ということを示したのである。そこで私は、廣池博士がそのような考えをまとめるに至った経緯と論拠を、あらためて歴史家的な手法で検証しようと試みた。

その要点は、廣池博士が、皇室や天皇に関して、いつごろから関心を持つようになったのか、とりわけ「万世一系の真原因」についてどのように研究してきたのかということである。実在された神武天皇以下のご歴代はもちろん、神話の世界に天照大神をはじめご祖先の神々がおられた。そのような神話に関して、すでに戦前から、そんなことは単なる作り話にすぎない、というような考え方もあった。しかし博士は、それがいったいどういうものなのか、それにどういう意味があるのかということを探求し、それに全く新しい道徳的な解釈を施した。それが観念的なドグマではなくて、まさに歴史と神話の丹念な研究により導き出された結論であるということを、私なりに検証したのである。

また、そのような考えを形成する過程で、博士は東京帝国大学の穂積陳重先生に師事して、本当の研究には学問的な方法が必要なことを痛感した。それゆえ古今東西の専門書を可能な限り読破し、それによってみずからの思考と論理を深め磨いている。さらに、明治以来の道徳教育に大きな意味を持った「教育勅語」ができたのは明治二十三年（一八九〇）、今から約百二十年ほど前であるが、そのころの廣池博士の考えと、当時から博士とも交流のあった杉浦重剛という日本主義に立つ道徳家の考え方とを比較した。

そのうえで、廣池博士が解き明かした「最高道徳」という理念が、神話の天照大神のみならず、その御子孫と伝えられる歴代天皇の中に受け継がれ、それがまさに御聖徳として表れているということを、いくつかの代表的な事例により申し上げた。

しかしながら、あの会議では、今上陛下の御聖徳について十分に触れることができなかった。そこで今回、あらためて「今上陛下の具現されている最高道徳」というテーマで補足をさせていただきたい。

そのため、参考資料を用意した。そのうち、Aの出典は、薗部英一氏（もと宮内記者）が平成元年にまとめて出した『新天皇家の自画像』（文春文庫）である。この中には、今の両陛下が皇太子・同妃として話された「お言葉」が入っている。もう一つのBは、宮内庁編『道』という本である。これは二冊あって、正篇は十年ほど前、平成元年から十年までの分がNHK出版から出された。また、その続きの平成十一年から二十年までの分を収めた続篇も昨年出された。これは天皇陛下と皇后陛下の御即位以来二十年間にわたる「お言葉」を内容によって分類し、御製や御歌も網羅している。

そこで、この両書から、主として天皇陛下の「お言葉」をピックアップさせていただいた。なお、ここには引用できなかったが、皇后陛下のお言葉と御歌については、『歩み』という和文と英文の両方を収めた書物がある。これもすばらしい本で、機会があればぜひご覧いただきたい。これ以外にもいくつかの本を挙げておいた。それらに基づいて以下の話をさせていただこう。

もちろん、陛下の「お言葉」を引いても、それをどう解したらよいのか、まだ十分に確信の持てないことが少なくない。これから申し上げることは、今の私の考えであり、もし当たっていないと思われる点があれば、忌憚なく御批正願いたい。

一　ヴァイニング夫人が見た少年皇太子

初めに私の実感を率直に申し上げると、今上陛下も有り体に言えば、いわゆる人間であられる。しかし、単なる人間ではありえない。記紀神話にさかのぼれば天照大神のご神裔として、あるいは皇統譜によれば神武天皇のご子孫として、皇位にあられる天皇は、決して私どもと同じ人間ではない。すでに生まれられてから、次の天皇になることを運命づけられ、それを早くから自覚しておられる。

戦後、アメリカから招かれたヴァイニングという夫人が、当時の皇太子殿下の英語の家庭教師を務め、学習院の先生でもあった。このヴァイニングさんが、日本にいた数年間に体験したことをまとめた『皇太子の窓』という書物がある。これによれば、当時学習院高等科一年の皇太子殿下が、クラスメイトたちと一緒に、ヴァイニングさんから、「将来、どんな人になりたいですか」と尋ねられて、即座に「ぼくは天皇になるだろう」と英語で答えられた。殿下にとって「何になりたいかということは問題外」であり、すでに「ご自分の運命を自覚し、その運命を甘んじて受け容《い》れられ」ていたのである。

これは、われわれと明らかに違う。明治以来の「皇室典範」により、天皇のご長男としてお生まれになった以上、必ず次の天皇にならねばならない、という運命を担っておられる。だから、高校一年生のとき、他の生徒たちはスポーツ選手になりたいとか弁護士になりたい、などと自由に言ったであろうが、殿下は将来天皇になるほかないのだ、と答えておられる。そういう意味で、天皇はいわゆる人間であられるが、われわれと決定的に異なる点は、皇祖皇宗以来の歴史と命運を担っておられるということである。

このような少年皇太子に接したヴァイニングさんが、「殿下はなかなか他人に信用をおかれないが、ひとたび信用なさると、それに忠実である。殿下は自分に対しても、他人に対しても正直であり、また謙遜である。明確な、分析的な、他に左右されない、並すぐれた知力を持たれ、独創的な思想への素質も備えておられる。強い責任感と、日本及び日本国民への深い愛情とを持っておられる。御自分の使命を自覚し、真摯にそれを受け容れておられる。綿密で、思慮深くあられるが、事にあたっては、思いきって伝統を断ち切ることのできる、あの真の保守主義者の能力を持っておられる。殿下は、かけがえのない平衡輪ともなり安全弁ともなる、あのユーモアの感覚を持っておられ、さらに、それなくしては真の偉大さがありえないあの資質〝惻隠《そくいん》の情〟を持っておられる」と絶賛している。米国の敬虔なクリスチャン（クエーカー教徒）が見ても、当時十六歳の少年皇太子は、これほど高く評価されるようなお方であられたことがわかる。

ちなみに、天皇及び皇太子は普通の人よりも二歳早く、満十八歳で成人とすることが「皇室典範」に定められている。その満十八歳になった昭和二十六年に、ご自分の理想として「よい判断とモラル・バックボーンのある人になりたい」と述べておられる。まさに真のモラルというものを身につけた人格者になることを心に深く期しておられたのである。

二　将来天皇となるための御修徳

今上陛下が皇太子時代から、将来天皇となるため、みずからどのような心得を持たれ、また次の後継者である浩宮さま（現皇太子殿下）のために何をしてこられたのかということを、章末の資料Aにより見ていこう。まずAの④によれば、ご長男である浩宮さまの教育に関して、重要なことを言っておられる。

昭和五十一年（一九七六）、満四十三歳の皇太子殿下は、十六歳の浩宮さまのために「教育顧問」のような人を依頼するお考えはお持ちではないか、という宮内記者からの質問に対して、「私の場合、小泉先生、安倍院長、坪井博士と三人いました。小泉先生は〝常時参与〟という形で……。私はその影響を非常に受けました。私などは〝参与〟という形がほしいと思ったが、宮内庁は必ずしもそうでなくてもよいのではという考えでした」とおっしゃっている。

すなわち、今上陛下の皇太子時代には、小泉信三・安倍能成・坪井忠二という先生方が「御教育参与」に任じられていた。特に小泉博士のことは、よくご存じのとおり、慶應義塾の塾長をされ、ご令息が戦争で亡くなり、ご自身も戦災で大やけどを負われた。しかし、吉田茂首相から懇請されて、東宮職の御教育常時参与を昭和二十四年に引き受けられ、同四十一年に亡くなるまで十七年間、本当に誠心誠意お務めになられたのである。

また安倍能成さんは学習院の院長として、皇太子殿下のためによく尽くされた。さらに坪井忠二という東大の地球物理学の先生も、科学者としての今上陛下に大きな影響を与えられたとみられている。こういう方々がおられて、学校教育とは別に、将来の天皇になられる御方のために、人文系の学問も社会系の学問も自然系の学問も、親身になって進講されたのである。

それゆえ、皇太子殿下としては、高等科一年生の浩宮さまに対しても、そういう参与を迎えてほしいということを言っておられる。この点については、すでに半年前（六月）、美智子妃殿下も「小泉先生のような立派な方がいらっしゃればと、浩宮が中学生のころから望んでいましたが……人選が難しく、まだ実現していません」と話しておられる。ところが、それを承りながら、当時の宮内庁も政府も十分に対応しなかったのは、甚だ遺憾と言わざるをえない。

そこで、両殿下は、浩宮さまのために独自の努力をしておられたことが、④の後半によりわかる。どんなことをされたかと言うと、皇太子殿下は「例えば、日本の文化・歴史、とくに天皇に関する歴史は学校などで学べないものです。それをこちらでやっていくことにしたい」とおっしゃっている。また同妃殿下も、「浩宮が将来の自分の立場を自覚して、皇室の歴史を貫く仁の心を身につけていってほしいと思います」とおっしゃっている。

そして、翌年（昭和五十二年）のご会見記録⑤を見ると、宮内記者から「浩宮さまが今、歴史上名を残された各天皇方の事績を勉強されていて、殿下も一緒にお聴きになっていると伺っているのですが」と尋ねたところ、「天皇の歴史というのは、今度も児玉（学習院大学）学長に話を伺いました。ただ（私の場合は）少し前ですね、中学から高校にかけてだから」と答えておられる。つまり、今上陛下もお小さいころから、歴代天皇の勉強をしてこられたが、高校生の浩宮さまのために、学習院の院長兼学長をしておられた児玉幸多先生に歴代天皇の講話を頼まれていたのである。

しかも、それは近世史専門の児玉学長だけでなく、古代史の専門家である学習院大学の黛《まゆずみ》弘道教授と東京大学の笹山晴生教授からも、『日本書紀』とか『続日本紀』などに基づく歴代天皇の御進講があり、それを父君の殿下も、浩宮さまとご一緒に聞いておられたということが、⑤によってわかる。

このように今上陛下は、身近な昭和天皇から、また明治天皇から学んでこられたのみならず、歴代天皇についても、浩宮さまとともに、あらためて学んでおられる。それがどれほど深いご理解かということは、例えば⑭の御発言からもうかがわれる。「皇室と国民の関係」について記者が尋ねたところ、天皇は「国民の象徴である」から「政治を動かす立場にはなく、伝統的に国民と苦楽をともにするという精神的立場に立っています」とのご認識から、それは歴史を顧みても、「疫病の流行や飢饉に当たって、民生の安定を祈念する嵯峨天皇以来の天皇の写経の精神や、また、『朕、民の父母と為りて徳覆ふこと能はず。甚だ自ら痛む』という後奈良天皇の写経の奥書などによっても表されている」と具体的に答えておられる。

すなわち、今上陛下が本当に国家・国民のことを考えられ、国家・国民と苦楽をともにしようと努めておられるのは、まさに歴代天皇のご事績を学ばれて、嵯峨天皇や後奈良天皇などが、困っている国民のために写経をされたり、自分の徳が足りないことを痛切に反省してこられたことを、十分ご存じだからである。このような歴代天皇をお手本とされ、自らそうあらねばならないという強い自覚を深めておられる、ということがよくわかる。

さらに重要なことは、このような天皇としての御心得を、今の皇太子殿下も十分に受け継いでおられることである。例えば、⑪を見ると、昭和五十七年三月当時、浩宮さまは学習院大学文学部で中世史を専攻され、瀬戸内海などの海上交通について卒業論文を書き上げられたが、その機会に「歴代の天皇が、あるいは皇室が文化の伝統を伝えてきたということ」を指摘されるのみならず、具体的に鎌倉時代末期の花園天皇の御事績を挙げておられる。「その天皇がその時の皇太子である量仁《かずひと》親王、のちの光厳《こうげん》天皇となる人」に対して書き残された『誡太子書』（太子を誡《いまし》むるの書）を引かれ、「この中で花園天皇は、まず徳を積むことの必要性、その徳を積むためには学問をしなければならないということを説いておられるわけです。その言葉にも非常に深い感銘を覚えます」と述べておられる。

このように、今の皇太子殿下も、歴代天皇の御事績を専門家から学ばれ、とりわけ将来に備えて徳を積まなければならない、徳を積むために学問をしなければならない、ということを肝に銘じておられる。学問といえば、今日一般的に、狭い意味での科学的知識だと考えがちであるが、古来、中国をはじめ日本では、まさに徳を積むことが学問の根本である。そういう徳を身につけなければ人の上に立つことなどできない、ということを花園天皇は戒めておられる。それを今の皇太子殿下もしっかりと受けとめておられる、ということがわかる。

このような帝王教育は、戦前であれば、お小さいころから、特別の傅育官《ふいくかん》をつけたり、また特別な御学問所が設けられて、常に御訓育・御進講を受けることができた。けれども、戦後はそういうことができなくなった。敗戦の翌年に学習院の中等科へ進まれた今上陛下の場合ですらそうであったから、まして今の皇太子殿下＝浩宮さまには、特別なことが公的に何もできなかったのである。

しかし、それではいけないというお考えから、浩宮さまが初等科一年生に入られるとき、両殿下がご相談になって、当時東大名誉教授で聖心女子大学と縁のある宇野哲人という中国哲学の専門家を東宮御所へ招かれ、『論語』の御進講をしてもらわれた。それが一年生のときから六年間続けられ、中等科へ進まれると、高齢の哲人博士から御子息の宇野精一東大教授へと引き継がれている。そこには、浩宮さまに弟の礼宮さま（今の秋篠宮）も時々ご同席なさり、また、ご公務の合間に御両親の皇太子殿下も妃殿下も、ご一緒に御進講をお聞きになったと伝えられている。

それに加えて、すでに昭和二十四年から東宮職の教育参与となられた小泉信三博士の影響もあって、今上陛下がたいへん理解を深められ、心に銘じておられるのは、『論語』にほかならない。例えば、⑫によれば、「座右の銘」について記者から尋ねられた皇太子殿下は、「好きな言葉に『忠恕』があります。論語の一節に『夫子《ふうし》（立派な人）の道は忠恕のみ』とあります。自己の良心に忠実で、人の心を自分のことのように思いやる精神です。この精神は一人ひとりにとって非常に大切であり、さらに日本国にとっても忠恕の行き方が大切ではないかと感じています」と答えておられる。

今でも『論語』に親しんでおられる方は多い。先ほど申した穂積陳重博士も、その御令息の重遠《しげとお》博士も、大変な『論語』愛好者であった。特に昭和二十年八月から東宮大夫を務められた重遠博士は、『庭訓《ていきん》論語』（のち増補改題『新訳論語』）という本を書いている。

この本はたいへんおもしろい。父上である陳重先生の奥様のお父様が実業家の渋沢栄一、この渋沢さんが大の『論語』好きで、事あるごとに内孫と外孫を集めて『論語』の勉強会をしていた。そこへ講師として招かれたのが、若いころの宇野哲人博士である。その講話を渋沢家のお孫さんも穂積家のお孫さんも一緒に聞いて育ったという。

その一人である重遠博士も、東大の大学院生から助教授のころまで、渋沢邸の勉強会に出て、『論語』が大好きになった。そこで、まもなくヨーロッパ留学から帰ると、自宅で子供や孫を集め、『論語』の勉強会を開いている。しかも敗戦直後に初孫ができると、その初孫のためにという思いで、昭和二十一年から翌年にかけて書いたのが、『庭訓論語』である。庭訓というのは、庭の訓え、つまり家庭の教えということで、自分が祖父から学んだ『論語』を、子孫に伝えようとしたものである。ただ、当時は東宮大夫だったので、むしろこれを皇太子殿下にぜひお伝えしたい、という思いを込めて書かれたものと考えられる。

このようにして、皇太子時代の今上陛下は、英語教師のヴァイニング夫人や東宮大夫の穂積博士、および教育参与の小泉博士などから、世界に目を開かれると同時に、東洋の古典にも見識を深められた。それらを通して、とりわけ徳を積む学問を重ねてこられたのである。

三　御即位前後からの御事績

これ以下、ご即位後の「お言葉」＝Bについて、大まかなことだけ説明しよう。

まず⑯は、まだ諒闇（服喪）中の平成元年五月、初めて全国植樹祭にお出ましになったときのお言葉である。この冒頭で「私は毎年全国育樹祭に臨み」と述べておられるのは、戦後全都道府県の持ち廻りで行われてきた「全国植樹祭」に昭和天皇がお出ましの際、植えられた木を二十年余り経ってから、皇太子殿下がご覧になったことがきっかけとなって始められた公式行事である。これによって、親が植えた木を子が育てる、という世代継承のお手本を示されたことになる。そういう意味で、全国植樹祭に続く「全国育樹祭」を通して、親の思いを子が引き継ぐことの大切さを学ぶことができる。

次に⑰を見ると、これもまだ諒闇中であったが、全国身体障害者スポーツ大会に北海道へお出ましくださった。この大会が始まったのは、東京オリンピック（一九六四）の翌年からである。そのころ、身障者が積極的にスポーツをするようなことは、あまり考えられなかったから、オリンピックに続くパラリンピックはほとんど振るわなかった。けれども、両殿下はその関係者を東宮御所へ招かれ、ぜひ今後も頑張ってほしい、と励ましておられる。

それがきっかけとなって、昭和四十年（一九六五）から身障者のための全国スポーツ大会が始まり、それを両殿下が応援し続けてこられた。その結果、オリンピックの後に行われるパラリンピックにおいて、日本の身障者は毎回すばらしい成績を上げるようになった。体にどんな障害を持つ方々も、スポーツを楽しむことができ、さらにがんばれば世界の桧舞台に立つこともできる、という自信と勇気を、多くの人々に与えられたのが、今上陛下であり皇后陛下なのである。

これと似たことが、㉕にも見られる。日本の「青年海外協力隊」（ＪＯＣＶ）は、アメリカのケネディ大統領が呼びかけた「平和部隊」の日本版と言われるが、国際協力機構（ＪＩＣＡ）の一環として昭和四十年に発足した当初は、お言葉にもあるとおり、微々たるものであった。しかし、志の高い青年たちを両陛下が毎年、東宮御所へ招かれ励まされたことが大きな力となり、著しく発展してきた。今では困難の多い世界各地数十か国において、目覚しい活躍をしている。これこそ世界平和への実質的な貢献であり、日本が国際社会で高く評価される一因となっている。これも両陛下のお力添えによるところが大きい。

さらに、ぜひ申し上げておきたいのが、⑱⑳㉖などにみられる戦没者への慰霊にほかならない。今上陛下はすでに皇太子時代から、⑥の御発言にも見られるとおり、戦争で亡くなった方に対する思いを非常に深く持っておられる。とりわけ六月二十三日、沖縄における戦闘終結の日、また八月の六日・九日、広島・長崎における原爆被災の日、さらに八月十五日、いわゆる終戦（戦闘停止）の日、この四つを絶対に忘れてはならない特別の日と認識され、真剣に慰霊を重ねておられる。

そのため、沖縄には何度も足を運ばれ、また平成六年（一九九四）には、マスコミのバッシングでお声が出ない皇后陛下を伴って、小笠原諸島の硫黄島などをお訪ねになった。しかも同十七年（二〇〇五）には、米国施政権下のサイパンまで出向かれて、海外で亡くなった二百万を越す人々への慰霊を果たされた。さらに毎年、八月十五日、政府主催の全国戦没者慰霊式にご臨席くださり「お言葉」を賜る。のみならず、毎年二回、四月と十月、靖国神社の例大祭に勅使を遣わされ祭文を奉っておられるのである。

両陛下の行幸啓は、恒例の「全国植樹祭」「国民体育大会」「全国豊かな海づくり大会」や激戦地への慰霊だけではない。㉚に述べておられるとおり、「即位以来、国内各地を訪問することに努め、十五年ですべての都道府県を訪れ」られた。これは毎年、宮中での公務ご多忙な天皇陛下にとって、容易なことではないが、熱心に続けておられる。その目的は、「国と国民の姿を知り、国民と気持ちを分かち合うことを、大切なことであると考えて」おられるからである。

今上陛下は現行憲法上、「国政に関する権能を有しない」と規制されている。そのために、いわゆる国事行為のみを形式的にやっておられるにすぎないと思われがちである。しかし、決してそうではない。天皇は「日本国の象徴であり日本国民統合の象徴」として、国中のことを知りたい、国民すべてのことを知らねばならないという思いから、積極的に全国各地へお出ましになり、まさに「国民と気持ちを分かち合うこと」を大切にしてこられたのである。

その多くは昭和天皇から受け継がれたことであるが、平成に入って始められたことも少なくない。例えば、「こどもの日」「敬老の日」「障害者週間」にちなみ、五月と九月と十二月の三回、首都圏にある児童施設・養老施設・福祉施設を毎年日帰りで訪ねておられる。それがどれほど多くの人々に、心からの慰めと励ましをもたらされたかということは、今さら申すまでもない。

こういう行幸啓の意味は、今の若い人々にもだいたい理解されるであろう。しかも、今上陛下が常に心がけておられるのは、㉚「先の戦争……においては、三一〇万人の日本人の命が失われ……その後の日本の復興は、戦後を支えた人々の計り知れぬ苦労により成し遂げられたものです。……これを戦後生まれの人々に正しく伝えていくことが、これからの国の歩みにとり、大切なことではないか」ということである。

つまり、今日われわれがありうるのは、六十数年前の戦争で、あるいは敗戦後の占領下で、どんなに苦しくても歯を食いしばって働き、国のため家族のために全力を尽くしてくださった方々のお蔭だ、ということを決して忘れてはならないし、それを次の世代にも正しく伝えていく必要がある。そのためにも、率先して慰霊に努めてこられたのだと思われる（第十章に詳述）。

その今上陛下が、これからのわれわれに対して、㉚「人々が互いに絆を大切にし、叡智を結集し、相携えて努力することにより、忍耐強く困難を克服していけるよう、切に願っています」と言っておられる。この「お言葉」に込められている意味は極めて重い、と受けとめなければならない。

むすび ―最高道徳のお手本―

先ほど服部英二先生は、今までの日本、あるいは世界のあり方を根本的に見直し、従来のような狭い意味での科学一辺倒ではなくて、本当の意味での〝命を大事にする考え方〟を取り戻さねばならない、と指摘された。また昨年先生からいただいて感銘深く拝見した『出会いの風景』という書物の中に、「共生」――共に生きるという言葉は、ぴったりと外国語に訳すことができないとある。Living together と言っても、それは単なる人と人の共生というニュアンスしか伝わらない。しかし、私ども日本人が持っている感性では、自然との共生も祖先との共生もあり、そういう人間の空間と時間を超えた、あらゆるものとの命のつながりを包み込んだ生き方である。そして、これこそ、まさに今上陛下も歴代天皇の御心を受け継がれ大切にしてこられた考え方と言えよう。

以上を要するに、今上陛下が皇太子時代にも御即位以来も述べておられ、自ら実践してこられたことは、モラロジーの立場から申せば、今上陛下は「最高道徳」の具現者にほかならない。こういう今上陛下が現におられることは、今の日本にも「最高道徳」が実在する何よりの証《あかし》である。その御言動を私どもは具体的に仰ぎ見て、われわれはどうあらねばならないかということを考えるよすがになる。もちろん、私どもはその万分の一にも及ばないかもしれないが、その高みに少しでも近づく偉大なお手本として、今上陛下への理解を可能な限り深める必要があろう。

なお、㉙の「伝統」に関する両陛下のお考えは、まさに本質的なご指摘として、肝に銘じたい。

［参考資料］ 今上陛下の具現される最高道徳

A　**皇太子としてのご発言**（薗部英一編『新天皇家の自画像』より）

①　昭和四十四年八月（三十六歳＝同年末の満年齢、以下同）

記者　次世代の象徴として、これからの皇室のあり方は。

皇太子　国民の幸せを願って、国民とともに歩むのが基本的な姿勢です。……この場合、大切なのは、現実だけにとらわれず、先のことを見越して判断することだと思います。

記者　それならば、もう少しはっきり意見を出されたらどうですか。

皇太子　例えば儀式などでの言葉では、主催者側の希望を入れなければいけないが、それだけではロボットになってしまう。立場上、ある意味ではロボットになることも必要だが、それだけであってはいけない。その調和がむずかしい。憲法上、直接の警告、指導はできないが、人に会う機会が多いので、そのつど問題を質問形式で取り上げ、(問題点に) 気付いてもらうようつとめています。

②　昭和四十九年十月（四十歳）

記者　浩宮様の教育方針について。

美智子妃　すべて東宮（皇太子）様が指示されることですから、その指示に沿っていきます。浩宮の場合、初・中等科の生活は恵まれたものだったと思います。将来、国際的な視野を求められることになるので、この時期に、日本の歴史、文化史のような、その基になるものを学ばせたい。健康も十分に心身ともに強くたくましく育ってほしい。

③　昭和四十九年十二月（四十一歳）

記者　「木戸（幸一）日記」なども読んでおられると聞いていますが。

皇太子　私が終戦を迎えた時は小学校六年で、戦前のことはさまざまな本を読んで考えています。終戦後、東京に戻った時に一面の焼け野原だったことを覚えています。陛下の放送で日本が負けたことをはっきり知った。（戦前の歴史を批判するのは）歴史家のやることであり、不十分な知識でやるのは良くないと思います。その場にいた人の気持ちはなかなかわからないから、無責任なものになりやすい。今後とも原資料は機会があるごとに見ていきたい。

④　昭和五十一年十二月（四十三歳）

記者　浩宮様（高二）に教育顧問のような人を依頼する考えは。

皇太子　教育顧問という人は必要ないが、これからは大学もあり、いろんな人の意見を聞くことが必要になるでしょう。今までも何人かの人とこの問題を論じてきました。私の場合、小泉（信三）先生、安倍（能成）院長、坪井（忠二）博士と三人いました。小泉先生は「常時参与」という形で……。私はその影響を非常に受けました。私などは「参与」という形がほしいと思ったが、宮内庁は必ずしもそうでなくてもよいのではという考えでした。

記者　浩宮様にはどういう帝王学をお考えですか。

皇太子　帝王学という言葉が適切かどうかとも思いますが、例えば、日本の文化・歴史、とくに天皇に関する歴史は学校などで学べないものです。それをこちらでやっていくことにしたい。

美智子妃　専攻などに関しては、殿下と相談して選ぶことになるでしょう。浩宮は学問も大切ですが、私はとくに、浩宮が将来の自分の立場を自覚して、皇室の歴史を貫く仁の心を身につけていってほしいと思います。

⑤　昭和五十二年十二月（四十四歳）

記者　浩宮様が今、歴史上名を残された各天皇方の事績を勉強されていて、殿下も一緒にお聴きになっていると伺っているのですが、殿下ご自身は、今の浩宮様の年齢のころ、そういう勉強というのはなかったのですか。

皇太子　天皇の歴史というのは、今度も児玉（幸多）学長に話を伺いました。ただ（私の場合は）少し前ですね、中学から高校にかけてだから。（中略）大学ではその時代を有意義に、学問の情熱を持って過ごしてほしいと。そのかわり皇族として必要なものは、こちらでそれに加えてやってほしいというわけです。

記者　先ほどの天皇の歴史の御進講の内容はどのような……。

皇太子　黛（弘道）学習院大学教授と、笹山（晴生）東大教授の二人がやっておられますが、日本書紀とか続日本紀とかを中心にしておられる。古代ですから、史料というのは少ないわけですね。だからその史料から考えられる限り、こうが正しいんじゃないかとできる限り正確を旨としてやっておられるので、私はたいへんいいんじゃないかと思っています。

⑥　昭和五十四年十二月（四十六歳）

記者　浩宮様が二十歳を迎えられるに当たり、父親としての浩宮様に対するご注文、あるいは成年式を迎えられる心構えといったことについて、お話しになっておられますか。

皇太子　成年式は一つの大きな節目ですから、十分に意義あるものとして迎えてほしいと思っているわけです。前にも話しましたけれども、皇室には昔から伝わってきたいいものがある。そのいいものを十分身に付けて、新しい道を進んでほしい。

⑦　昭和五十五年八月（四十七歳）

記者　具体的に立憲君主はこうあるべきだというお話は。

皇太子　そういう話は（昭和天皇から）伺ったことはありません。むしろ陛下のなさり方で、こういうふうに立憲君主を考えていらっしゃると感じるわけですね。論語に「夫子の道は忠恕のみ」という言葉がありますね。この忠というか、誠実、真心といいますか、これは今から二千何百年前にいわれた言葉で、何も新しいことじゃないと思いますけれども、一人一人の人間がそういうことのできるという社会ですね。自分自身からそうありたいと思って、それができる社会。そして他人のことも考えながらできる社会は、これは皆がつとめて維持していかなければいけないのじゃないかと思うわけなんで、ぜひ今後とも皆がそういう方向に向かっていってほしいと思うわけです。

⑧　昭和五十六年八月（四十八歳）

記者　まもなく終戦記念日ですが、殿下は毎年この日にどんな感慨を持たれますか。

皇太子　こういう戦争が二度とあってはいけないと強く感じます。そして、多くの犠牲者とその遺族のことを考えずにはいられません。日本では、どうしても記憶しなければならないことが四つあると思います。（八月十五日の終戦記念日と）昨日（六日）の広島の原爆、それから明後日（九日）の長崎の原爆の日、そして六月二十三日の沖縄の戦いの終結の日、この日には黙とうを捧げて、今のようなことを考えています。そして平和のありがたさというものをかみしめ、また、平和を守っていきたいものと思っています。

記者　地上で戦争が行われたのは日本全土の中で沖縄だけですね。屋良（朝苗）知事がいってましたけれども、沖縄の人は三人に一人が亡くなっている。沖縄には伊江島っていうのがありますね。あそこでは二人に一人という話を聞いたんですけど、そういうことを考えれば、決して広島・長崎にひけをとらない大きな犠牲ではないでしょうか。一般人を地上の戦闘に巻き込んでいるいくさですね。

皇太子　殿下の教育掛として、また、お二人のご結婚にも大きな役割を果した小泉信三氏について、両殿下それぞれ印象に残る思い出をお聞かせください。

記者　いろいろと印象に残ることはありますけれども、やはりいちばん記憶しているのは、ジョージ五世伝を一緒に読んだことと思います。そして、それによって近世の歴史に触れ、近代の世界を見る目が養われたという感じを受けます。

⑨　昭和五十六年十月（四十七歳）

記者　戦後生まれの世代が国民の過半数を占める時代になりましたが、今後の皇室のあり方は変わってゆくとお考えですか。

美智子妃　時代の流れとともに、形の上ではいろいろな変化があるでしょうが、私は本質的には変わらないと思います。

歴代の天皇方が、まずご自身のお心の清明ということを目指されて、また自然の大きな力や祖先のご加護を頼まれて、国民の幸福を願っていらしたと思います。その伝統を踏まえる限り、どんな時代でも皇室の姿というものに変わりはないと思います。

⑩　昭和五十六年十二月（四十八歳）

記者　浩宮様は将来どんな皇太子になってほしいとお思いでしょうか。

皇太子　今までは大学の課程では、大学の行事に差しさわりがない限りにおいて皇族のつとめを果たしてきたわけですが、大学の課程を終えてからは、皇族のつとめを果たしながら研究を続けていくことになると思います。研究を続けていくということは、学問的業績で得られるものと一緒に内的な充実ということも必然的に起こってくると思います。そういう意味で、自分自身を磨くことにもなるわけで、今後とも研究を深めていってほしいと思っているわけです。日本は昔から学問を愛した国ですし、皇室も学問を大事にしてきたわけです。そういう意味で、そういう日本にふさわしい皇族になってほしいと思っているわけです。

⑪　昭和五十七年三月

記者　日本のこれまでの歴史の中で、天皇家はどのようにかかわってきたとお考えになっておられますか。歴史の勉強をされている立場からお考えをお聞かせください。

浩宮（二十二歳）　ぼくの場合は、（学習院）大学で主として中世の海上交通を取り上げたわけで……日本史全般にわたって深く学んで来たわけではないんです。けれども、自分がいま気が付いた範囲においては、先ほどもお話ししましたように歴代の天皇が、あるいは皇室が文化の伝統を伝えてきたということです。

それと、これはこの次の機会に（御進講者から）お話を伺うことになっている花園天皇という天皇がおられるんですけれども、この天皇は先ほどの九十二代伏見天皇の皇子に当たるわけですが、その天皇がその時の皇太子である量仁親王、のちの光厳天皇となる人ですが、その親王にあてて書き残したものが残っているんです。「誡太子書」（太子を誡むるの書）と呼ばれているんですが、この中で花園天皇は、まず徳を積むことの必要性、その徳を積むためには学問をしなければならないということを説いておられるわけです。その言葉にも非常に深い感銘を覚えます。

⑫　昭和五十八年十二月（五十歳）

記者　座右の銘といったものはありますか。

皇太子　座右の銘はありませんが、好きな言葉に「忠恕」があります。論語の一節に「夫子の道は忠恕のみ」とあります。自己の良心に忠実で、人の心を自分のことのように思いやる精神です。この精神は一人一人にとって非常に大切であり、さらに日本国にとっても忠恕の行き方が大切ではないかと感じています。

記者　どういうきっかけでその言葉を好きになられたのですか。

皇太子　最初は小泉（信三）さんが話され、印象に残った。亡くなられた後、本当に良い言葉だと思うようになりました。

⑬　昭和五十九年十二月（五十一歳）

記者　来年浩宮殿下が（英国留学から）帰国される予定ですが、結婚問題で時期やお相手について殿下のお考えはいかがでしょうか。また、今後の進路についてのご希望と浩宮様の帝王学について、どのようなお考えをお持ちでしょうか。

皇太子　結婚の相手としては、お互いに愛する人であり、その結婚を国民が喜び分かち合う人であることが必要だと思います。時期については、何ともわかりません。（中略）皇族は、陛下の御心を大切にし、また、国民の望みに沿ってつとめを果たしていくことが大切であり、それを誠実に行っていくことが帝王学になると思っています。大学までの生活を日本で送り、今度はヨーロッパで、ヨーロッパの人々と風土の理解を深めたわけですから、これからはヨーロッパ以外の国々への理解を（も）深めていってほしいと思います。

⑭　昭和六十一年五月（五十三歳）

記者　皇室と国民の関係について、その理想的なあり方は。
皇太子　天皇が国民の象徴であるというあり方が、理想的だと思います。天皇は政治を動かす立場にはなく、伝統的に国民と苦楽をともにするという精神的立場に立っています。
このことは、疫病の流行や飢饉に当たって、民生の安定を祈念する嵯峨天皇以来の天皇の写経の精神や、また、「朕、民の父母と為りて徳覆ふこと能はず。甚だ自ら痛む」という後奈良天皇の写経の奥書などによっても表されていると思います。

B　**天皇としての御言葉**（宮内庁編『道』正・続篇より）

⑮　平成元年一月九日（五十五歳）宮殿　即位後朝見の儀
ここに、皇位を継承するに当たり、大行天皇（先帝）の御遺徳に深く思いをいたし、いかなるときも国民とともにあることを念願された御心を心としつつ、皆さんとともに日本国憲法を守り、これに従って責務を果たすことを誓い、国運の一層の進展と世界の平和、人類福祉の増進を切に希望してやみません。

⑯　平成元年五月二十一日　徳島県立神山森林公園　第四十回全国植樹祭
私は毎年、全国育樹祭に臨み、植樹祭のあとを振り返り、年月を経た木々の育ちを感慨深く眺めてまいりました。この度、昭和天皇の御遺志を受け継ぎ、皆さんと共に緑なす国土を求めていきたいものと思います。……

自然は私たちの祖先が育んできたものであり、これを良く守り育てていくことは、今日私たちに課せられた義務であり、人類全体にとっても極めて重要な課題となってきています。とりわけ植樹は、森林資源の確保はもとより、水源の涵養、災害の防止、生活環境の向上のために、ますます重要性を増しており、また、それによって、自然をいつくしむ心も培われてきます。

⑰　平成元年九月三十日　札幌市厚別公園競技場　第二十五回全国身体障害者スポーツ大会

岐阜県で行われた（昭和四十年）第一回大会以来、一昨年の沖縄県で行われた大会まで、毎回見守ってきた私は、その発展に深い感慨を覚えます。二十五年の歳月は、各地に障害者のスポーツに対する理解を育ててきました。この間、障害を持つ多くの人々が、スポーツを通じ、新たな人生を見出してこられたことと思われます。この大会が身体障害者の福祉に資する意義は大きく、大会を育ててきた関係者の尽力に対し、深く感謝しております。

⑱
平成五年四月二十三日（五十九歳）沖縄平和祈念堂における遺族に対するご挨拶

即位後、早い機会に沖縄県を訪れたいという念願がかない、今日から四日間を沖縄県で過ごすことになりました。到着後、国立戦没者墓苑に詣で、多くの亡くなった人々をしのび、遺族の深い悲しみに思いを致しています。

先の戦争では実に多くの命が失われました。なかでも沖縄県が戦場となり、住民を巻き込む地上戦が行われ、二十万の人々が犠牲となったことに対し、言葉に尽くせぬものを感じます。ここに、深く哀悼の意を表したいと思います。戦後も沖縄の人々の歩んだ道は、厳しいものがあったと察せられます。そのような中で、それぞれが痛みを持ちつつ、郷土の復興に立ち上がり、今日の沖縄を築き上げたことを深くねぎらいたいと思います。

今、世界は、平和を望みつつも、いまだに戦争を過去のものにするに至っておりません。平和を保っていくためには、一人ひとりの平和への希求とそのために努力を払っていくことを、日々積み重ねていくことが必要と思います。

沖縄県民を含む国民とともに、戦争のために亡くなった多くの人々の死を無にすることなく、常に自国と世界の歴史を理解し、平和を念願し続けていきたいものです。

⑲
平成五年八月二十七日　イタリア国・ベルギー国・ドイツ国ご訪問前、招待記者へのご回答

皇居の中では数々の非公式な祭典が行われ、私どもは、その度に、古くから伝わる装束を身につけ、皇祖天照大神をお祭りしてある賢所、歴代の天皇と皇族をお祭りしてある皇霊殿、国中の神々をお祭りしてある神殿にお参りします。また、私は毎月の一日にも旬祭が行われる際、この三殿をお参りしています。なお、象徴的な意味で、皇居の中で、私は稲の種まき、田植え、稲刈りをし、皇后は養蚕をしています。

⑳ 平成六年二月十四日（六十歳）東京都　小笠原諸島を離れるにあたってのご感想

小笠原返還後二十五年を経て、この度初めて硫黄島、父島、母島を訪れました。

小笠原は一八三〇年の植民、明治九年の日本領宣言以来さまざまな歴史をたどり、発展してきましたが、先の大戦では島民の強制疎開、硫黄島における島民を含む二万人近くの日本軍の玉砕、返還までの二十年以上にわたる多くの島民の、島を離れての厳しい生活がありました。

この度の訪問では各施設などを訪れるとともに、島の人々に接し、このような島の人々のたどった歴史に深く思いを致しました。特にいまだに地下に一万の遺体が眠る硫黄島への訪問は心の痛むものでありました。今日、硫黄島の厳しい環境の下で勤務している自衛隊員ならびに海上保安庁職員の労苦を多とするものであります。

㉑ 平成六年六月四日　米国ご訪問前、招待記者へのご回答

ヴァイニング夫人の質問に対して、“I shall be the Emperor.”と答えました。それ以外の道は考えられなかったからです。

日本国憲法には、皇位は世襲のものであり、また、天皇は日本国の象徴であり日本国民統合の象徴であると定められています。私は、この運命を受け入れ、象徴としての望ましい在り方を常に求めていくよう努めています。したがって、皇位以外の人生や皇位にあっては享受できない自由は望んでいません。

㉒ 平成六年十一月八日　京都府　国立京都国際会館　平安建都千二百年記念式典

京都は千二百年前に、平安京として創建された都であり、父祖の地として、懐かしくしのばれるところであります。

……優れた文化は、一地域のものであるとともに、国民の宝であり、世界の人々の交流が深まる中で、これから更にその普遍的価値を評価されていくことでしょう。現代に生きる私どもにとり、過去に残された文化への理解を深め、文化遺産を守るとともに、当時の文化を生み出した人々の、生き生きとした精神を引き継いでいくことが、重要なことと思われます。

㉓
平成六年十二月二十日　宮殿　満六十一歳の天皇誕生日に先立つ記者会見

皇居であるいは地方を訪問して国のさまざまな分野の状況を知り、また、各地で社会のために尽くしている人々に会い、心を寄せることは私の大切な務めと思っております。また、即位後、出来る限り早い機会に各県を回りたいと思っておりました。このことも重要な務めだと思っています。

近年、皇居での行事が非常に増えてきています。外国関係の行事が多くなったからで、ソヴィエト連邦が十五の国に分かれるなど、分離独立した国が多くなり、したがって、信任状捧呈式なども増えてきております。……象徴としての立場から、国と国との親善関係の増進に努めることは重要なことと考えますので、一つ一つ心を込めて務めていきたいと思っています。したがって、外国訪問とともに、日常の公務も多くなってきておりますが、これは極めて重要なことと思いますので、心して務めていくつもりです。

㉔
平成七年一月三十一日（六十一歳）兵庫県南部地震に伴う被災地お見舞いの際の両陛下ご感想

ここにあらためて、かけがえのない多くの人々の死を哀悼し、悲しみと苦難の中で共に支え合い、懸命に日々を生き抜いているすべての人々の上に思いを致します。また、災害発生以来、日夜努力を続けている行政各機関の人々、被災地の最前線にあって、救出、救護、復旧作業を始めとし、各分野で援助に当たっている人々の労苦をねぎらいたく思います。

㉕
平成七年十月二十六日　東京都　青年海外協力隊発足三十周年記念式典

顧みますと、私どもが（青年海外）協力隊と初めての接触を持ちましたのは、昭和四十年十二月、ラオス、カンボディアに派遣される第一次隊の九名の協力隊員の出発を、東宮御所において見送った時でありました。その年の第一次隊は、後に出発したマレイシア、フィリピンへの派遣隊員を合わせ、総勢二十六名であり、今日からみると、実にささやかな門出でありました。……

三十年を経た今日、年間に出発する協力隊隊員数は千名を超え、派遣国も五十五か国に達しました。このような協力隊の発展は、ひとえにそれぞれの協力隊員が任地の社会に溶け込み、現地の人々と相携えて活動し、その地域において高い信頼を得ていることによるものと、誠に頼もしく感じております。我が国とは気候、風土、文化の異なる厳しい環境の下、それぞれの隊員が、健康の問題や、言葉の壁を始めとするさまざまな困難を乗り越えてきた不断の努力に思いを致すとともに、協力隊が今日の発展に至る過程にあって、絶えずこの活動に力強い支援を与え続けた関係者に対し深く敬意を表します。

㉖平成七年十二月十八日　東京都　国立劇場　戦後五十年を記念する集い

戦後五十年という節目の年に当たり、過去の歴史に多くを学ぶとともに、これまで日本を支えてきた国民の力と英知に深く思いを巡らせつつ、これからの道を正しく歩いていきたいものと思います。

今日、我が国が享受する尊い自由と平和の中にあって、国民の創造性が伸び伸びと発揮され、国の繁栄が国民一人ひとりの幸せにつながっていくことを期待するとともに、日本国民が国内にあっても世界の中にあっても、常に他と共存する精神を失うことなく、慎みと品位ある国民性を培っていくことを、心から念願しております。

㉗平成十五年十二月十八日　満七十歳の天皇誕生日に先立つ記者会見

私自身にとり、深い喜びをもたらしてくれたものは、皇后との結婚でした。どのようなときにも私の立場と務めを大切にし、優しく寄り添ってきてくれたことは、心の安らぐことであり、感謝しています。

㉘平成十七年十二月十九日　満七十二歳の天皇誕生日に先立つ記者会見

皇室の中で女性が果たしてきた役割については、私は有形無形に大きなものがあったのではないかと思います……女性皇族の存在は、実質的な仕事に加え、公的な場においても私的な場においても、その場の空気に優しさと温かさを与え、人々の善意や勇気に働きかけるという、非常に良い要素を含んでいると感じています。

㉙平成二十一年四月八日　御結婚満五十年に先立つ記者会見

○天皇陛下（七十五歳）

守ってきた皇室の伝統についての質問ですが、私は昭和天皇から伝わってきたものはほとんど受け継ぎ、これを守ってきました。この中には新嘗祭のように古くから伝えられてきた伝統的祭祀もありますが、田植えのように昭和天皇から始められた行事もあります。新嘗祭のように古い伝統のあるものはそのままの形を残していくことが大切と考えますが、田植えのように新しく始められた行事は、形よりはそれを行う意義を重視していくことが望ましいと考えます。したがって現在私は田植え、稲刈りに加え、前年に収穫した種籾を播くことから始めています。

○皇后陛下（七十四歳）

伝統と共に生きるということは、時に大変なことでありますが、伝統があるために、国や社会や家が、どれだけ力強く、豊かになれているかということに気付かされることがあります。一方で型のみで残った伝統が、社会の進展を阻んだり、伝統という名の下で、古い慣習が人々を苦しめていることもあり、この言葉が安易に使われることは好ましく思いません。また、伝統には表に現れる型と、内に秘められた心の部分とがあり、その二つが共に継承されていることも、片方だけで伝わってきていることもあると思います。

㉚

平成二十一年十一月十二日　御即位二十年奉祝式典の「お言葉」

即位以来、国内各地を訪問することに努め、十五年ですべての都道府県を訪れることができました。国と国民の姿を知り、国民と気持ちを分かち合うことを、大切なことであると考えてきました。……

先の戦争においては、三一〇万人の日本人の命が失われ…その後の日本の復興は、戦後を支えた人々の計り知れぬ苦労により成し遂げられたものです。……これを戦後生まれの人々に正しく伝えていくことが、これからの国の歩みにとり、大切なことではないかと考えます。……

今日……人々が互いに絆を大切にし、叡智を結集し、相携えて努力することにより、忍耐強く困難を克服していけるよう、切に願っています。

［参考文献］

ⓐ木下道雄『側近日誌（昭和二十・二十一年）』（高橋紘編、平成二年、文藝春秋）
ⓑE・G・ヴァイニング『皇太子の窓』（小泉一郎訳、昭和二十八年、文藝春秋）
ⓒ薗部英一編『新天皇家の自画像―記者会見全記録―』（平成元年、文春文庫）
ⓓ宮内庁東宮職編『ともしび―皇太子同妃両殿下御歌集―』（昭和六十一年、婦人画報社）
ⓔ宮内庁編『道―天皇陛下御即位十年記念記録集―』（＝正篇）（平成十一年、NHK出版、新装版、同二十一年）
同『道―天皇陛下御即位二十年記念記録集―』（＝続篇）（平成二十一年、NHK出版）
ⓕ宮内庁侍従職編『歩み―皇后陛下お言葉集―』（平成十七年、海竜社）
ⓖ国民文化研究会編『平成の大みうたを仰ぐ』（平成十一年・二十年、展転社）
ⓗ高橋紘『平成の天皇と皇室』（平成十五年、文春新書）
ⓘ渡邉允『天皇家の執事』（平成二十一年、文藝春秋。同二十三年、文春文庫）
ⓙ所　功『天皇の「まつりごと」』（平成二十一年五月、NHK出版生活人新書）
ⓚ所　功「『お言葉』に見る今上陛下の歩み」（『歴史読本』平成二十一年十二月号）
ⓛ所　功「今上陛下と『論語』」（『論語の友』平成二十二年正月号）

第十章　今上陛下の戦没者慰霊

はじめに ―今上陛下の「おことば」―

今年（平成二十一年）は、昭和天皇の玉音放送により「大東亜戦争」の戦闘が一斉に停止されてから、満六十四年になる。この大戦では、国内と海外で合わせて三百万以上の方々が亡くなっておられる。また、紙一重の違いで生き延びられた人々は、先に逝った方々と交わした無言の約束〝死友に背《そむ》かず〟の思いを胸に秘めながら、戦後の復興に尽くしてこられた。

そういう先輩たちの切実な思いを次の世代の私どもはどのように受けとめ、また受け継いでいくかということが、本日の「楠公回天祭」を催す大事な趣旨の一つである。しかも、それを深く心に刻まれ、みずから為しうることを最も熱心に実践してこられたのが、実は今上陛下にほかならない。

ここに資料として、陛下の「おことば」をピックアップした。天皇・皇后両陛下の「おことば」は、宮内庁のホームページに全文掲載されている。また平成元年から十年分は宮内庁編『道』（ＮＨＫ出版）に収められており、その続編として十一年から二十年までの分も刊行された。

ただ、天皇陛下のご心情やご事績を「おことば」の一部分によって論ずるのは、少し憚《はばか》りがある。陛下の大御心は、私どものレベルで容易に理解できないことが多いからである。けれども、公表されたものに、こういうことが書かれている、ということをお知らせすることは、たぶん許されるであろう。とはいえ、なるべく慎重にということを常に心しなければならないと考えている。

一　昭和二十年の天長節

平成二年（一九九〇）、高橋紘氏の詳細な解説を加えて、木下道雄という昭和天皇の侍従次長により書かれた日記の一部が文藝春秋社から公刊された。『側近日誌』と言う。その昭和二十年十一月十三日の条を見ると、角倉侍従から木下さんが東宮殿下（皇太子）の御日記を見せていただいたということで、そこに四月二十九日と八月十五日の記事が引用されている。当時、皇太子殿下（今上陛下）は満十一歳と半年あまり、学習院初等科の六年生であった。

およそ人間は十歳前後がいちばん大事だと思われる。言語形成期にあたり、われわれがよく使う言葉は、十歳ころに身につけたものがベースとなり、それを生涯にわたって使い続けるという。そのような言語＝母語は、単なる機械のような手段ではなくて、そこに感性も込めて自己を表現することのできる能力である。

その大切な時期に、今上陛下は戦争中、日光に疎開しておられたが、昭和二十年（一九四五）の四月二十九日条に、こう書かれている。

「今日は天長節です（当時、昭和天皇のお誕生日を天長節と申しました）。十時から東照宮の武徳殿で式がありました。（皇太子殿下は日光に疎開をしておられ、東照宮武徳殿で行われた天長節の式典に出られたのです）。式の後で木下会計審査局長官（間もなく侍従次長となる木下道雄さん）の御聖徳についてのお話がありました」

木下さんは戦後、『宮中見聞録』（初版＝昭和四十三年、復刊＝日本教文社）という書物を出し、そこにも詳しく書いていることを、このとき話されたようである。

「青少年学徒の御親閲《しんえつ》の時（これは昭和三年十一月、昭和天皇が京都で御大礼をあげられ、即位礼・大嘗祭の後、東京へ戻られてからも、いろいろな団体の奉祝行事に出られた。その一つとして青少年学徒による奉祝式典が催され、あいにく雨の降る中で、十万余の青少年が分列行進をしたときのこと）、いくら雨だから天幕の中で御親謁を願ふやうに申し上げてもお聞き入れにならなかつたばかりか、外套をも召されずに雨の中を一時間二十分もお立ち続けになつたことは、実に御立派だと思ひます」

この疎開先での天長節に、当時小学校六年生の今上陛下は、こういうお話を聴かれた。しかも、そのとき、「それなればこそ命を投げ捨てゝ体当りをする特攻隊も出るのです」と書いておられる。

つまり、昭和三年（一九二八）秋、当時二十七歳の昭和天皇が、青少年たちの前で、雨の中、外套も召されずに一時間半近くずっと立ち続けておられた。そういうお姿を拝して感激した青少年たちが、やがて戦争となり苦戦に陥ると、この陛下のために、この陛下のもとにある日本のために、命がけでなんとか祖国を守らねばならないという思いから、その尊い命を投げ捨てて敵に体当たりするような特攻隊も生まれ、必死の戦いをしたのだ、と見ておられるのである。少年皇太子は当時こういうご認識を持っておられた、ということを確認しておきたい。

二　「新日本建設」へのご決意

次いで八月十五日の条を拝見すると、「新日本の建設」と題する記事、むしろ立派な小論文と申すべき作文を書かれている。これはたいへん重要な内容であるから、少し長いが引用させていただきたい。

「昭和二十年八月十五日、この日、我が国三千年の歴史上始めての事が起りました。そしてこの日が日本人に永久に忘れられない日となりました。おそれ多くも天皇陛下が玉音で英米支蘇四ヶ国の宣言を御受託になるといふ詔書を御放送なさいました。私はそれを伺つて非常に残念に思ひました」

戦後、この玉音放送を聞いて喜んだなどと、まことしやかに言いふらす人が少なくない。けれども、今上陛下は当時十一歳の御身で「非常に残念に思ひました」とか、また「無条件降服といふ国民の恥を、陛下御自身で御引受けになつて御放送になつた事は誠におそれ多い事でありました」とも記されている。

次いで、次のように書いておられる。

「今度の戦で我が忠勇な陸海軍が陸に海に空に勇戦奮闘し、殊に特攻隊は命を投げ出して陛下の御為笑つて死んで行きました。又国民も度々の空襲で家を焼かれ、妻子を失つても、歯をくひしばつてがんばりました。このやうに国民が忠義を尽して一生懸命に戦つたことは感心なことでした」

この戦争で陸軍も海軍もおおいに奮戦した。とりわけ特攻隊の人々は、命を投げ出して、陛下のために戦い抜いた。また、銃後の国民たちも、度重なる空襲によって家を焼かれたり、妻や子供を失いながら、歯を食いしばり、懸命に忠義を尽くしたのは、「感心なこと」だと言っておられるのである。

ただ、続けてこうも言っておられる。

「けれども戦は負けました。それは英米の物量が我が国に比べ物にならない程多く、アメリカの戦争ぶりが非常に上手だつたからです」

当時、皇太子殿下のもとにも、重要な情報が次々と伝えられていたのであろう。すでにミッドウェー以来、著しく不利な状況にあり、サイパンでも硫黄島でも沖縄においても玉砕が続いたこと、そのため陸に海に空に特攻隊が命がけで祖国のために戦ってきたことも、よく知っておられたに違いない。

そこで、負けたのはなぜか、ということまでも冷静に分析しておられる。その一つは物量で負けた、もう一つは戦争のやり方で負けた、と書いておられる。しかも、「その原因は日本の国力がおとつてゐたためと、科学の力が及ばなかつたためです」とも指摘されいる。さらに注意すべきことは、「それに日本人が大正から昭和の初めにかけて国の為よりも私事を思つて自分勝手をしたために今度のやうな国家総力戦に勝つことが出来なかつたのです」と、厳しく指摘しておられる。

確かに日本人は、日清・日露の二大戦役に勝ち、また大正の初めに第一次大戦で戦勝国側に立ち、そのためか次第に心が緩み驕《おご》りも生じて、公のためよりも私の事を思って自分勝手をするようになった。それが改まらないまま戦争になった。そのために、全国民が一致団結して戦うべき国家総力戦に勝つことはできなかったと言われる。これは、今日でも、われわれが心しなくてはならないことだと思われる。

さらに、続けてこうも書いておられる。

「今は日本のどん底です。それに敵がどんなことを言つて来るかわかりません。これからは苦しい事つらい事がどの位あるかわかりません。どんなに苦しくなつてもこのどん底からはい上がらなければなりません。それには日本人が国体護持の精神を堅く守つて一致して働かなければなりません。日本人一人とアメリカ人一人を比べれば、どんな点でも日本人の方がすぐれてゐます。唯団体になると劣るのです。そこでこれからは団体訓練をし科学を盛んにして、一生懸命に国民全体が今よりも立派な新日本を建設しなければなりません」

ここにある「国体護持」とか「一致団結」ということは、戦後ほとんど罵詈讒謗《ばりざんぼう》されてきた。しかしながら、少年皇太子の純真なお心の中に、こういう思いが刻まれている、ということを忘れてはならない。

しかも注目すべきは、そのため何が大事かについて、次のように述べておられる。

「今までは、勝ち抜くための勉強、運動をして来ましたが、今度からは皇后陛下の御歌のやうに（戦時中、疎開児童に賜った御歌に「つぎの世をせおふべき身ぞたくましくただしくのびよさとにうつりて」と詠まれている）、つぎの世を背負つて新日本建設に進まなければなりません。それも皆私の双肩にかゝつてゐるのです」

わずか十一歳の少年皇太子が、将来を見据えて、日本の再建は自分の双肩にかかっている、ということを明確に自覚しておられるのである。

そして最後のところで、「それには先生方、傅育官《ふいく》のいふ事をよく聞いて実行し、どんな苦しさにもたへしのんで行けるだけのねばり強さを養ひ、もつともつとしつかりして明治天皇のやうに皆から仰がれるやうになつて、日本を導いて行かなければならないと思ひます」と結んでおられる。

これが今上陛下の敗戦直後に懐かれた御感想であり、むしろ御決意にほかならない。それを戦後ずっと持ち続けて成長されたものと拝される。

ちなみに、それから三十年近く経った昭和四十九年の十二月、四十一歳のお誕生日に先立って、宮内記者からの質問に答えられた記録がある。それによれば、そのころ公刊された内大臣『木戸幸一日記』を読まれた感想を求められて、「戦前の歴史を批判するのは、歴史家のやることであり、不十分な知識でやるのは良くないと思います。その場にいた人の気持ちはなかなかわからないから、無責任なものになりやすい。今後とも原資料は、機会があるごとに見ていきたい」と謙虚に述べておられる。

戦争中のことは、戦後いろいろ勝手に批評されているが、やはり当時の責任ある立場にいた人の書いた原資料を丹念に読まないと、「その場にいた人の気持ちはなかなかわからないから」不十分な知識で批判することは「無責任になりやすい」と言っておられる。これも実に厳しい的確なご意見だと思われる。

戦後、戦争や戦前に関する書物がたくさん出ている。けれども、これほど謙虚で真摯な思いをもって、真実を知り学ぼうとする人は極めて少ない。

三　激戦地沖縄への格別な慰霊

昭和天皇は敗戦につぐ占領という厳しい状況下で、苦しむ多くの国民を励ますために、全国各地を巡幸された。それは高齢になられた晩年まで続けられ、最後になんとしてもお出ましになりたかったのが沖縄である。しかし、残念ながら、沖縄は昭和四十七年（一九七二）まで米軍の施政権下に置かれ、またその後もいろいろな事情によって困難が続き、昭和五十年の沖縄国際海洋博覧会にも天皇はお出ましになれなかった。

そこで、代わって当時の皇太子殿下が妃殿下とともにお出ましくださった。それ以来、おそろいで何度も沖縄に足を運ばれ、戦跡を訪ねて亡くなった方々を慰霊されるとともに、戦後も長らく苦労してこられた人々に心からの感謝と敬意を表しておられる。

この沖縄へ私も昭和四十二年から五回伺った。そのたびに思うのは、あの沖縄で壮烈な戦いがなされなかったら、本土は救われなかったかもしれないということである。昭和二十年の初めから硫黄島において、激烈な戦闘があった。ついで四月から沖縄において激戦が繰り返され、軍民合わせて二十数万もの方々が亡くなられた。その間にアメリカ軍の死傷者も多数出た。そこで、彼らとしては、もし日本本土を攻撃すれば、この何倍・何十倍という犠牲が生ずることを恐れて、本土の総攻撃を諦めたに違いない。まさに沖縄で必死に戦われた人々が本土の楯となってくださったのである。

そういう沖縄に対する思いは、おそらく昭和天皇が強くお持ちであられたと思われる。そこで、それを体して、沖縄にしばしばお出ましくださっているのが、今上陛下にほかならない。

昭和五十年（一九七五）初めて沖縄へ行啓されたときのことは、高橋紘氏の『平成の天皇と皇室』（文春新書）などに書かれているが、本当に心打たれる。彼は共同通信社の宮内記者として行啓に随行し、ひめゆり部隊の慰霊碑がある前で起きた事件を目撃している。

当日、両殿下は灼熱の沖縄へ着かれると、直ちに南部の戦跡を御巡拝になった。最初に訪ねられたのは「ひめゆりの塔」である。そのとき、壕の中に潜んでいた過激派の学生が両殿下めがけて火炎ビンを投げつけ、至近距離で破裂した。しかし、皇太子殿下は咄嗟《とっさ》に妃殿下をかばわれ、いったん御車へ退かれるが、すぐに車から出てこられ、現地の人々が慌てふためいているなか、ひめゆり部隊の生き残りの人々に「大丈夫でしたか」と、皇太子殿下のほうからお言葉をかけられたという。

ただ、警備当局としては、もしこのまま続ければ、何が起きるかもわからないと心配して、以後の予定を中止しようとした。ところが、皇太子殿下は、予定どおりに続けてほしいと言われ、そのまま「魂魄《こんぱく》の塔」や「健児の塔」などを巡拝なさり、蒸し暑い遺族会館で遺族たちの労をねぎらわれた。そしてその夜、次のような「おことば」を出しておられる。

「過去に多くの苦難を経験しながらも、常に平和を願望し続けてきた沖縄が、先の大戦で我が国では唯一の住民を巻き込む戦場と化し幾多の悲惨な犠牲を払い、今日に至ったことは、忘れることのできない大きな不幸であり、犠牲者や遺族のことを思うとき、悲しみと痛恨の思いに浸されます。私たちは沖縄の苦難の歴史を思い、沖縄占領下における県民の傷跡を深く省み、平和への願いを未来に繋ぎ、ともども力を合わせて努力していきたいと思います。払われた多くの尊い犠牲は、一時の好意や言葉によって贖《あがな》われるものではなく、人々が長い年月をかけて、これを記憶し、一人一人、深い内省の中にあって、この地に心を寄せ続けていくことを措いて考えられません。……」

これを拝見すると、沖縄の苦難は、単に皆様お気の毒でしたという一片の言葉などで贖えるような生やさしいものではないこと、沖縄の現実を知ったならば、それをいつまでも記憶に留め、一人一人が深い内省のうちに心を寄せ続けていくほかない、と仰せられるのである。これは極めて重いお言葉だと思われる。

ちなみに、私は父が南方(ソロモン)で戦死している。そのため、少しでも戦地に近いところまで行きたいと思い、昭和四十二年(一九六七)八月、初めて沖縄を訪ね、それ以来、自分なりに慰霊を続けてきた。しかし、犠牲者に何十年も思いを寄せ続けるようなことは、必ずしも容易にできることではない。けれども、今上陛下は、沖縄が昭和四十七年に本土復帰する前から、沖縄の小学生が豆記者として本土へ来ると、東宮御所に招かれて沖縄の事情を親しく聞かれ、お若いころより沖縄のことを十分理解しておられる。しかも、この昭和五十年に現地へ行啓され、想像以上に厳しい現実を肌身で感じ取られたに違いない。

皆さんも機会があれば、ぜひ沖縄を訪ねていただきたい。そして、できれば沖縄の遺骨収集にも力を尽くしてほしい。残念なことに、沖縄の遺骨収集は、今や仕事のない人々に、お金を出してやらせる計画が進んでいるという。そんな馬鹿なことがあるだろうか。命がけで戦い亡くなった方々のご遺骨を、就労対策として収集させるような行政の堕落は、今の日本の恥部を曝《さら》け出している。

そうではなくて、国民有志が沖縄へ出かけ、洞窟の中をはいずり回り、ご遺骨を最後の一片まで収集して慰霊する、という気持ちがなければならない。ちなみに、親友の坂本大生氏（ＳＹＤボランティア友の会代表）は、二十年以上にわたり老若男女の有志を募って、沖縄の遺骨収集を続けている。

今上陛下は、まさにそういう思いを込めて「これを記憶し、一人一人深い内省の中にあって、心を寄せ続けていく」ことが必要だと仰せられ、それをみずから実行しておられる。

平成元年（一九八九）践祚された陛下は、まず沖縄へお出かけになりたいと思われ、それがようやく平成五年に実現した。そのときのお言葉に、「即位後、早い機会に沖縄県を訪れたいという念願がかない、今日から四日間を沖縄県で過ごすことになりました。到着後、国立戦没者墓苑に詣で、多くの亡くなった人々をしのび、遺族の深い悲しみに思いを致しています。先の戦争では実に多くの命が失われました。中でも沖縄県が戦場となり、住民を巻き込む地上戦が行われ、二十万の人々が犠牲となったことに対し、言葉に尽くせぬものを感じます。ここに深く哀悼の意を表したいと思います」とある。

これは単なる作文ではない。陛下の「おことば」は、侍従が起草しても、それをほとんど書き直され、みずからの思いを込めてまとめ上げられる、と承っている。したがって、ここには陛下のご心情がそのまま表現されていると思われる。

戦後も沖縄の人々の歩んだ道は、厳しいものがあったと察せられます。そのような中で、それぞれが痛みを持ちつつ、郷土の復興に立ち上がり、今日の沖縄を築き上げてきたことを深くねぎらいたいと思います。……沖縄県民を含む国民とともに、戦争のために亡くなった多くの人々の死を無にすることなく、常に自国と世界の歴史を理解し、平和を念願し続けていきたいものです。

沖縄へ行ってみると、かなりの人々が「大和んちゅうは嫌いだけれども、今の天皇と皇后は大好きだ」と言われる。これは両陛下が何度も沖縄へ足を運ばれ、戦争で亡くなられた方々にも、戦後の沖縄復興に尽くされた人々にも、心から「ありがとう。ご苦労さま。これからもよろしく」という思いを寄せ続けておられるからであろう。

四 小笠原・サイパンも慰霊

今上陛下は皇后陛下とともに、沖縄だけでなく、その前の激戦地、小笠原にもお出ましになっている。私はまだ訪れていないが、小笠原の硫黄島などは簡単に行くことのできない厳しいところだという。けれども、ずいぶん前から陛下が政府に申し入れをされて検討の末、平成六年（一九九四）二月、ようやく念願がかない、小笠原の硫黄島も父島・母島も訪ねられた。

当時、皇后陛下はマスコミのいわゆる〝美智子さまバッシング〟によって、御声を失っておられた。お話しになることができない状態だったのである。それでも一緒にお出ましになった。その際、天皇陛下は次のように述べておられる。

小笠原返還後二十五年を経て（小笠原は昭和四十三年に本土復帰）、この度初めて硫黄島、父島、母島を訪れました。小笠原は一八三〇年の植民、明治九年（一八七六）の日本領宣言以来、様々な歴史を辿り、発展してきましたが、先の大戦では、島民の強制疎開、硫黄島における島民を含む二万人近くの日本軍の玉砕、返還までの二十年以上にわたる多くの島民の、島を離れての厳しい生活がありました。

私どもは、この小笠原諸島、とりわけ硫黄島について戦後どれだけの認識を持ってきただろうか。しかし、陛下は、沖縄戦の前に、この硫黄島において激戦・玉砕があったことなどを十分ご存じであるから、「いまだに地下に一万の遺体が眠る硫黄島への訪問は心の痛むものでありました」が、それゆえあえてこの機会にお出ましくださったのである。

しかも、その際、「今日、硫黄島の厳しい環境の下で勤務している自衛隊員ならびに海上保安庁職員の労苦を多とするものであります」と述べられ、自衛隊や海上保安庁の人々をも、ねぎらっておられる。

必ずしも戦争で亡くなられた方々だけではない。広く日本のために、公共のために、命がけで戦い、命を落とした人々が、現にいる。具体的に言えば、自衛隊員や警察官・消防官・海上保安官なども含めて、戦没者と言ってよい。そういう方々の昼夜をわかたぬご苦労、命をかけての働きに、陛下は常にお心を寄せておられる。それゆえ、このときも、硫黄島を訪ね得たのは、ここを守っている自衛隊や海上保安庁の人々のお蔭である、ということに言及しておられるのであろう。

陛下は「この島で日本軍約二万人が玉砕し、米軍の戦死者も約七千人という多数に上りました。この度この島を訪問し、祖国のために精根込めて戦った人々のことを思い、また遺族のことを考え、深い悲しみを覚えます」と述べられた。しかも、その直後に「精根を込め戦ひし人未だ　地下に眠りて島は悲しき」と詠んでおられることに、驚嘆するほかない。

なぜなら、今度の戦争で亡くなった方々について、いろいろな言い方がされてきた。例えば、あの小泉元総理でさえ、靖国参拝をしたのは結構なことだが、「心ならずも戦争に駆り立てられて戦死をされた人々」というような表現をしている。かなりの政治家や評論家なども、枕詞のように「心ならずも」とか、「あの無益・無謀な戦争で命を失ったのは気の毒だ」などと言う。しかしながら、今上陛下は、そうではない。「祖国のために精根込めて戦った」のだ、とはっきり述べておられる。

ところで、あの硫黄島には、祖国のために精魂を込めて戦い亡くなった方々の遺骨が、まだ一万余りそのままになっている。ここを占拠した米軍が、滑走路を造るため、おびただしい遺体を無惨にもブルドーザーで埋め立て、また摺鉢山の洞窟内には硫黄が吹き出ており、容易に遺骨収集ができない。その事に思いを致され、「精根を込め戦ひし人未だ　地下に眠りて島は悲しき」と詠まれた。このような思い、これほど深い戦没者に対する思いやりを、われわれはいったいどれだけ持ち得ているのか、ということを反省させられる。

平成七年（一九九五）は敗戦から五十年ということで、いろいろなことがあった。いわゆる村山首相談話なるものが出され、海外（中国・韓国など）に向けて謝罪することが、戦後を終結することだというような風潮の強かった年である。しかし、天皇・皇后両陛下は何をなさったのかと言えば、この年の七月下旬から八月の初めにかけて、広島と長崎、ついで沖縄へ慰霊に出向かれた。そして最後は、東京の墨田区にある慰霊堂へ参拝しておられる。

念のため、東京都の慰霊堂は仏式である。そこへ天皇陛下や公職の都知事が参拝することについて、評論家やマスコミは、何も文句を言わない。しかし、なぜか靖国神社や護国神社へ陛下や総理など公人がお参りすることになると、大騒ぎをする。まことに不可解な偏向と言わざるをえない。

しかも、この平成七年十二月、東京の国立劇場で行われた「戦後五十年を記念する集い」においては、「今日の平和と繁栄をもたらす礎となった多くの人々をしのび、この平和を意義あるものとしていかしていくことの大切さを改めて思うものであります」と述べられて、今後は「日本国民が国内にあっても世界の中にあっても、常に他と共存する精神を失うことなく、慎みと品位ある国民性を培っていくことを、心から念願しております」と結んでおられる。

あの戦争は無謀であったとか、われわれは被害者であるとか、そんなことを言い立てるのとは、全く異なる。今日の平和と繁栄は、この戦争によって命を投げ出された人々の築かれた礎の上にあるのだと認識して、これからは他と共存してゆく必要があると言われる。

この「他と共存する精神」というのも、いろいろな理解の仕方があろう。もちろん、同じ日本国民同士、あるいは世界の人々とともに、ということもあるが、もう一つ、祖先とともに、亡くなった人々とともにというのも、他と共存することだと思われる。われわれが今日あるのは、祖先の子孫として存在し得るのだから、現存する同時代人のみならず、過去の人々にも思いを馳せて、共存する精神を失わないことである。

つまり、今さえよければよいとか、自分さえよければよいということではない。現存する人々だけでなく、各自の祖先や戦争などで亡くなった人々も、可能な限り心に留めながら生きてゆく。それによって「慎みと品位ある国民性を培っていく」必要があると述べておられるのである。われわれ日本人にとって、「慎み」とは、また「品位」とは何であるのか、ということを深く反省せしめられる。

さらに十年後、平成十七年（二〇〇五）六月には、海外のサイパンまでお出ましになられた。その年末の記者会見における「おことば」を拝見すると、「先の大戦では非常に多くの日本人が亡くなりました。全体の戦没者三百十万人の中で外地で亡くなった人は二百四十万人に達しています。戦後六十年に当たって、私どもはこのように大勢の方が亡くなった外地での慰霊を考え、多くの人々の協力を得て、米国の自治領である北マリアナ諸島のサイパン島を訪問しました」と述べておられる。

このお出ましは、実に難しいことであった。なぜなら、天皇陛下の海外訪問は、原則として相手国の招請、つまりその国をお訪ねいただきたいという招待があって、それにお応えになるというのが通例である。天皇のお気持ちだからと言っても、米国の自治領であるサイパンを訪れることは簡単にできない。しかし、陛下は内々に何度も政府にご意向を伝えられ、政府が米国と話し合って、ようやく実現したことなのである。

先の戦争において、海外で亡くなった方は二百万を超す。しかも、その遺骨収集はまだ一割ほどしかできていない。皆さんも東京へ行かれたら、あの靖国神社は一番大事であるが、すぐ近くの千鳥ヶ淵戦没者墓苑も訪れていただきたい。あれは、昭和二十七年（一九五二）の講和独立以来、海外で亡くなった方々の遺骨を収集してきても、それらの方々のお名前はわからないので、焼骨した遺灰を納める納骨堂として造られたものである。あそこへお参りすると、海外でこれほどたくさんの方が亡くなられ、その内わずか二十万ほどしか帰還しておられない、まだ百数十万のご遺骨が野ざらしになっている、ということに胸が痛む。

ただ、率直に申せば、すでに五十年も六十年も経っているから、完全な遺骨収集は無理だろうと思われる。私の父が亡くなったソロモンでは、八十歳代の戦友たちが昨年も行き、今年も行くと言っておられる。しかし、現地へ行っても、遺骨はなかなか出ない。出たと言っても、それは原住民があらかじめ掘り起こしておいてくれたものを焼骨して帰るということが多い。

とはいえ、何年経っても大切なのは、心の込もった慰霊である。それをお考えの天皇陛下は、せめて外地の一つであるサイパンにおいて、海外で亡くなられたすべての人々を慰霊したいという思いから、あえてお出ましくださったのであろう。これによって、海外で亡くなられた方々は、どれほど喜ばれたことであろうか。この平成十七年のサイパン慰霊ご訪問は、非常に重要な意味を持っている。

むすび――「全国戦没者」の慰霊――

最後に、今年（平成二十一年）も八月十五日、両陛下がお出ましくださった政府主催の全国戦没者追悼式について簡単に申し添えたい。この式典では、戦闘で亡くなった方々だけでなく、広島・長崎の原爆や各地の空襲などで亡くなった方々も含めて、三百十万余の人々を慰霊・追悼するということになっている。

また、形式は無宗教だから日本武道館という財団法人の施設でやってもかまわないと言われている。しかしながら、よく見ると、中央に「全国戦没者之霊」と書いてある。これが八月十五日の行事として始まった当初（昭和三十八年）、「全国戦没者追悼之標」と記してあった。標識の標、印という意味であるが、これに対して日本遺族会から強く申し入れをした結果、三年目からようやく「全国戦没者之霊」と改められ、今日に至っている。

これは神道でいう「ひもろぎ」とみてよい。ひもろぎ（神籬）に御霊《みたま》をお迎えし、そこで玉串として菊の花を捧げてお祭りする。少なくとも私はそう理解している。そう考えれば、全国戦没者三百十万余の御霊がここへ降神されていることになろう。われわれは毎年、八月十五日の正午、その三百十万余の「霊」に向かって追悼の黙禱を捧げる。これは日本的な追悼・慰霊の形式として重要な意味を持っている。それゆえ、今上陛下が皇后陛下とともに、毎年お出ましくださることは真にありがたい。

かつて昭和天皇は、最晩年の昭和六十三年（一九八八）八月、御体調が極めて難しいなか、那須の御用邸からヘリコプターで駆けつけられ、足下もおぼつかない状況でご臨席賜わった。その大御心を受け継がれて、今上陛下も七十五歳を越されながら、お出ましを続けておられる。

このように拝見すると、今上陛下の戦没者に対する思いは、極めて深いことに恐れ入るほかない。そのルーツを辿ると、すでに昭和二十年敗戦の日に、亡くなった方々だけでなく、戦友の方々も銃後の人々も、祖国のためによくぞ戦ってくださった、その戦いは感心な事だった、という思いを心に刻んでおられることにあろう。しかも、その思いを六十有余年の間ずっと持ち続けておられる。沖縄にも硫黄島にもサイパンにもお出ましになったのは、その表れにほかならないと思われる。

よく今上陛下は「平和と福祉」に力を入れておられると言われるが、その平和というのも単なるお題目ではない。戦争によって命がけで贖《あがな》われた平和というものに感謝をされる。また戦後の平和を維持するため、命がけで戦ってきた自衛官・警察官・消防官や多くの心ある人々に対しても、心から敬意を表しておられる。

そういう意味から、今上陛下が「おことば」で述べられている平和への祈り、戦没者への慰霊というものを、私どもは国民の立場で真剣に学び取り、可能な限り受け継いでいきたいと思う。

〈付記〉本章は、平成二十一年九月六日、岐阜県下呂市で催された第四十六回「楠公回天祭」の講話記録である。

第十一章　両陛下こそ心の拠り所

はじめに ―「両陛下の祈り」―

今回（平成二十三年三月十一日）の「東日本大震災」は、大東亜（太平洋）戦争の戦災に次ぐ未曾有《みぞう》の国難である。といっても、昭和十六年（一九四一）十二月生まれの私ですら、戦時中の記憶はないに等しい。それに対して、当時、小学生以上だった世代には、厳しくつらい体験であったにもかかわらず、むしろそれを底力として戦後を築き上げ、今回の国難に遭遇しても、屈することなく対処中の人々が随所に見受けられる。

その代表例が今上陛下と皇后陛下にほかならない、という印象は、すでにマスコミの報道を通じて、多くの日本人が（おそらく外国人も）感じ取っていることであろう。とりわけ、『文藝春秋』五月号（四月十日発売）に掲載された川島裕侍従長による記録「天皇皇后両陛下の祈り―厄災からの一週間―」を読まれた方々は、それを確信されたに違いない（同誌八月号にも、同侍従長の詳細な続稿が掲載されている）。

そこで、その背景と実情を明らかにするため、六十数年前に疎開された今上陛下が書かれた当時の御作文と、皇后陛下の後年の思い出を抄録し、また今回の大地震直後「皇居勤労奉仕団」などに両陛下が示された即刻対処の一端を紹介させていただこう。

想定外の危難に直面した際、われわれは何を考え何を為しうるであろうか。その具体的な最高のお手本をここに見いだし、それを少しでも身近に実践していきたいと念じながら。

一　今上陛下の初心・原点

今上陛下（御名明仁《あきひと》）は、昭和十五年四月、学習院初等科へ入学された。しかし、翌十六年十二月からの戦争で、次第に危険な状態となったため、同十九年五月、五年生の皇太子明仁親王は東京より沼津へ、ついで八月、日光へ学友たちと疎開された（弟の義宮も。また姉妹の孝宮・順宮・清宮は塩原へ疎開）。

それから一年三か月近く日光で耐乏生活をされたが、特にその冬は「異常寒波（零下十七度）に見舞われ……ほとんどすべての学生（児童）がしもやけに苦しんだ」（『学習院百年史』第二編）という。

その十二月二十三日、満十一歳の御誕生日に、母上の香淳《こうじゅん》皇后は、わが皇子を含む全国の「疎開児童のうへを思ひて」、次のような御歌を詠んでおられる。

つぎの世を　せおふべき身ぞ　たくましく　ただしくのびよ　さとにうつりて

翌二十年（一九四五）の八月十日、御前会議で昭和天皇（四十四歳）の「御聖断」により、ポツダム宣言の受諾が決定された。それとともに、従来、皇太子（東宮《とうぐう》）は「皇后宮職《しき》」の扱いであったが独立の「東宮職」が設けられ、その東宮大夫《だいぶ》兼東宮侍従長に穂積重遠博士（東大名誉教授）が任命されている。

この穂積大夫は、父陳重博士と同じく和漢洋に通じた穏健な民法学者として知られ、八月十五日〝終戦（停戦）の玉音放送〟直後、その趣旨を少年皇太子にわかりやすく説明された。すると明仁親王は「新日本の建設」と題する作文を「日誌」に書かれた。それが十一月、皇居へもたらされ、侍従次長木下道雄氏の日誌に書写されている（高橋紘氏翻刻《ほんこく》・解説『側近日誌』平成二年・文藝春秋刊）。その要点を抄録すれば、次のとおりである（適宜改行、以下同じ）。

今度の戦で我が忠勇な陸海軍が陸に海に空に勇戦奮闘し、殊に特攻隊は命を投げ出して陛下の御為笑つて死んで行きました。又国民も度々の空襲で家を焼かれ、妻子を失つても歯をくひしばつてがんばりました。このやうに国民が忠義を尽して一生懸命に戦つたことは感心なことでした。けれども戦は負けました。それは英米の物量が我が国に比べ物にならない程多く、アメリカの戦争ぶりが非常に上手だつたからです。……その原因は日本の国力がおとつてゐたためと、科学の力が及ばなかつたためです。……

今は日本のどん底です。……これからは……どんなに苦しくなつてもこのどん底からはい上がらなければなりません。それにには日本人が国体護持の精神を堅く守つて一致して働かなければなりません。……今までは、勝ち抜くための勉強、運動をして来ましたが、今度からは皇后陛下の御歌（前掲）のやうに、つぎの世を背負つて新日本建設に進まなければなりません。それも皆私の双肩にかゝつてゐるのです。それにには先生方、傅育官《ふいく》のいふ事をよく聞いて実行し、どんな苦しさにもたへしのんで行けるだけのねばり強さを養ひ……もつともつとしつかりして明治天皇のやうに皆から仰がれるやうになつて、日本を導いて行かなければならないと思ひます。

これが六年生（満十一歳）の皇太子殿下による御作文なのである。おそらく穂積大夫らの助言も加わっているにせよ、なんと的確な御認識、なんと健気《けなげ》な御決意であろうか。これこそ今上陛下の初心・原点ではないかと思われる。

二　愛と犠牲の不可分性

皇后陛下（美智子様）は、夫君より一歳年下であり、昭和十六年四月、雙葉《ふたば》小学校へ入られた。しかし、戦争の激化により、いったん神奈川県鵠沼《くげぬま》の乃木高女附属小学校へ移られ、ついで同二十年三月、正田家の出身地である群馬県館林《たてばやし》、さらに六月、長野県軽井沢へ、あわただしく疎開しておられる。

その疎開中、勉強にも運動にも精を出され、とりわけ読書に勤《いそ》しまれたことが、約半世紀後の平成十年九月、「子供時代の読書の思い出」と題する講演の中で語られている。このスピーチは、国際児童図書評議会（IBBY）のニューデリー大会へ招かれ、英語によりなされる予定であった。しかし、インドが核実験を強行したので、参加辞退を余儀なくされ、代わりに英語のビデオテープを作り送られたところ、非常な好評を博したものである。

その全文は単行本『橋をかける』（すえもりブックス）や宮内庁侍従職監修『皇后陛下お言葉集・歩み』（海竜社刊）、および宮内庁ホームページに和英両文で併載されている。しかも、ビデオでは時間の都合により省略された部分も完全に収録されている。以下それから引用しよう。

度重なる移居と転校は子供には負担で……したが、田舎での生活は……私をすっかり健康に……しました。……この時代に、たまに父（正田英三郎氏）が東京から持ってきてくれる本は、どんなに嬉しかったか。……

そのような中の一冊に……日本の神話伝説の本がありました。……これは、今考えると、本当によい贈り物であったと思います。なぜなら、それから間もなく戦争が終わり、米軍の占領下に置かれた日本では、教育の方針が大幅に変わり、その後は歴史教育の中から、神話や伝説は全く削除されてしまったからです。……

父がくれた神話伝説の本は、私に、個々の家族以外にも、民族の共通の祖先があることを教えたという意味で、私に一つの根っこのようなものを与えてくれました。……（その本の中に）忘れられない話がありました。

……倭 建御子《やまとたけるのみこ》と呼ばれるこの皇子は、父（景行）天皇の命を受け……遠征に出かけます。途中、海が荒れ、皇子の船は航路を閉ざされます。この時、付き添っていた后、弟橘《おとたちばな》比売命《ひめのみこと》は、自分が海に入り海神のいかりを鎮める……と云い入水《じゅすい》し、皇子の船を目的地に向かわせます。……

この……弟橘の言動には……（倭）建と任務を分かち合うような、どこか意志的なものが感じられ……愛と犠牲という二つのものが、私の中で最も近いものとして、むしろ一つのものとして感じられた……それは愛というものが、時として過酷な形をとるものなのかも知れないという……愛と犠牲の不可分性への、恐れであり、畏怖《いふ》であったように思います。……

これも五年生（十歳）ころの美智子さまが疎開先で感得された読書の想い出の一端である。そのなかで、敗戦後GHQにより「歴史教育の中から……全く削除されてしまった……神話伝説の本」を「本当によい贈り物であった」と回想され、また「忘れられない話」として弟橘比売命の入水を取り上げて、「愛と犠牲の不可分性」にまで論及しておられる。これは、戦後の利己的な〝平和教育〟がタブー視してきた真実を明言されたもので、凛《りん》とした御見識に敬服するほかない。

三　大震災に即刻対処

このように、大戦末期の疎開体験を共有される両陛下は、昭和三十四年（一九五九）の御結婚以来、多様な公務にも身近な庶務にも全力を尽くしてこられた。

とりわけ東宮時代から、父君に代わって激戦地の沖縄を訪ねられ、また即位後も、被爆地の広島・長崎や玉砕地の硫黄島、サイパン島にまで出向かれた。さらに、大きな火山爆発や地震津波で被災した各地を巡られて、亡くなった方々の御霊《みたま》を慰め、生き残った人々を励ましながら、今日に至っておられる。

この半世紀あまり、あらゆる国民のために思いを致され、お二人で懸命に努力してこられたのである。その矢先、三月十一日に東日本で大地震・大津波が（まもなく原子力発電所の爆発も）突発した。

あの直後、ついで一週間、さらに二か月の日々、私どもは何を考え、何を為し得たであろうか。もちろん、地域・立場などにより異なるが、私はゼミ生らと一緒に学内外で義捐金《ぎえんきん》の募集を呼びかけたり、ボランティアに行く有志学生らを送り出す程度のことしかできていない。

ところが、宮内庁のホームページなどによれば、天皇・皇后両陛下は、すでに翌十二日、「この度の東北地方太平洋沖地震により……広範な地域にわたって甚大な被害が生じ……拡大していることに深く心を痛めて」おられ、「犠牲者へのお悔み、負傷者及び被災者へのお見舞いと共に、災害対策に全力を尽くしている関係者一同の努力を深く多とする」という思し召しを、羽毛田宮内庁長官から菅総理大臣に伝えられた（これは、被災関係者だけでなく、全国民にも直ちに首相より公表されるべきであったと思われる）。

次いで五日後の十六日夕方、各テレビ局から「天皇陛下のおことば」録画が放映され、その全文が新聞・雑誌などに掲載された。それを拝見・拝読して、驚いたことがいくつかある。

その第一は、このような非常事態に直面して、天皇陛下みずから全国民に語りかけられるのは、大元帥の昭和天皇が初めて行われた〝終戦（停戦）の玉音放送〟に相当する。それを現行憲法のもとでも、象徴天皇の今上陛下が、自ら提案して堂々と行われたのである。

また第二には、これほど被災しても「みずからを励ましつつ、これからの日々を生きようとしている人々の雄々しさに深く胸を打たれています」と述べておられることである。この文脈で「雄々しさ」に言及されたのは、おそらく敗戦後初めての歌会始用に詠まれた昭和天皇の御製「ふりつもるみ雪にたへていろかへぬ松ぞををしき人もかくあれ」を想起され、その雄々しさが六十数年後の今日まで受け継がれていると感じられたからであろう。

さらに第三は、このたび被災した方々のために「自衛隊、警察、消防、海上保安庁を始めとする国や地方自治体の人々、諸外国から救援のために来日した人々、国内のさまざまな救援組織に属する人々が、余震の続く危険な状況の中で、日夜救援活動を進めている努力に感謝し、その労を深くねぎらいたく思います」と述べておられることである。

これは単に、満遍なく謝意を表されたものではないと思われる。今なお一部に否定論もある自衛隊（十万余名出動）を真っ先に挙げられたうえで、同じく命懸けで活動している「警察、消防、海上保安庁を始めとする国や地方自治体の人々」などを、次々と挙げておられる。それら内外多数の人々が「日夜救援活動を進めている努力」に対して、いち早く感謝のお気持ちを示された意義は、極めて大きい。

しかし、最も驚いたのは、川島侍従長の前掲記録により広く知らせていただいた、大地震当日から一週間にわたる両陛下の御動静である。その中でも特にビックリしたのは、次のような事実にほかならない。

ⓐ「（午後二時ころ）両陛下は……勤労奉仕に出向いていた三団体の人々に会われ、労をねぎらわれた後……宮殿に向かい、皇后さまは公務（内閣から上がってきた書類に署名や押印をされる憲法上の国事行為）をなさる陛下を御座所の芳菊の間までお送りになり、一足先に御所に戻られるところ……（二時四十六分）地震の最初の揺れが来た」ので、「すぐに……（御所の）重いガラスの引き戸を少し開けられ、外への出口を確保された」という。

ⓑ「両陛下は……今しがた会われた各地の勤労奉仕の人々……のことを気づかわれ、侍従に安否を確かめ」られたが「これらの人々の一部（約六十名）も、やがて〝帰宅難民〟となり……皇居内の窓明館（休憩所）に泊まることになり……夕方侍医のひとりが皇后さまのご依頼で窓明館を訪れ」た。それのみならず、翌十二日「朝七時半、皇后さまは窓明館に赴かれ」たという。

四　万一への知恵と心構え

このうちⓐの末尾は「ご実家のお母さまの教えとして、皇后さまがいつも守られていること」だと言われる。確かに戦前・戦中・戦後の困難な時代を生き抜いてきた人々には、万一に備えての知恵と心構えがあった。それゆえ御所では、早く（約四十年前のオイル・ショックのころ）から「節電の努力が進められ」、今回も直ちに「御所は節電に全面的に協力すべきとの両陛下のお気持ちが示され」ている。

一方、ⓑは全く前代未聞の特別な措置である。皇室に限らず民間でも、前例のないことを咄嗟に考え、実際に行うのは難しい。しかしながら、両陛下は勤労奉仕に来ていた人々の安否を即座に確かめられて、交通麻痺の急報が入ると、直ちに休憩所で泊まれるよう指示しておられる。

そのうえ、夕方には侍医を遣わされ（羽毛田長官も直接お越しになったという）、しかも翌朝、皇后陛下みずからお出ましになり、ⓑの中略部分によれば、「大学生の一団を見舞い、発熱のためあとに残らねばならない（女子）学生一名が宮内庁病院で休めるよう現場にいた職員に手配を依頼」されるなど、格別な御心づかいを示されたという。

その大学生とは、かつて私が十年近く勤めていた皇學館大学の有志学生たち（二十名）である。ちなみに、皇居の勤労奉仕は、昭和二十年十二月、宮城県栗原郡（今は市）の青年団有志が、五月の空襲で焼失した明治宮殿の瓦礫などを片付けるため参上したことに始まる（木下道雄氏著『宮中見聞録』）。

その由緒を伝え聞いて感動した私は、同四十八年（一九七三）十二月下旬、担任クラス（国史学科十期生）などの有志学生ら二十数名と一緒に、奉仕させていただいたことがある。それが初例となり、以来今日まで実施されている（平日の連続四日間、うち一日は赤坂御用地）。

もちろん、今回のような経験は前代未聞の特例である。そこで、詳しい記録を奉仕団長（新三年生）の柴田晃治郎君にまとめてもらった（日本学協会編『日本』平成二十三年六月号所載「皇居勤労奉仕と東日本大震災」）。その末尾に、「ありがたい皇室を戴く日本人として、これから長期に亘るであろう日本復興のためにも貢献できるよう、精一杯努力したい」と書かれている。

天皇・皇后両陛下は、すでに七十七歳・七十六歳、いわゆる〝後期高齢者〟である。しかし、今回の大震災にも、まさしく〝民の父母〟として、直ちに何ができるかを考え、早速に実行しておられる。

その一つが、御所内の計画停電励行である。あまりの寒さに、側近が両陛下のご体調を心配しても、「苦しんでいる人々と困難を分かち合いたい」とか、「寒さは厚着をすれば凌《しの》ぐことができる」とか、自主停電は「災害時にどう対処すればいいかを学ぶ機会でもある」と諭《さと》されているという。これは、歴代の天皇に受け継がれる〝国民と苦楽をともに〟という御心に加えて、戦時中から御身につけられた知恵を活《い》かしておられることになろう。

もう一つは、避難所（東京・埼玉）、被災地（千葉・茨城・宮城・岩手・福島）へのお出ましである。これも先方の負担とならないように、細心の配慮をされ、都外にもすべて日帰りである。そのため埼玉や千葉、茨城には自動車に何時間も乗って往復された。しかも宮城・岩手・福島には、朝早く出て、自衛隊機の輸送機（厚いジャケット着用は相当苦しい）とヘリコプターを乗り継ぎ、ミニ・マイクロバスで移動され、被災現場の視察と避難所等の訪問を精一杯なさり、夜分お戻りになった。これほどのハードスケジュールを敢行されたのは、まさしく父君、昭和天皇の御事績を御手本とされたからだと思われる。

五　関東大震災へのご対応

周知のごとく、日本は〝地震列島〟である。優雅なイメージの強い平安時代でさえも、「大地震《おおない》」が平均数十年ごとに激発（特に八六九年の陸奥地域で起こった貞観《じょうがん》地震はM8・6という）したことは、『ＷｉＬＬ』平成二十三年六月号の拙稿でもリアルな史料を紹介した。しかし、近代の〝大地震〟といえば、約九十年前の大正十二年（一九二三）九月一日正午直前、関東一円を襲った大地震（M7・9）であり、その惨禍死者・行方不明者約十四万一千人に上るという。

その当時、御病気の父君に代わって摂政《せっしょう》であられた皇太子裕仁親王（二十二歳）は、明治宮殿の御座所で政務を執っておられたが、「聊《いささ》かも地震に動じさせ給はず」、まもなく側近に「何処《どこ》が最も被害多かるべきか」と尋ねられたという（四竈孝輔《しかまこうすけ》『侍従武官日記』）。そして翌二日から、東京と周辺に「戒厳令」を敷かれ、早くも七日に「支払猶予令」「暴利取締令」（緊急勅令）など、また十二日に「帝都復興詔書」などを次々と出されている。

その詔書には、「朕、深くみずから戒慎してやまざるも……非常の秋《とき》に際しては、非常の果断なかるべからず。……その善後策は、ひとり旧態を回復するに止まらず、進んで将来の発展を図り……面目を新にせざるべからず。……」とある。これによって人々の動揺が静まり、官民一体となって「復興」に乗り出したといわれる。

次いで十五日には（十八日も）、騎馬で東京市内を視察された。そして翌十六日、宮内大臣牧野伸顕《のぶあき》を呼び、「災害実況を見聞して、傷心益々深し。就いては今秋挙行（十一月に内定）の（良子《ながこ》女王との）結婚式は……延期す」と決められた。

さらに十一月一日、摂政として「国民精神作興に関する詔書」を出され、「今次の災禍、甚だ大にして、文化の紹復、国力の振興は、皆国民の精神に待つ。……入りては恭倹勤敏、業に服し産を治め、出でては一己の利害に偏せずして、力を公益世務に竭《つく》し、以て国家の興隆と民族の安栄、社会の福祉とを図るべし。……」と全国民に呼びかけておられる。

六　七週連続の被災地ご訪問

このような措置は、「統治権の総攬者《そうらん》」たる天皇の「摂政」であられたから直ちに為されえたことである。それに対して、今上陛下は現行憲法で「国政に関する権能を有しない」と制約されている。それを十分にご承知のうえで、前述のごとく、政府からの連絡も報告も不十分な当日から、身近にできることを次々となさり、五日後にはビデオ映像の「お言葉」まで発信されたのである。

「お言葉」のむすびには「被災した人々が決して希望を捨てることなく、身体《からだ》を大切に明日からの日々を生き抜いてくれるよう、また、国民一人びとりが、被災した各地域の上にこれからも長く心を寄せ、被災者と共に各々の地域の復興の道のりを見守り続けていくことを心より願っています」と述べておられる。

この思いを最も誠実に実践し続けておられるのが、両陛下にほかならない。現に被災地への御訪問も、三月末日から五月十一日まで、七週間も連続して実施された。これは、父君が敗戦の半年後から八年かけて行われた戦災地の御巡幸に相当しよう。

ちなみに、昭和天皇は御巡幸三十回目（昭和二十二年八月五日）に訪ねられた福島県北部の常磐炭鉱では、地下四五〇メートル（灼熱四〇度強）の第四炭層まで降り、赤銅肌の坑夫たちを激励された。そして、「あつさつよき磐城《いわき》の里の炭山に　働く人を雄々しとぞ見し」と詠んでおられる（鈴木正男氏『昭和天皇のおほみうた』など）。

また昭和六十一年十一月に、伊豆半島の三原山大噴火により多くの島民が被災すると、翌年六月二十二日、すでに八十六歳の天皇は自衛隊のヘリコプターに乗って大島へ向かわれ（帰路は高速船）、「皆が身の危険を顧みず、災害に対応し復興に努力している」実情を直接ご覧になっている（その三か月後に入院して手術され、それから一年四か月後に崩御《ほうぎょ》）。

このような昭和天皇を御手本としてこられた今上陛下は、今回も皇后陛下と共に、被災者たちのために為しうることを全力で実行しておられる。それに感応し発奮する大多数の日本人が、心を合わせて努力するならば、単なる復旧以上の画期的な日本復興を成し遂げられるに違いない。

（平成二十三年五月十五日記）

第十二章　象徴天皇の「まつりごと」

はじめに　―歴史の余慶―

先般、岩倉具忠先生から、こちら（霞会館京都支所）へ来て「宮中祭祀」に関するお話をするように言われ、しばらく躊躇《ちゅうちょ》した。霞会館の皆様は、皇室のことを私より遥かによくご存じの方が多いと思われる。しかも、書物や伝聞などを基にした私の理解には、思わざる間違いがあるかもしれないからである。その点はお赦《ゆる》し賜わりたく、またお教えをいただければありがたい。

本論に入る前に、余談であるが、幕末に岐阜県の西濃から「所郁太郎」という人物が出ている。彼は大垣に近い赤坂の矢橋という造り酒屋に生まれ、私の郷里（揖斐川町）の隣（大野町）にある所伊織《いおり》という医家の養子に入った。ただ所家は漢方医で、これからは蘭方を学ばなければと思い立ち、京都などへ遊学し、やがて大阪にある緒方洪庵の適塾へ入った。そこで長州の人と出会ったことが機縁となり、途中の経緯は省くが、最後は長州へ行き、高杉晋作のもとで活躍中に亡くなった。

そのため、地元の岐阜県でもあまり知られていない。しかし、山口県ではよく知られていることが一つある。それは井上聞多（のちの井上馨）が、イギリスへ渡り帰国後に正論を主張していた矢先、反対派から滅多斬りにされ、ほとんど絶命しそうになった。そのとき、蘭方医の所郁太郎が駆けつけ畳針で手術をして、幸い一命を取り留めた。そこで、井上馨も明治に入ってから、郁太郎を命の恩人として顕彰に努め、故人の甥を養育して医業を継がせている。

ところで、私は昭和五十年（一九七五）から数年間、文部省で教科書調査官を務めていた。ある日、東大名誉教授の井上光貞博士から「近くの霞会館にいるから、よければ来てくれませんか」というお電話があった。ご承知のとおり、井上博士は日本古代史学界の大御所だから、何事かと驚いたが、「うちの曽祖父が君の先祖に世話になったらしいから、お礼をしたくてね」と言われ、面食らった。

先生は井上馨の曾孫（桂太郎の孫でもある）にあたり、私を所郁太郎の縁者だと思っておられたらしい。残念ながら、私の家は直接の血縁ではないが、郁太郎の養子先が比較的近い所にあることは確かである。

これは一つの私的な逸話にすぎないが、明治維新の余韻は今でも生きている。百年とか百五十年前と言えば、かなり昔のようだが、今の日本、今の京都とも深いつながりがある。例えば、岩倉具視《いわくらともみ》が幕末維新に大きな働きをしたことは、日本史の教科書などに必ず書かれているが、それ以外のことでも重要な役割を果たしている。

京都で毎年十月二十二日に行われる平安神宮の「時代祭」にしても、この神宮の創建を最初に考えたのは岩倉公である。最晩年の明治十六年（一八八三）、さびれた京都をなんとか復興しようと、いろいろ検討の末、京都御苑の一角に「平安神宮」を造るための計画を立て、具体的な絵図面まで作っている。その計画は、動き出そうとした寸前、公が亡くなったため、いったん沙汰止みになる。しかし、その後十年ほど経ってから、明治二十八年（一八九五）平安建都千百年を記念して、今の平安神宮ができたのである。

また岩倉公は、京都を復興するために、桓武天皇を祀る平安神宮の創建だけでなく、そのころ途絶えていた賀茂大社の「葵祭《あおいまつり》」や石清水《いわしみず》八幡宮の「放生会《ほうじょうえ》」などを再興したり、将来の即位礼と大嘗祭も京都御所で執り行われることなども提案した。さらに、京都御苑の中に博物館や迎賓館を造ったらどうか、といった案まで出している。それが百二十年後、今の京都で和風迎賓館として実現したことになろう。

そういう意味で、現在のわれわれも、いろいろな歴史の余慶にあずかりながら生きている。そして、こういう歴史や伝統を、最もたくさん担っておられるのが、皇室にほかならない。

日本における皇室の存在が、どれほど大きいか、また大切かということは、知れば知るほど痛感する。私などの学びえたことはごく僅かであるが、本日は今上陛下が、どういうことをどのようになさっておられるのか、少し整理して申し上げたい。

一　象徴天皇は世襲の元首

現在私どもは、昭和二十一年（一九四六）十一月に公布され半年後に施行された「日本国憲法」のもとにある。「天皇」もこの憲法に規定された日本国家の重要な制度であり、ひと言でいえば象徴天皇と申し上げてよい。では「象徴天皇」とはなんなのか、ということを最初に確認しておこう。

今の憲法は旧憲法と全く違う、と言う人が少なくない。ところが、憲法の第一章という最も大事な部分は、新旧とも「天皇」である。これが国民とか主権とかではなく、「天皇」という章であり、その一条から八条まで、天皇に関することが規定されている。

しかも、この憲法が公布されたのは、昭和二十一年の十一月三日である。当時はまだ「明治節」と称されていた。つまり、この憲法を昭和天皇が公布する儀式をなさったのは、まさに明治節なのである。もちろん今では、その原案はＧＨＱが作ったものであり、それを翻訳し多少修正を加えて仕上げたものだと判明している。ただ、ＧＨＱといえども、明治憲法と全く違うものを作ったのでは、日本人が守らないだろうと見越していた。そこで、中身は大幅に変えながら、日本人にとって最も大事な天皇に関する条文は、旧憲法と同じく冒頭に置かなければいけないと考えたのであろう。

この第一条文を平たく申せば、天皇は日本国の代表者であり、全国民統合の中心者であるということになる。実はマッカーサー自身、昭和二十一年の二月に憲法起草の三原則を示し、その第一に「ジ・エンペラー・イズ・アット・ザ・ヘッド・オブ・ザ・ステート」と記しているから、「日本の皇帝は国家の元首である」ということを初めから認めていたのである。

ただ、憲法案の起草にあたったGHQ民政局のスタッフが、「元首」という言葉を使えば明治憲法との区別がつかないため、「ザ・シンボル」という言葉に置き換えた。けれども、意味するところは、天皇が日本国を代表される御方であり全国民統合の中心の御方である、つまり〝象徴的な元首〟だということを示したものにほかならない。

ところが、戦後の日本では、象徴天皇が国家を代表する元首かどうかについて議論がある。かなりの憲法学者が、日本の元首は内閣総理大臣だとか、あるいは衆議院の議長だと言う。しかしながら、そのような解釈は国際的に全く通用しない。

現に、天皇陛下が外国へお出ましになれば、必ず元首の礼をもって迎えられる。先般、カナダへお出ましのときも、カナダの総督は天皇を元首として迎え、歓迎の祝意を表す礼砲も二十一発であった。総理大臣の場合は十九発。また、外国から日本へ着任する大使・公使は、「信任状」という重要な文書を持って来る。これには、その国の元首から相手国の元首に向けて、この大使が赴任するからよろしくということが書かれている。それが誰宛かと言えば、すべて天皇陛下にほかならない。世界中、共産圏の中国であれ、天皇が日本国の元首に相当する御方である、という認識は国際的な常識であり通念となっている。

ただ、第一条の後半に「この地位は、主権の存する日本国民の総意に基く」と書いてある。そのためか、天皇の地位は国民の多数決でどうにでもなるのだ、と言う人が少なくない。しかし昭和二十一年当時、国民投票や世論調査をして、天皇を象徴と決めたわけではない。そうではなくて、日本古来の歴史を踏まえれば、天皇は日本国を代表され全国民統合の中心である、という自明の認識を「国民の総意」（ルソーのいう「一般意志」に類する）として明記したとみるほかない。

従って、現行憲法が続く限り、天皇の地位は国民の多数決などで動かせるものではない。第一条は、いわば普遍的な一般意志により、天皇を日本国の象徴であり国民統合の象徴である、としているのである。

また、第二条に「皇位は、世襲のものであつて」と規定されている。つまり、天皇になられるお方は、誰でもよいのではなくて、大和朝廷以来の皇統を継がれる御子孫が、必ず世襲制でお継ぎにならなければならない。「世襲」ということが憲法に明示されているのは、天皇以外にない。

戦後は、マッカーサー原則の第三より、華族制度が廃止されてしまった。そのために、こちらの霞会館の正式メンバーである旧華族出身の方であっても、われわれのような者でも、親の地位や役割を子孫が自動的に世襲できるとか世襲しなければならない、ということはない。唯一それが憲法に規定されているのは天皇であり、これは権利とか義務というより、天命・天職と申すべきかもしれない。

二　皇室の伝統と皇室典範

戦前の日本には、家の制度があり、どこにも家長が存在した。それに対して戦後は、一般国民に家制度の家長がなくなった。とはいえ、皇室だけには広義の家制度が残っている。天皇陛下を家長とする大きな家が、皇家すなわち皇室にほかならない。その家長たる者は、「世襲」でなければならないし、その継承順位なども「国会の議決した皇室典範に基づく」ということが憲法に明記されている特別な地位なのである。

そういう意味で、今の天皇制度は、〝象徴世襲天皇制度〟と言うのが正しい。この制度を裏付ける現行の「皇室典範」は、明治のそれを大筋で受け継いだ規定になっている。しかし、憲法と同様、典範も作られてから半世紀以上経つと、現状にそぐわないところがいろいろと出てきた。私どもの周辺を見渡しても、昔は当たり前だったことが、次第に通用しないとか不具合だということが少なくない。

それゆえ、現行の「皇室典範」も、やはり半世紀以上経った今日、かなり見直しをしなければ、皇室が段々と立ち行かなくなってしまうのではないか、と心配される。今回はその中身に触れないが、もし拙著『皇位継承のあり方』（ＰＨＰ新書）などをご覧いただけたら幸いである。

ここには、ご参考までに「皇室の生活文化に見る伝統の多様性」という拙文を資料ⓐとして載せてある。これは、昨年（平成二十一年）私どもの大学で開かれた「比較生活文化学会」の大会で講述した要旨である。その最初の部分に「伝統とは」ということで、四月、皇后陛下が御成婚五十年に先立つ記者会見でお話しになったことを挙げておいた。

ご覧のとおり、まず「伝統と共に生きるということは、時に大変なことでもありますが、伝統があるために、国や社会や家が、どれだけ力強く、豊かになれているか、ということに気付かされることがあります」と述べておられる。

確かに、伝統というものがあるところとないところでは格段に違う。京都でも百年以上の由緒ある老舗《しにせ》や古いお家柄というのは、それだけで十分な意味を持っている。まさに伝統があるお蔭で、国も社会もその家も非常に力強く豊かになれるということは、事実であろう。

ただ、その反面、「型のみで残った伝統が、社会の進展を阻んだり、伝統という名の下で古い慣習が人々を苦しめていることもあり、この言葉が安易に使われることは好ましく思いません」とも言っておられる。

この点も確かにそうであって、伝統というものには心が込もっており、心と型がうまく噛み合っていなければならない。型だけ残って心がどこかへいってしまうと、いわゆる因習・陋習《ろうしゅう》ということになる。それでは、例えば皇家＝皇室を構成される人々をがんじがらめにして、非常に息苦しくしてしまうということになりかねない。そういう意味で、これが伝統だと思っているものでも、本当にそうだと言えるかどうか、よくよく考えなければならない。

日本の皇室は、二千年以上にわたり続いてきたから、それ自体が最高の伝統である。ただ、皇室の伝統なるものも、時代とともに変わってきた、あるいは新しく創られてきた側面もある。むしろ、そういう柔軟さが皇室の伝統なのではないか、とすら思われる。それゆえ、ある時代に形作られたものは、「皇室典範」にしても何にしても、本質に照らして守るべきは守り、改めるべきは改めるというつもりで、常にしっかり考える必要がある。

そのような伝統の代表であり中心である皇室の方々、とりわけ天皇陛下は、いったいどのようなことをなさっておられるのかということが、本日のテーマである。そこで、念のために、皇家＝皇室を構成されている方々の現状を確認しておくと、資料①の「現代皇室の略系図」に示したとおり、現在の皇室には二十三方《かた》おられる。

一口に皇室とか皇家とかいうが、最も大きな重い存在は、やはり内廷の方々である。つまり、天皇と皇后、及び皇太子と皇太子妃とご長女敬宮愛子さまの五名を内廷の方々と言う。しかも、厳密に申せば、天皇は皇族の上に立たれる特別な存在だから、皇族と区別する。その意味で内廷には、天皇と四方の皇族がおられ、これが本家にあたる。

これに次ぐ存在が各宮家の方々である。この宮家は、独立した分家にあたり、現在五家ある。そのうち、今上陛下の直宮《じきみや》である秋篠宮家が筆頭格、次に先帝直宮の常陸宮家、その次が先々帝直宮の三笠宮家とその次男・三男の宮家という順序になる。

この五宮家に、現在十八方の皇族がおられ、それらの方々が内廷を支えておられる。つまり、皇室を構成される二十三方は、すべて大事な方々であるが、やはり内廷のウェイトが大きく、しかも天皇・皇后の御二方、とりわけ天皇が格別に重要なご存在であられる。

現行の憲法を見ても、天皇のことしか書いていない。それ以外の皇族については、天皇のご家族・ご親族として、「皇室典範」などに定められている。天皇は憲法上も唯一の格別な存在である。その天皇陛下が、どのようなお務めをなさっておられるのかということは、われわれ一般国民としても、可能な限り知っておきたいことである。

もちろん、それとともに、伴侶であられる皇后陛下が、あるいはその後を継がれる皇太子殿下とその伴侶である同妃殿下が、それぞれの役割を果たしておられる。さらに宮家の方々も、それぞれに役割を担っておられる。しかしながら、今回は時間の関係もあり、天皇陛下のお務めを中心にお話し申し上げたい。

三　象徴天皇の国事行為と公的行為

象徴天皇のお務めは、いろいろある。それは政府（法制局）の見解でも、憲法学の通説でも「天皇陛下のお務め」を三つに分類している（資料②）。

まず一つはA「憲法の定める国事行為」である。これは憲法の第三条以下に明示されており、「天皇の国事に関するすべての行為には、内閣の助言と承認を必要とし、内閣が、その責任を負ふ」。その内容は、第七条に十項目の国事行為が列挙されており、しかも、その前の第六条に、「天皇は、国会の指名に基いて、内閣総理大臣を任命する。天皇は、内閣の指名に基いて、最高裁判所の長たる裁判官を任命する」とある。

つまり、内閣総理大臣というのは、国会の衆参両院で多数決により指名されるけれども、それには当然野党が別の候補を立てて反対する。しかし、多数決で決まった総理大臣は、支持してくれる多数のためだけに仕事をすればよいのではなく、日本国の総理として国家・国民全体のために働かないといけない。それゆえ、国家・国民統合の象徴である天皇陛下から任命されることによって、総理大臣はその重大な責務を自覚し、それを全力で遂行するようにならなければならない。それを公的に促すため、天皇陛下が内閣総理大臣を任命されるということには、極めて重要な意味があると思われる。

同様に、最高裁判所の長官も、内閣が指名するけれども、天皇により任命される。さらに、すべての国務大臣・副大臣など、国家・国民全体のため国務に精励する要職の方々は、必ず天皇により認証していただくということになっている。

先般、私は宮内庁の書陵部へ史料調査に参った際、長官室へ御挨拶に伺った。すると、モーニングを着用中で、「間もなく副大臣の認証式があり、陛下のお傍に立たなければなりませんので」と言っておられた。昔は大臣だけだったが、今は副大臣クラスも、天皇の認証を得て副大臣になる。

このような憲法に明示された国事行為は、内政上のこともあるが、外交上のことも少なくない。例えば、先ほど申し上げた信任状の捧呈《ほうてい》だけでも、百数十の国々から、数年ごとに大使・公使が来任すると、それを受けられるのはすべて天皇である。

しかも、天皇は憲法に書いてある国事行為しかされないのかと言うと、そうではない。むしろ憲法に書かれていないことを、たくさん行っておられる。それが二つ目のB「象徴としての公的行為」であって、簡略に「象徴行為」と言うこともある。これを園部逸夫さんは、「君主的な行為」と「伝統的な行為」とに分けておられる。要するに、象徴の地位にある天皇がなさるにふさわしいこと、また多くの国民が象徴として行っていただきたいと思うことが、いろいろある。

そのうち、君主的な公的行為として、内外への行幸がある。例えば、全国植樹祭と国民体育大会、及び全国豊かな海づくり大会は、各都道府県の持ち回りにより催される国家的・国民的な行事である。そこで、それぞれの開会式へ、天皇・皇后両陛下がご臨席くださり、それによって、それぞれの行事が極めて意義深いものになる。これを平成の三大行幸というが、ほかにもいろいろな行事に臨席される。

例えば、国会の開会式にもお出ましになる。これは憲法に書いていない。憲法には、天皇の国事行為として、国会を解散すること、衆議院の総選挙を行うこと、国会を召集すること、が挙げられており、いずれも詔書を出される。

それに対して、国会の開会式は、両院の議長が主催する式典に、象徴たる天皇陛下をご招待すると、そこへ臨席されてお言葉を賜る。これは、先ほど申し上げた三大行幸と同様、それぞれの主催者が両陛下にお出ましを願い出て、ご臨席を仰ぐことにより、その行事の意味を十全ならしめている。これは、なさらなくても済むと言う人がいるかもしれない。しかし、主催者の要請や期待があれば、しかも長年の慣例となれば、必ずお出ましになることに公的な意味がある。

さらに、外国へのお出ましも、君主的な公的行為にあたる。今の天皇・皇后両陛下は、皇太子・同妃のころからずいぶん各国へ出かけておられる。しかし、それらはすべて、先方からお越しいただきたいという招待があり、政府がそれをアレンジして、お出ましになる。

こういう外国へのご訪問は、もちろん単なる観光旅行ではなく、いわゆる皇室外交でもない。まさに国際親善のため、相手国の要請に基づき、日本を代表してお出ましくださっている。これも象徴としてのご公務である。

ただ、唯一の例外として、先方の招待ではなく、両陛下のご希望により日本以外へお出ましになられたことがある。それは、先般の大戦において海外で亡くなられた多くの戦没者のために、なんとか慰霊したいというお気持ちから、その思いを宮内庁長官より政府に伝えられ、外務省を通してアメリカ側の了承をとりつけ、平成十七年六月、ようやくサイパンへのお出ましが実現した。これも、極めて大きな意味を持っている。

ちなみに、私の父は南方のソロモン（ニュージョージア島）で戦死をしているから、海外での戦没者と遺族らにとって、これほどありがたいことはない。しかも、あのとき、両陛下は日本の戦没者だけでなく、アメリカの将兵、あるいは朝鮮半島や台湾出身の方々に対しても、哀悼の意を表されたことが、どれほど関係者の心を打ったか測り知れない。

そのうえ、伝統的な公的行為もいくつかある。いちばんよく知られているのは、毎年お正月に行われる「歌会始」である。宮廷の歌会というのは平安の昔からあったが、これは明治天皇の思し召しにより、一般国民の詠進も認められ、たくさんの詠進歌から十首が選ばれて披露されることになっている。

近ごろは歌を詠む人が少なく、詠進歌も昭和時代には四万首くらいあったが、平成に入ってから二万首くらいに減っているという。私は全く腰折れだが、四十数年間、家内とともに毎年詠進している。また学生たちにも勧め、試験用紙の余白に書かせてみると、なかなかよい歌を作るが、清書して詠進する者は少ない。毎年九月の末が締め切りだから、皆さんもぜひ、お出しいただきたい。もれ承るところ、入選しようとしまいと、詠進歌は全部、宮内庁の係の方が整理をされて、天皇・皇后両陛下のお手元へ差し上げられ、それを両陛下が一々ご覧くださるという。

毎年あらかじめ天皇陛下のお決めくださった「お題」（平成二十三年は「葉」）が発表され、それに基づいて、皆が思いを寄せて歌を詠む。こんなすばらしい文化的営みは、世界広しといえどもほかにないと思われる。和歌《やまとうた》の伝統は、まさに記紀・万葉の昔から千数百年以上も続いている、日本のいちばん大事な伝統文化だと思う。しかし、このような文化も放っておいたら廃《すた》れてしまう。それを皇室がいちばん大切にされ、とりわけ明治以降、国民にも開かれ、誰でも詠進させていただけることになっているのである。

この正月「歌会始」の儀は、天皇陛下が主催される。その席には、皇族方や入選者だけでなく、百名近い人々もお招きに預かり陪聴をゆるされる。私も数年前、その陪聴者として参内する機会に恵まれ、あの古式ゆかしい披講《ひこう》の様子を間近に拝見して、まさにこれこそ君民一体の日本文化だと、つくづく感じ入った。

また「歌会始」の前後に、「御講書始」がある。日本の皇室は、昔から学問を非常に重んじられて、国内の古典だけでなく、漢籍も洋書も熱心に学ばれる、という伝統がある。

特に明治以降は、日本・東洋・西洋の学問、また戦後は、人文・社会・自然の三領域にわたる碩学からご進講を受けられるという行事が続いている。私のよく存じ上げている老先生が、昭和天皇の晩年、この御講書始に招かれて、本当に緊張しておられた。御講書始の進講者は、前々年に内定し、前年の様子を陪席して見学させてもらい、翌年の本番に粗相のないよう準備を万全にして臨む、ということになっているから、満一年以上ある。その先生は、一年間絶対に病気などをしないよう、奥さんともども精進に精進を重ね、立派にその大役を務められた。

およそ学者として、陛下の御前で学問の一端をお聴きいただけるということは、何にも勝る名誉である。それのみならず、広く学界のためにも、学問尊重の気運振興に寄与するところは大きいと思われる。

四　天皇の務められる私的行為

このような憲法上の国事行為であるとか、象徴としての公的行為と言われるものは、比較的よく報道もされる。それに対して、あまり報道されないのが、いわゆるC「私的行為」とされているものである。そのうち、特に宮中祭祀は、宗教的な要素を含むとして、現行憲法の解釈上、公的な行為と見なされない。

この宮中祭祀は、決して特定の宗教を鼓吹したり、別の宗教を否定したりするものではない。しかし、その祭儀を神道の形式で行うため、これを公的行為とか、ましてや国事行為と見なすことは難しいとされている。また、皇祖神（天照大神）を祀る伊勢神宮のお祭りも、神宮という一宗教法人が勝手に行っているのではなく、天皇陛下から大宮司が預かり神宮で行っている。その意味で、これも皇室祭祀の一環と見られるが、同様に私的な扱いを受けている。

さらに、日本の天皇は、昔からご自身で熱心に学問をなさる方が少なくない。今上陛下も「ハゼ」を分類する研究で大変な業績を上げておられる。平成十九年（二〇〇七）五月、リンネ生誕三百年の記念行事がスウェーデンとイギリスで催され、そこへ公式に招かれてお出ましになった。その際、英語でなさったすばらしい内容のスピーチは、宮内庁のホームページに和英の全文が載っており、また最近、朝日新聞出版刊の『天皇陛下 科学を語る』という本の中にも収められている。

あのとき、主席随員を務めた野依良治博士（ノーベル化学賞受賞者）によれば、「あれを知って、世界の科学者が驚いた。日本の天皇はすばらしい科学者だ。そういう科学者を国家の象徴として持つ日本は、なんとすばらしい国だろうと絶賛した」という。こういうご研究は、公務の合間を縫ってコツコツと続けておられる。それが極めて公的な意味を持つことにもなるが、これは純然たる私的行為とされている。

五　宮中の祭祀と儀式の場所

現在の皇居の中でも、かつて江戸城の本丸・二の丸・三の丸などがあった東御苑は、年末・年始と月曜日・金曜日以外なら、自由に誰でも入ることができる。ただ、かつての江戸城西の丸にあたる吹上御苑は、天皇・皇后両陛下がお住まいになっている御所などがあるから、関係者以外は入れない。

その吹上御苑の中に、いわゆる宮中三殿がある。皇室祭祀の場所である三殿というのは、賢所《かしこどころ》と皇霊殿と神殿を指す。ただ、その西にある神嘉殿も含めて宮中三殿と申すこともある。

一方、公的な儀式などに使用されるのが、宮殿と言われる所である。ここは立派な明治宮殿のあった所であるが、昭和二十年五月二十六日の空襲で全焼してしまった。その跡地を整備して、ようやく昭和四十三年十一月に再建されたのが、いわゆる昭和新宮殿である。

この宮殿があるエリアも、ふだんは関係者以外入れない。ただ、毎年お正月の二日と、天皇誕生日の十二月二十三日には、一般参賀を受け入れている。その場所は、二重橋を渡って入ったところにある長和殿の前庭で、そこに大勢の人々が並び、長和殿のベランダへお立ちになる天皇陛下と皇族方のお出ましを迎える。

また、先ほど申し上げた歌会始とか、総理大臣などの任命式とか、外国大使の信任状捧呈式などは、正殿の松の間で行われる。その左右にある竹の間や梅の間でも、さまざまな儀式が行われる。さらに、豊明殿では、例えば外国からの国賓などが来られた時、晩餐会などが行われる。

宮殿の奥のほうには、表御座所があり、天皇陛下はここへ出勤して公務をなさる。ここの「菊の間」で国事行為や公的行為として、御名《ぎょめい》をお書きになり、御璽《ぎょじ》（「天皇御璽」か「大日本国璽」）を押さしめられる。

例えば、今の「平成」という元号の決まった時に出された政令に親署されたものは国立公文書館にあり、それを『皇室事典』（角川学芸出版）の口絵に入れたことがある。

このような政令は、憲法第七条の第一項により、法律や条例などと共に、天皇が公布することになっている。そのため、内閣で決めた新元号の政令を天皇のところへお持ちすると、それに「明仁」という御名をみずから毛筆で書かれ、続いて侍従職が九センチ四方の「天皇御璽」という印鑑を押す。その政令が早速、官報に登載されたところで、「平成」という元号が公布されたことになり、翌日の一月八日午前零時から施行されるに至ったのである。

こういうふうな法律・政令・条約などは、それほど多くないが、春と秋の膨大な叙勲に関する功績調書や宮内庁関係の書類などもご覧になられる。それは数え方によるが、毎年二千件を超すといわれ、時には行幸先やご静養先まで内閣から書類が届くと、夜中でも行われるという。

六　宮内庁「一か月ルール」の背景

賢所を中心とする三殿と神嘉殿は、明治二十二年（一八八九）にできている。つまり、今から百二十年以上も前であるから、大変しっかり造られているが、さすがに耐震構造対策をしなければならない。そこで、数年前から工事が行われ、それが完了して、平成二十年の三月、仮殿に遷されていた御神体の御神霊が、神輿《みこし》のような御羽車《おはぐるま》に奉じられて、三殿へお遷りになった。

ここで行われる宮中祭祀はたくさんある（資料③参照）。毎年必ず行われる恒例の祭祀だけでも二十以上ある。また、それ以外に臨時のものが毎年あり、両方を合わせると毎年三十余になる。

このような祭祀を格別に重視しておられる今上陛下は、可能な限り毎回必ずお出ましになる。しかも平服ではなく、ほとんど黄櫨染御袍《こうろぜんのごほう》という束帯《そくたい》姿でも特別のものを着られる。また、新嘗祭の夜は白い御祭服をお召しになる。ともかく平安以来のご装束で臨まれる祭祀がこんなにたくさんあり、しかも奥の綾綺殿《りょうきでん》で丁寧に潔斎《けっさい》してから、殿内で厳かな神事をなさるのである。

ところで、少し横へ逸れるが、昨年（平成二十一年）、十二月の十五日に残念な出来事があった。それは、中華人民共和国の習近平という国家副主席が来日する機会に、「公賓として天皇陛下にお目にかかりたい」という申し入れを、十一月下旬に中国側から言ってきた。それに対して政府も外務省も、中国側からの要望だから受けざるをえないと思ったのか、宮内庁に申し入れたが、宮内庁の羽毛田《はけた》長官は毅然と断った。けれども、中国側から再び強硬に言ってきたので、鳩山総理の指示により官房長官と外務大臣から、再び宮内庁へ強く申し入れをしている。

そこで、宮内庁は再び断わろうと努めたが、現行制度上、宮内庁長官は内閣府の指揮下にある。そのため、心ならずも陛下にお願いをして、なんとか直前にご了解を賜り、十五日の会談が成り立った。

では、なぜ宮内庁が断ったのかといえば、陛下のご公務が平成に入って段々と多くなってきたので、事前に日程を調整する必要から「一か月ルール」というものを作り、それを外務省と在外公館に通達してあった。それにもかかわらず、一か月を切った段階で申し入れがあったから、会談を行うことは到底無理だと断ったのである。

このルールが最初に作られたのは平成七年（一九九五）三月である。当時すでに両陛下が六十歳代に入られ、内外のご公務が増える一方であったから、早目の日程調整が必要になった。しかし、その後もこの通達を破る申し入れが少なくなかった。

やがて天皇陛下は、平成十五年（二〇〇三）早々、前立腺癌摘出の手術をなさった。幸い元気になられ、従来どおり公務に励んでおられる。しかし、さすが七十歳代に入られ、お疲れも目立ち始めたので、翌十六年二月、あらためて「一か月ルール」の徹底を宮内庁から外務省に依頼し、それが世界中の日本大使館に通達されていたのである。

天皇陛下のご公務、とりわけ外国関係がなぜお忙しいのかと言えば、世界に二百近くある国々のうち、百二十余りの国が日本に大使館・公使館を置いている（他は代理か兼務）。その大使・公使が着任すると、まず必ず信任状捧呈式が皇居で行われる。次いで夫婦同伴で招かれるお茶会があり、また一年くらい経つと、慰労のお茶会があり、さらに離任のときもお茶会がある。つまり、一国の大使・公使が在任中に少なくとも三回か四回、天皇・皇后両陛下のお招きに預かる。それが百倍以上あるから、平均すると、ほとんど毎週行われる。

しかも、日本の皇室は、どのような国に対しても、平等に対応される。どんなに大きなアメリカやロシアであれ、どれほど小さなモナコやヴァチカンであれ、同じように接遇されるのが原則である。だから、一組が一時間ならば、他の組もすべて一時間のお茶会となり、本当に年中お忙しい。

そのために、日程調整の必要上、できれば三か月前、少なくとも一か月前までに申し入れてほしい、というルールが公式文書で二度も通達されていた。それがなかなか守られず、あのときも無理難題を皇室・宮内庁に押し付けてきた。

それにもかかわらず、当時、与党の有力な幹事長が、えらい剣幕で宮内庁長官を批判した。「象徴天皇というのは、内閣の助言と承認によってなんでもやらなければならない。外国より来られる国賓や公賓の接待は国事行為であるから、会われるのが当然だ。お忙しいのであれば、他のことを止めて会われるべきだ。そう言えば陛下は必ず会われるに違いない」と記者会見でまくしたてたのである。

しかし、これは二重・三重に間違いである。まず天皇陛下が外国の要人に会われるのは、憲法上の国事行為ではなく、象徴天皇の公的行為である。その公的行為にも内閣の助言と承認を要すると解されているが、何をやってもらうべきか、何を省いたり後廻しにするべきかは、内閣と宮内庁の関係者で慎重に考えて決めることになっている。

そこで、政府の関係者なら当然に考慮すべきことがあった。このご会見予定日は、大事な恒例行事が行われる日だったのである。資料③を見ていただくと、「十二月中旬、賢所御神楽《かしこどころみかぐら》」と書いてある。これは明治以降、ずっと十五日に行われてきたからこそ、この日には他の行事を入れてはならない、と長官が考えて断ろうしたのであろう。

七　十二月十五日の「賢所御神楽の儀」

この「賢所御神楽の儀」というのは、夕方の六時から深夜の十二時まで行われる。宮内庁楽部の楽人たちが、賢所に祀られる天照大神さまのために、庭前の神楽舎において、合計六時間も、次々と楽を奏でながら舞いを舞う、という大変な行事である。

その際、天皇陛下や皇族方は、夕方六時より少し前に賢所の前へお出ましになり、次々と拝礼をされてから、それぞれ御所や宮家に戻られる。そして、御慎といって、その六時間、邸内でお静かにお慎みになられる。やがて夜十二時過ぎ、掌典長から託された輪榊《わさかき》を持つ侍従長が、「これで無事に終わりました」とご報告すると、はじめてお休みになられる。そのために、この十五日は朝から御所でお静かにしておられ、余分な予定を入れないということが、長らくの慣例であった。

この祭儀は、平安中期に臨時行事として始まり、平安後期から恒例化して毎年行われてきた。その趣旨は、一年間、国家・国民をお守りいただいた天照大神さまに感謝することにある。それぐらいのことは、政府の関係者なら当然知っていなければならない。

ところが、これほど重要な日であるにもかかわらず、それを意に介さず、ともかく中国が言ってきたのだから、あるいは与党が強く言うからというので、陛下に公賓との面会を受けていただかざるをえなくなったというのは、全く理不尽なことであり、不敬・無礼も甚だしい、と言わざるをえない。

ついでに申せば、「賢所御神楽」というのは、夕方から夜半まで神楽舎において行われるが、それはあくまで天照大神のためだけに営まれるお祭りだから、誰も拝見することができない。この神楽舎は屋根と柱のみで、中は吹き抜け、床板がない。この日には、その三方、東と西と南側には幕が張られ、ただ賢所の正面に向けて北側だけ開かれており、つまり天照大神さまのみに御神楽をご覧いただく。

しかも、すべての電燈が消されるから、ほとんど真っ暗である。ただ、それでは所作ができないため、二つだけ篝火《かがりび》を焚《た》くことになっている。庭燎《にわび》という。それが、神楽舎の中に一つと、出入りする楽人のため外に一つ焚かれる。この篝火をずっと焚くには、世話係が要る。これも元来は宮中の方々により行われてきたのだろうが、戦後は民間の有志に委ねられ、いくつかの神社や団体が受け持つことになっている。

そんな噂をある方から聞いた。モラロジーを学ぶ有志たちが、毎年この賢所御神楽の儀に奉仕されているという。そこで、再三お願いして、特別にお許しをいただき、三十名程の奉仕団員と一緒に伺ったことがある。

これが結構大変なことで、事前に研修を受け、前日の準備と当日の奉仕と翌日の片付けまで四日間を要する。しかも、十二月十五日は、夕方から白丁の装束を着け、二人一組となり松明《たいまつ》の篝火を三十分交代で焚く。この松明は浄闇《じょうあん》の中で、明るすぎてもいけないが暗すぎても消えてしまうから、上手にともし続けなければならない。こんなことは実際に体験してみないとわからないと思う。そのときに実感したことは、東京でも十二月中ごろ、夜が更けると本当に寒い。そういう中で、六時間も御神楽の奉納が続けられているのである。

八　夜中に合計四時間の新嘗祭

最後に、宮中祭祀の代表として、新嘗祭のことを申し上げたい。これはご存じのとおり、十一月の二十三日、現在は勤労感謝の日という「国民の祝日」になっているが、その夜に行われる。まず夕方六時から八時までが「夕《ゆうべ》の儀」で、次に少しお休みの後、さらに午後十一時から翌一時までが「暁《あかつき》の儀」である。合計二回、あわせて四時間にもわたる。

これが宮中三殿ではなく、西隣の神嘉殿という所で行われる。宮中三殿には、それぞれ神霊が祀られている。まず賢所には天照大神、ついで皇霊殿には神武天皇以下歴代天皇と全皇族方の御霊、さらに神殿には日本国中の天神地祇・八百万《やおよろず》の神々がすべて祀られている。しかし、この神嘉殿には普段何も祀られていない。ただ、毎年十一月二十三日の夜だけ、天皇ご自身がここに神々を招き祀られる神座が設けられる。

この神嘉殿には、掌典や女官らにより数多くの御神饌が運び込まれる。御神饌は、その秋に獲れたお米と粟により作られるご飯とお酒を中心として、それ以外にも海のものや山のものなど二十数種類ある。それらは掌典職の方々が丹精込めて調理する。それらが神座の前に並べられると、天皇陛下みずからが神座の神様に一つ一つ差し上げられる。その際、竹で作ったピンセット状のお箸を使って丁寧にお供えになられるという。

次いで、その一部を大神さまからの賜《た》ぶ物＝給わり物（タベモノの語源）として、みずからお召し上がりになるという。このような新嘗祭が、十一月二十三日、相当冷え込む晩秋の夜分、「夕の儀」と「暁の儀」として繰り返し行われる。

これは他の祭祀と同様、外の者はうかがうことができない。しかし、どれほど大変なことかということは、およそ想像できるであろう。二時間と二時間、合計四時間も正座されるのである。もっとも、途中で所作が入り、膝行《しっこう》といって、膝をついたままで動かれ、御神饌を神様に差し上げたり、取り下げられたりする。

今上陛下は間もなく満七十七歳という御高齢である。しかも数年前に癌の手術をしておられる。それにもかかわらず、二時間と二時間、合計四時間ものお祭りをみずから丁寧になさるのである。

皇室の方々も、普段はわれわれ以上に徹底した洋風の生活をしておられる。しかし、天皇陛下はお祭りのたびに装束をつけて正座をされなければならない。そのために、どうしておられるのかと思っていたところ、貴重な証言がえられた。

先般、霞会館の会員でもある渡邉允《わたなべまこと》前侍従長が、『天皇家の執事』というご本を文藝春秋社から出された。渡邉さんの文章はたいへん上品で、しかも中身がいずれもおもしろい。この十年余り、両陛下のお傍で経験した重要なことが、わかりやすく書かれている。

これによれば、「あるとき新嘗祭のことをお話ししていると、『正座してテレビを見ているのは、新嘗祭のときに、足の痺れや痛みなどに悩まされず、前向きで澄んだ清らかな心で祭祀を執り行いたいと考えているからだ』とおっしゃったことがあります。最近では一年中、テレビをご覧になるときは、必ずそうしておられるということでした」と書いてある。

かつて昭和天皇の場合は、新嘗祭の一か月か二か月前から、ときどきテレビの前で正座をしておられる、といわれていた。けれども、今上陛下は最近ほとんど「一年中」テレビを正座しながらご覧になるという。そうまでして普段からきちんと正座ができるよう努められ、まさに澄んだ清らかな心で祭祀を執り行ってお られるということを、私どもとしても、しっかり肝に銘じたいと思う。

もう一つだけ付け加えると、天皇陛下は毎年元旦の四時ころ、お目覚めになられ、御所で潔斎をなさり、五時半から神嘉殿の前庭において「元旦四方拝」を行われる。これは平安時代の初め、今から千二百年ほど前の嵯峨天皇朝から始まった行事である。明治の初めまでは、京都御所にある清涼殿の前庭に降り立たれ、四方を屏風で囲った中の畳を敷いた御座において、天地四方の神々を拝してこられた。

その様子は、明治の初めに岩倉公が提案して作られた『公事録』という書物が参考になる。『公事録』自体は詳細な記録だが、それに立派な「付図」もついている。それを見ると、京都御所の清涼殿の前庭で行われていた「元旦四方拝」の様子がよくわかる。

こういうものを参考にすると、今は神嘉殿の前庭であるが、元旦の五時半から、伊勢神宮をはじめ、武蔵野国の一宮である氷川《ひかわ》神社や山城国の一宮である京都の賀茂大社とか石清水八幡宮などを遥拝される御姿を偲ぶことができる。それに続いて宮中三殿で歳旦祭が行われ、こうして宮中の一年が始まるのである。

むすび ―皇室に学ぶ―

このように見て参ると、天皇陛下のお務めとは、本当に年中、お休みがないほどお忙しい。とりわけ今上陛下は宮中祭祀を非常に大事になさっている。その詳しいことは、宮中でお勤めになられた方の本が参考になる。

例えば、平成の大礼前後に掌典として奉仕された鎌田純一先生が書かれた『皇室の祭祀』は、小冊子であるが、実際のご経験をふまえた箇にして要を得た正確な説明がなされている。あるいは、もっと簡単なものながら、同じく神社本庁から出ている『皇室のまつり』というカラー刷のパンフレットも、その概要を知るには便利である。

さらに、私自身のもので申し訳ないが、かねて平安以来の宮廷儀式を研究してきた観点から、現在の宮中での儀式や祭祀がどのように行われているのかを調べ、それらをまとめて書いた拙著が、『天皇の「まつりごと」』である。

ここに「まつりごと」というのは、宮中祭祀だけでなく、国事行為や象徴行為も含めているが、なかんずく宮中祭祀のことを詳しく書いた。もちろん、まだ全体の一部分しかわかっていないが、これを書きながら、多くのことを学ばせていただいた。私どもは皇室から、とりわけ今上陛下から学ぶべきことがたくさんある。

〈追記〉本章は、平成二十二年十月九日、霞会館京都支所ホールで行われた公開講座の講話記録である。

資料ⓐ「皇室の生活文化に見る伝統の多様性」抄（序文のみ）

日本の皇室は、大和朝廷の昔から今日まで連綿と続いている。成立が日本より古い国家は、世界史上にたくさんあるが、一つの王朝が千数百年以上変わっていない国は、ほとんど他に類を見ない。それはなぜ可能になったのか、いろいろ考えられるが、貴重なポイントは、皇室の方々も多くの国民も、「伝統」の本質を大切にしてきたからだろう、と思われる。

「伝統」とは何か、と問われて最も的確に答えられた一例が、平成二十一年四月、大婚五十年に際して示された皇后陛下（美智子さま）の次のようなお言葉である（宮内庁編『道』続篇所収、NHK出版）。

　伝統と共に生きるということは、時に大変なことでもありますが、伝統があるために、国や社会や家が、どれだけ力強く豊かになれているかということに気付かされることがあります。

　一方で型のみで残った伝統が、社会の進展を阻んだり、伝統という名の下で、古い慣習が人々を苦しめていることもあり、この言葉が安易に使われることは好ましく思いません。

このお言葉には、実感が込もっている。皇后美智子さまは、大学卒業後まもなく皇室に入られて、公私とも格別にしきたりの厳しい宮中で「伝統と共に生きる」ということが、本当に大変なことであられたと思われる。しかし、そのほとんどを見事に体得され、立派に実践されておられることは、皆さまもご承知のとおりである。

この中で皇后陛下は、二つのことを指摘しておられる。その一つは「伝統があるために、国や社会や家が、どれだけ力強く豊かになれているか」というプラスの面である。ただ、もう一つは「型のみで残った伝統が、社会の進展を阻んだり、伝統という名の下で、古い慣習が人々を苦しめている」というマイナスの面も見逃してはならない。

こうした両面をきちんと見据えて、良き伝統はしっかり守り抜き、形骸化した因習・陋習は思い切って改め除く必要がある。その両方を実行することは、必ずしも容易ではないが、皇室に代表される日本の名家や老舗などは、その成功例と言ってよい。

資料①

現代皇室の略系図

第一二四代
（昭和天皇〔迪宮《みちのみや》裕仁《ひろひと》〕）昭64・1・7崩御〈87〉
＝（香淳皇后《こうじゅんこうごう》〔久邇宮良子《ながこ》〕）平12・6・16崩御〈97〉

（秩父宮《ちちぶのみや》雍仁《やすひと》親王〔淳宮《あつのみや》〕）昭28・1・4薨去〈50〉
＝（妃〔松平《まつだいら》〕勢津子《せつこ》）平7・8・25薨去〈85〉

（高松宮《たかまつのみや》宣仁《のぶひと》親王〔光宮《てるのみや》〕）昭62・2・3薨去〈82〉
＝（妃〔徳川《とくがわ》〕喜久子《きくこ》）平16・12・18薨去〈92〉

三笠宮《みかさのみや》崇仁《たかひと》親王殿下〔澄宮《すみのみや》〕大4・12・2生（96）
＝妃〔高木《たかぎ》〕百合子《ゆりこ》殿下　大12・6・4生（88）

（昭和天皇の子）

天皇陛下〔継宮《つぐのみや》明仁《あきひと》〕昭8・12・23生（78）
＝皇后陛下〔正田美智子《みちこ》〕昭9・10・20生（77）

常陸宮《ひたちのみや》正仁《まさひと》親王殿下〔義宮《よしのみや》〕昭10・11・28生（76）
＝妃〔津軽《つがる》〕華子《はなこ》殿下　昭15・7・19生（71）

（〔東久邇《ひがしくに》〕成子《しげこ》内親王〔照宮《てるのみや》〕）昭36・7・23逝去〈35〉

（祐子《さちこ》内親王〔久宮《ひさのみや》〕）昭3・3・8薨去〈0.5〉

（〔鷹司《たかつかさ》〕和子《かずこ》内親王〔孝宮《たかのみや》〕）平元・5・26逝去〈59〉

〔池田《いけだ》〕厚子《あつこ》内親王〔順宮《よりのみや》〕昭6・3・7生（80）

〔島津《しまづ》〕貴子《たかこ》内親王〔清宮《すがのみや》〕昭14・3・2生（72）

（天皇陛下の子）

皇太子殿下〔浩宮《ひろのみや》徳仁《なるひと》〕昭35・2・23生（51）
＝皇太子妃殿下〔小和田《おわだ》雅子《まさこ》〕昭38・12・9生（48）
　愛子《あいこ》内親王殿下〔敬宮《としのみや》〕平13・12・1生（10）

秋篠宮《あきしののみや》文仁《ふみひと》親王殿下〔礼宮《あやのみや》〕昭40・11・30生（46）
＝妃〔川嶋《かわしま》〕紀子《きこ》殿下　昭41・9・11生（45）
　眞子《まこ》内親王殿下　平3・10・23生（20）
　佳子《かこ》内親王殿下　平6・12・29生（17）
　悠仁《ひさひと》親王殿下　平18・9・6生（5）

清子《さやこ》内親王〔紀宮《のりのみや》→黒田〕昭44・4・18生（42）

（三笠宮崇仁親王の子）

〈三笠宮〉寛仁《ともひと》親王殿下　昭21・1・5生（65）＊
＝妃〔麻生《あそう》〕信子《のぶこ》殿下　昭30・4・9生（56）
　彬子《あきこ》女王殿下　昭56・12・20生（30）
　瑶子《ようこ》女王殿下　昭58・10・25生（28）

桂宮《かつらのみや》宜仁《よしひと》親王殿下　昭23・2・11生（63）

（高円宮《たかまどのみや》憲仁《のりひと》親王）平14・11・21薨去〈47〉
＝妃〔鳥取《とっとり》〕久子《ひさこ》殿下　昭28・7・10生（58）
　承子《つぐこ》女王殿下　昭61・3・8生（25）
　典子《のりこ》女王殿下　昭63・7・22生（23）
　絢子《あやこ》女王殿下　平2・9・15生（21）

〔近衛《このえ》〕甯子《やすこ》内親王　昭19・4・26生（67）

〔千《せん》〕容子《まさこ》内親王　昭26・10・23生（60）

※ ⬚ は内廷。（ ）は平成23年（2011）12月末日現在の満年齢。〈 〉は崩薨去年。

＊〈三笠宮〉寛仁親王殿下は平成24年6月6日薨去〈66〉。

資料②

現行の皇室制度

日本国憲法
（1）天皇は日本国・国民統合の象徴
（2）皇位は世襲（継承順は皇室典範）

皇室典範（法律）　※丸の数字は条文番号
①皇位の継承は皇統に属する男系の男子に限定
②継承の順序は長系（直系）優先、長子優先
④天皇は終身在位（⑯未成年・心身不治⇒摂政）
⑨天皇・皇族は養子不可（宮家相続も不可）
⑫皇族女子は結婚で離籍（女性宮家を否定）

天皇陛下のお務め

A. 憲法の定める国事行為…………{内政関係の行為／外交関係の行為}
B. 象徴としての公的行為…………{君主的な行為／伝統的な行為}
C. 皇室の主要な私的行為…………{宮中・神宮の祭祀／研究・修養の継続}

象徴天皇の国家的代表性

1. 国歌「君が代」
⇒君は天皇＝国家・国民統合の象徴
2. 国民の祝日「天皇誕生日」
⇒日本代表のザ・ナショナルデー
3. 来日大使の信任状捧呈
⇒元首から天皇あて（国事行為）
4. 天皇の外国訪問（公的行為）
⇒日本の元首として礼遇（祝砲 21 発）
5. 一般国民の海外旅券デザイン⇒菊紋（16 弁）

6月16日	⑫香淳皇后例祭《こうじゅんこうごうれいさい》[小]	香淳皇后の崩御相当日に皇霊殿で行われる祭典(陵所でも掌典による祭典がある)
6月30日	⑬節折《よおり》 [行]	宮殿竹の間で天皇陛下のために行われるお祓いの行事
	⑭大祓《おおはらい》 [行]	神嘉殿の前で、皇族をはじめ国民のために行われるお祓いの行事
7月30日	⑮明治天皇例祭《めいじてんのうれいさい》[小]	明治天皇の崩御相当日に皇霊殿で行われる祭典(陵所でも掌典による祭典がある)【先帝前三代例祭】
秋分の日(9月23日ころ)	⑯秋季皇霊祭《しゅうきこうれいさい》[大]	秋分の日に皇霊殿で行われるご先祖祭
	⑰秋季神殿祭《しゅうきしんでんさい》[大]	秋分の日に神殿で行われる神恩感謝の祭典
10月17日	⑱神嘗祭《かんなめさい》 [大]	賢所に新穀をお供えになる神恩感謝の祭典。この朝、神嘉殿で伊勢の神宮をご遥拝になる
(11月22日)	⑲鎮魂《ちんこん》の儀	新嘗祭の前夜に行われる祭儀
11月23日	⑳新嘗祭《にいなめさい》 [大]	神嘉殿で新穀を皇祖はじめ神々にお供えになり神恩を感謝された後、自らもお召し上がりになる祭典
12月中旬	㉑賢所御神楽《かしこどころみかぐら》[小]	夕刻から賢所に御神楽を奉奏して神霊をなごめまつる祭典(ほとんど15日)
12月23日	㉒天長祭《てんちょうさい》 [小]	天皇陛下のお誕生日を祝して三殿で行われる祭典
12月25日	㉓大正天皇例祭《たいしょうてんのうれいさい》[小]	大正天皇の崩御相当日に皇霊殿で行われる祭典(陵所でも掌典による祭典がある)【先帝前三代例祭】
12月31日	㉔節折《よおり》 [行]	宮殿竹の間で天皇陛下のために行われるお祓いの行事
	㉕大祓《おおはらい》 [行]	神嘉殿の前で、皇族をはじめ国民のために行われるお祓いの行事(その後、掌典長による除夜祭がある)

ホ)上記以外に、㉘大祭に準ずるもの(皇室・国家の大事を奉告する時など)、および㉙小祭に準ずるもの(皇后以下の皇族霊代を遷す時など)、さらに㉚新天皇の大礼をはじめ皇族の人生儀礼などに関わる臨時祭祀がある

へ)上記以外に、㉛毎月「旬祭《しゅんさい》」(各月の1日・11日・21日。ただし元日は歳旦祭)があり、また㉜毎日侍従による「毎朝御代拝」が、それぞれ三殿で行われる。三殿とは、中央の賢所、西側の皇霊殿、東側の神殿の総称で、この順に廻られる。

ト)上表は宮内庁ホームページ所載「主要祭儀一覧」を参考に若干の補訂を加えた。[大]は大祭、[小]は小祭、[行]は行事の略称。(拙著『天皇の「まつりごと」』より)

資料③　おもな宮中祭祀(祭典・行事)一覧

月　日	祭　儀	内　容
1月1日	①四方拝《しほうはい》　［行］	早朝に神嘉殿南庭で伊勢の神宮と山陵および四方の神々をご遥拝になる行事
	②歳旦祭《さいたんさい》　［小］	早朝に三殿で行われる年始の祭典
1月3日	③元始祭《げんしさい》　［大］	年始に当たって皇位の大本と由来とを祝し、国家・国民の繁栄を三殿で祈られる祭典
1月4日	④奏事始《そうじはじめ》　［行］	掌典長が年始に当たり、伊勢の神宮と宮中の祭事の前年の結果を天皇陛下に申し上げる行事
1月7日	⑤昭和天皇祭《しょうわてんのうさい》［大］	昭和天皇の崩御相当日に皇霊殿で行われる祭典(陵所でも掌典による祭典がある)【先帝祭】
	⑤'皇霊殿御神楽《こうれいでんみかぐら》	昭和天皇祭の夜、特に御神楽を奉奏して神霊をなごめまつる祭典
1月30日	⑥孝明天皇例祭《こうめいてんのうれいさい》［小］	孝明天皇の崩御相当日に皇霊殿で行われる祭典(陵所でも掌典による祭典がある)【先帝前三代例祭】
2月11日	⑦二月十一日臨時御拝《りんじぎょはい》	神武天皇の即位伝承による旧紀元節＝建国記念の日に行われる臨時御拝
2月17日	⑧祈年祭《きねんさい》　［小］	三殿で行われる年穀の豊穣を祈願する祭典
春分の日(3月20日ころ)	⑨春季皇霊祭《しゅんきこうれいさい》［大］	春分の日に皇霊殿で行われるご先祖祭
	⑩春季神殿祭《しゅんきしんでんさい》［大］	春分の日に神殿で行われる神恩感謝の祭典
4月3日	⑪神武天皇祭《じんむてんのうさい》　［大］	神武天皇の崩御相当日に皇霊殿で行われる祭典(陵所でも掌典による祭典がある)
	⑪'皇霊殿御神楽《こうれいでんみかぐら》	神武天皇祭の夜、特に御神楽を奉奏して神霊をなごめまつる祭典

注:

イ)⑦紀元節祭は、紀元節が戦後の昭和23年「国民の祝日」から除外されたけれども、宮中では「二月十一日臨時御拝」として旬祭と同じ形で続けられている。

ロ)⑤昭和天皇祭(先帝祭)と⑪神武天皇祭(皇宗祭)は大祭であり、両天皇の式年祭も大祭であるが、式年祭の年は陵所で親祭を行われる。

ハ)⑥孝明天皇例祭・⑮明治天皇例祭・㉓大正天皇例祭、および⑫先后の香淳皇后例祭は、毎年小祭であるが、㉖その四名の各式年祭は大祭で斎行される。

ニ)上記以外に、㉗歴代天皇(北朝五代を含む。ただし注ロ・ハの五代⑤⑥⑪⑮㉓を除く)の式年祭は、それぞれ小祭で斎行される。

付章「教育勅語」関係資料（抄）

資料1　太政官「学制」布告文（仰せ出され書）　明治五年（一八七二）七月

人々、自ら其の身を立て其の産を治め其の業を昌《さかん》にして、以て其の生を遂《と》ぐるゆゑんのものは、他なし、身を修《おさ》め智を開き才芸を長ずるによるなり。而して其の身を修め知を開き才芸を長ずるは、学にあらざれば能はず。是れ学校の設けあるゆゑんにして、日用常行、言語書算を初め、士官農商、百工技芸及び法律・政治・天文・医療等に至る迄、凡そ人の営むところの事、学あらざるはなし。人能《よ》く其の才のあるところに応じ、勉励して之に従事し、而して後、初めて生を治め、産を興し、業を昌にするを得べし。

されば、学問は身を立るの財本ともいふべきものにして、人たるもの誰か学ばずして可ならんや。夫《そ》の道路に迷ひ、飢餓に陥り、家を破り、身を喪《うしな》ふの徒の如きは、畢竟不学よりしてかゝる過《あやま》ちを生ずるなり。従来、学校の設けありてより年を歴ること久しといへども、或は其の道を得ざるよりして、人其の方向を誤り、学問は士人以上の事とし、農工商及び婦女子に至つては、之を度外におき、学問の何物たるを弁ぜず。又士人以上の稀《まれ》に学ぶものも、動《やや》もすれば国家の為にすと唱へ、身を立るの基たるを知らずして、或は詞章記誦の末に趨《はし》り、空理虚談の途に陥り、其の論、高尚に似たりといへども、之を身に行ひ事に施すこと能ざるもの少からず。是れすなはち治襲の習弊にして、文明普ねからず、才芸の長ぜずして、貧乏・破産・喪家の徒多きゆゑんなり。是の故に、人たるものは学ばずんばあるべからず。之を学ぶに宜しく其の旨を誤るべからず。

之に依て、今般、文部省に於て学制を定め、追々教則をも改正し、布告に及ぶべきにつき、自今以後、一般の人民、華士族農工商及び婦女子、必ず邑《むら》に不学の戸なく、家に不学の人なからしめん事を期す。人の父兄たるもの、宜しく此の意を体認し、其の愛育の情を厚くし、其の子弟をして必ず学に従事せしめざるべからざるものなり。〔高上の学に至りては、其の人の材能に任かすといへども、幼童の子弟は、男女の別なく小学に従事せしめざるものは、其の父兄の越度たるべき事。〕（中略）

右之通り仰せ出され候条、地方官に於て、辺隅小民に至る迄洩《もら》さざる様、便宜解釈を加へ、精細申し諭し、文部省規則に随ひ、学問普及致し候様、方法を設け施行すべき事。

資料2　元田永孚起草「教学聖旨」　明治十二年（一八七九）八月

㋑教学聖旨

教学の要、仁義忠孝を明かにして、智識才芸を究め、以て人道を尽すは、我が祖訓国典の大旨、上下一般の教へとする所なり。然るに輓近、専ら知識才芸のみを尚《たっ》とび、文明開化の末に馳せ、品行を破り、風俗を傷《そこな》ふ者少なからず。然る所以《ゆえん》の者は、維新の始め、首として陋《ろう》習を破り、知識を世界に広むるの卓見を以て、一時西洋の長ずる所を取り、日新の効を奏すと雖《いえど》も、其の流弊、仁義忠孝を後にし、徒《いたずら》に洋風是れ競ふに於ては、将来の恐る、所、終《つい》に君臣父子の大義を知らざるに至らんも測る可からず。是れ我が邦教学の本意に非ざる也。

故に自今以往、祖宗の訓典に基づき、専ら仁義忠孝を明かにし、道徳の学は孔子を主として、人々誠実品行を尚とび、然る上、各科の学は、其の才器に随て益々長進し、道徳才芸、本末全備して、大中至正の教学、天下に布満せしめば、我が邦独立の精神に於て、宇内に恥ること無かる可し。

㋺小学条目二件

一　仁義忠孝の心は人皆之有り。然も其の幼少の始めに、其の脳髄に感覚せしめて培養するに非れば、他の物事已《すで》に耳に入り、先入主となる時は、後奈可《いかん》とも為す可からず。故に当世、小学校にて絵図の設けあるに準じ、古今の忠臣義士・孝子節婦の画像写真を掲げ、幼年生入校の始めに先づ此の画像を示し、其の行事の概略を説諭し、忠孝の大義を第一に脳髄に感覚せしめんことを要す。然る後に、諸物の名状を知らしむれば、後来忠孝の性を養成し、博物の学に於て本末を誤ること無かるべし。

一　去秋、各県の学校を巡覧し、親しく生徒の芸業を験するに、或は農商の子弟にして其の説く所、多くは高尚の空論のみ。甚しきに至ては、善く洋語を言ふと雖も、之を邦語に訳すること能はず。此の輩、他日業卒《おわ》り家に帰るも、再び本業に就き難く、又高尚の空論にては、官と為るも無用なる可し。加之《しかのみ》ならず其の博聞に誇り長上を侮《あなど》り、県官の妨害となるも少なからざるべし。是れ皆教学の其の道を得ざるの弊害なり。故に農商には農商の学科を設け、高尚に馳せず、実地に基づき、他日学成る時は、其の本業に帰りて、益々其の業を盛大にするの教則あらんことを欲す。

資料3　伊藤博文上奏「教育議」　明治十二年（一八七九）九月

（前略）概して之を論ずるに、風俗の弊は、実に世変の余に出づ。而して其の勢ひ已《や》むを得ざる者あり。故に大局を通観するときは、是れ以て偏《ひとえ》に維新後、教育其の道を得ざるの致す所と為すべからず。但し、之を救ふ所以《ゆえん》の者如何《いかん》と云ふに至ては、教育の法、尤も其の緊要の一に居るのみ。抑〻弊端の原因は、既に専ら教育の失に非ず。故に教育は、此の弊端を療する為に間接の薬石たるに過ぎず。以て永久に涵養すべくして、而して急施紛更、以て速効を求むべからず。

明治五年（一八七二）学制を頒布せし而来《じらい》、各地方遵奉施行、今日に至り纔《わず》かに成緒に就く。但し其の興立日浅く、或は形相に失して精神に欠き、其の末に馳せて其の本を遺す者あり。

今誠に廟議より出て振作して之を拡張し、其の足らざる所を修補せば、文明の化、猶これを数年の後に望むべし、其の教則は略《ほ》ぼ現行の法に依り、而して読本の倫理風俗に係る者は、其の良善なるを択びて之を用ひしめ、又教官訓条施行し、其れをして自ら制行を謹み、言議を平かにし、生徒の模範たらしむべし。（中略）

唯、政府深く意を留むべき所の者、歴史・文学・慣習・言語は、国体を組織するの元素なり。宜しく之を愛護すべくして、之を混乱し及び之を残破することあるべからず。高等生徒を訓導するは、宜しく之を科学に進むべくして、之を政談に誘ふべからず。政談の徒、過多なるは、国民の幸福に非ず。（中略）今其の弊を矯正するは、宜しく工芸技術、百科の学を広め、子弟たる者をして高等の学に就かんと欲する者は、専ら実用を期し、精微密察、歳月を積久し、志嚮を専一にし、而して浮薄激昂の習ひを暗消せしむべし。蓋し科学は、実に政談と消長を相為す者なり。若し夫れ法科・政学は、其の試験の法を厳にし、生員を限り、独り優等の生徒のみ其の入学を許すべし。（下略）

※右を批判した元田永孚「教育議付議」

（前略）西洋の修身学に云ふ所、君臣の義薄く、夫婦ノ倫を父子の上に置くが如き、固より我邦の道に悖《もと》る。且つ修身の書、多くは耶蘇教法に出づ。故に四書五経を主とし、加ふるに国書の倫理に関する者を用ひ、更に洋書の品行性理に完全なる者を択び取るべし。（下略）

資料４　元田永孚「聖諭記」　　明治十九年（一八八六）十一月五日

十一月五日午前十時、皇上親諭《しんゆ》して曰《いわ》く例に依て参内、既にして皇上（明治天皇）出御、直に臣を召す。臣進て御前に侍す。

「朕、過日〔十月二十九日〕大学に臨す、設る所の学科を巡視するに、理科・化科・植物科・医科・法科等は益々其の進歩を見る可しと雖ども、主本とする所の修身の学科に於ては曾て見る所無し。和漢の学科は修身を専らとし、古典講習科ありと聞くと雖ども、如何なる所に設けあるや過日観ること無し。抑々大学は、日本教育高等の学校にして高等の人材を成就すべき所なり。然るに今の学科にして政事・治安の道を講習し得べき人材を求めんと欲するも、決して得べからず。（中略）森文部大臣は師範学校の改正よりして三年を待ちて地方の教育を改良し、大いに面目を改めんと云て、自ら信ずると雖ども、中学は稍《やや》改まるも、大学今見る所の如くなれば、此中より眞成の人物を育成するは決して得難きなり。汝見る所如何。」

臣謹んで対へて曰く、「（中略）抑々教育の重大なる、夙《つと》に陛下の深く慮る所、『幼学綱要』の欽定ありしより、漸くにして米國教育の流弊を救正し、世上再たび忠君愛国の主義に赴き、仁義道徳を唱ふる者あるに至りしも、去々年より又復洋風に傾き、昨今に至ては専ら洋学と変じ、和漢の学は将に廃絶に至らんとするの勢ひ、有志の士、皆大いに憂慮する所なり。但し国学・漢学の固陋なるは、從來教育の宜しきを得ざるに因る。其の忠孝道徳の主本に於ては、和漢の固有なり。今、西洋教育の方法に由て其の課程を設け、東洋哲学中に道徳の精微を窮るに至るの学科を置き、忠孝廉恥の近きより進んで経国安民の遠大を知得することを務めたらんこと、真の日本帝国の大学と稱すべきなり。（中略）自今以往、聖諭に因て和漢修身の学科を更張せんには、其の道に志ある物集《もづめ》（高見）・島田（重礼）等の如き、聊《いささ》かも国学に僻《へき》せず漢学に泥《なづ》まず、西洋の方法に因りて教科を設け、時世に適應して忠孝道徳の進歩を生徒に教導せんこと、何の難きことかあらん。其の風氣の及ぶ所、必ず國学・漢学者中に奮発して国用に供する者、出來るべき也。（中略）当世の風潮は、面々各々其弁を震ひ其の腕を伸ばし、唯進んで取ることを要するの時に際しては、自分一歩も退くべからず、素より彼等に抵抗するにも及ばず、唯地歩を占めて進む時は一歩も拔かさず、吾道徳仁義を進入せしむるを以て当世の著眼となすべきなり。是れ臣が平生の見る所、深く陛下の勅諭を教承賛美し、速かに徳大寺（侍従長）に命ぜられて渡邊（千秋）総長に下問あらんことを希ふ所なり。更に宜しく伊藤（博文）大臣、吉井（友実）次官等にも聖意の在る所を御示喩あらんことを欲す。」（後略）

右謹んで上言する処、聖顔、喜色麗しく、更に又反復懇諭あり。一時間餘にして退く。

資料５　西村茂樹『日本道徳論』　明治二十年（一八八七）二月

（前略）国の風俗人心を維持するは道徳、と定まりたるときは、其の道徳は世教《せいきょう》に依るべきか、世外教に依るべきか、と云ふ一大問題を生ずるなり。西洋諸国にて国民の道徳を維持するは、一に宗教に依り、支那にて国民の道徳を維持するは、一に世教に依るは、世人の悉《ことごと》く知る所なり。

欧洲諸国と支那と国の文化強弱の度の大に異なるは、云ふまでもなきことなり。若し文明にして強盛なる国にて用ふる教は優等なり、半化にて強盛ならざる国にて用ふる教は劣等なりと云ふときは、国の道徳は宗教を用ふるを宜しとすべきに似たり。然れども、其の宗教を用ふると世教を用ふとは、共に其の国の開化の順、教祖の生地、教義の民心に適不適、政治と教法との管係に由る者にして、即ち其の国の自然の勢に従ひたる者なり。（中略）

以上論ずる所の趣意に依拠し、余は日本の道徳を立るに、世外教（宗教）を棄てゝ世教（儒道・哲学）を用ふべきことを決定せり。但し世外教の中に於ても、其の嘉言善行は之を採りて道徳教の助けを為さんとす。（中略）

道徳学を実行するは、何の方法に依るべきか。其の大体の区分法は、第一、我が身を善くし、第二、我が家を善くし、第三、我が郷里を善くし、第四、我が本国を善くし、第五、他国の人民を善くす。

右五ケ条の外、何も言ふべきことなし。第一・第二・第四は直ちに其の義を了解することを得べし。第三は無くても宜しき様なれども、其の住居せる一町一村［殊に一村］の関係は、家と国との間に在りて一種の方法を立てざるべからざる者なれば、一ケ条として之を挙げたるなり。第五条は、或は言ふべくして行ふべからざるの条目なりと謂ふ者あるべし。然れども、真理の覆ふ所は、此の国・彼の国の差別なく、上帝より之を見れば、全世界の人民は一視同仁なるべし。故に吾が儕、能《よ》くすることを得ば、道理に通ぜず邪説に迷ふ所の外国人を教化して善良の民と為さんことは、固より此の学の目的の中に在り。然れども、事に緩急遠近の別あれば、先づ第一より第四の条目を勉行し、其の功を奉じたる上にて第五条に及ぶべきことなり。

凡そ儒道と言ひ、哲学と云ひ、仏教と云ひ、邪蘇教と云ふも、其の道徳の教といへる者は一も此の外に出ること能はず。故に天下衆教の道徳の条目の数は、是にて尽きたりと云ふも可なるべし。（後略）

資料6　中村正直「徳育の大旨」初稿

明治二十三年（一八九〇）五月

忠孝の二つは、其の原①は一つにして、人倫の大本にぞある。殊に我が国に生るゝ者は、皆②是れ朕が臣子なり。其の君父たる万世一系の帝室に対しては、常に忠孝の心を存し、各ゝ其の尽すべき職分を尽し、天意に叶ふことを務むべきぞ。

父は子の天なり、君は臣の天なり。君③に対して敬愛の誠を致す、之を忠と云ひ、父に対して敬愛の誠を致す、之を孝と云ひ、対する所に差別はあれども、誠を致すには差別ある事なし。故に君父に対して不忠・不孝なれば、罪を天に得て逃る可からず。又忠孝を尽す時は、自ら天意に叶ひ、幸福は求めずして來るものぞ。或は不運にして忠孝の爲に禍を蒙る事なきに非ざれども、其の忠孝の美名は千載の後に伝はりて永く朽ちず。後④世子孫、必ず其の餘慶を受く。是れ忠孝の天意に叶ふが故なり。

忠⑤孝の心は、天を畏るゝの心に出て、天を畏るゝの心は、人ゝ固有の性に生ず。されば天を畏るゝの心は、即ち神を敬ふの心にして、譬へば木石に理紋ある、愈ゝ《いよいよ》刮《けず》れば愈ゝ顯《あら》はれ、其⑥の体を消滅せざる限りは之を除き去ること能はざるが如く、人たる者に其の生あらん限りは、敬天敬神の心は消滅すべからざる者なり。此心の発動は、君父に対して忠孝となり、其の忠孝の心を拡めて世間に向へば、仁愛となり、信義となり、万善の本源となり、徳義の根元となるものぞ。

深夜諳室の中に在て発生する所の一念は、善にもあれ惡にもあれ、⑦自己一人の外は誰ありて是を知らずと思へども、天地神明の昭監（照鑑）する所なれば、自ら青天白日、公衆の面前に発覚し、掩《おお》へども掩はれず、⑧隠せども隠されず。其の感応の捷なるは、声の響きに応じ、影の形に従ふが如し。天人一致、内外洞徹、顕微間なしとは、即是れなり。之を知らば、人ゝ争《いか》でか其の独りを慎み、天を畏れ神を敬はではあるべき。

⑨神は我が心に舎《やど》るを以て、我が心は天に通ずる者なり。天を畏れ神を敬ふには、先づ我心を清浄にして誠実なるを旨とせよ。⑩我が心清浄ならず誠実ならずしては、何程に外面を装ふとも、天意には叶ふまじきぞ。天意に叶はざる虚偽の行ひは、君父に対して眞の忠孝にあらざれば、世間に向ても亦真の仁愛ともならず、真の信義ともならざるなり。

⑪我が国に生れて朕が臣子たる者は、立憲政体の下《もと》に立つ今日に於ては、⑫君父に忠孝なると共に、愛国の義を専らに心掛けよ。愛国の義は、誠を尽して天意に叶ふに在れば、常に仁愛信義の道に背かず、智識と徳義と並び長じ、品行完全なる国民となりて、益ゝ我が国の品位を進め、外人をして親み敬はしむるを期すべし。

朕が臣子は、自治独立の良民なり。⑬団体となりては、其の郷土の繁栄を謀《はか》り、一身に於ては、其の家族の幸福を増し、積みて以て我が国の富強を望むべし。此の望みを達せんには、如何なる艱難辛苦をも堪え忍び、心を前途の大成に傾けよ。決して他人に依頼すること勿《なか》れ。是れ良民たるものの任なりと知れよ。

⑭天道は善に福し淫に禍するを常とするが故に、善を好み惡を憎むは、人性の自然に出づ。されば勧善懲惡の教へに服し、身の爲め国の爲め、禍を避け福を求むるは、人ゝ忽《ゆるがせ》にす可《べ》からざる務めなり。故に何の教へたるを問はず、苟《いやしく》も帝国を愛護し、帝室に忠義を尽さんと誓ふ者は、皆尽《ことごと》く善良なる我が国の臣民なり。

国の強弱は国民の品行に係るを以て、万国対立の今日に在ては、⑮人ゝ皆天を畏れ神を敬ひ、君父に対しては忠孝の誠を致し、世間に向ては仁愛を主とし、信義を重んじ、一身に於ては勤倹を務め、一家に於ては和熟を求め、常に剛勇耐忍の気象を養ひ、品行を進めて尊ふべき人たらんことを勉めよ。⑯是ぞ誠に帝国を愛護するの道なるぞ。之に反して游惰に流れ軽薄に陥り、驕を好み詐を耻《はじ》ぢざるの萠《きざし》もあらば、其の禍は忽《たちまち》に我が国を衰弱ならしめ、万国に対立すること能はざる而已《のみ》かは、自治独立の良民となることも亦難かるべし。

朕が臣子たらんものは、深く畏れ痛く誡め。己を修めて、以て天意に叶ふことを務めよ。

※〈右の初稿と八次修正草案との主な異同〉

①「其の原は……大本にぞある」↓「人倫の大本なり」②「皆……其の君父たる」↓削除 ③「君に對して……差別ある事なし」↓削除 ④「後生子孫……叶ふが故なり」↓削除 ⑤「忠孝の心は、……愈々」↓「敬神の心は、人々固有の性より生ず。恰も耳目の管に視聴の性あるが如く。又木理石紋の如く、愈々」⑥「其の体……発動は」↓削除↓「この敬神の心より」⑦「自己一人……思へども」↓削除↓「皆」⑧「隠せども……従ふが如し」↓削除 ⑨「神は……我が心は」↓「吾が心は、神の舎《やど》する所にして」⑩「我が心……信義ともならざるなり」↓削除 ⑪「我が國に生れて、朕が臣たる者は」↓削除 ⑫「君父に……背かず」↓「皇國の臣民たるものは、益々忠君愛國の義を拳々服膺すべきは、勿論なり」⑬「団体となりては……傾けよ」↓「団体上より富強の国たるを期し、各自その本分たる職業を勉め、艱難辛苦を忍び、以て一身一家及び社会の福祉を造るべし」⑭「天道は……務めなり」↓「神儒仏の三道は、勧善懲悪の主意に本づかざるは無し。外教と雖も、その要ここに帰す」⑮「人々……重んじ」↓「人民、各自に忠信を主とし、礼儀を重んじ」⑯「是ぞ誠に……務めよ」↓「而して軽薄怠惰、詐偽《さぎ》驕佚《きょういつ》等の悪行を以て、深戒と為すべし。是れ皆、国をして衰弱ならしむるものなり」

資料7　井上毅より山縣有朋あて書簡（㋑㋺）　明治二十三年（一八九〇）　㋑六月二十日　㋺六月二十五日

㋑仰せ付けられ候教育主義の件に付、遅延の罪恐縮に存じ奉り候。実に此事に付ては、非常の困難を感じ候て、両三日来苦心仕り候。

其の故は、第一、此の勅語は、他の普通の政事上の勅語と同様一列なるべからず。（中略）今日の憲政体の主義に従へば、君主は臣民の良心の自由に干渉せず［英国・露国にては宗旨上、国教主義を存し、君主自ら教主を兼ぬるは格別］今、勅諭を発して教育の方嚮を示さるゝは、政事上の命令と区別して、社会上の君主の著作公告として看ざるべからず。陸軍に於ける軍事教育の一種の軍令たると同しからず。

第二、此の勅語には、「天を敬ひ神を尊ぶ」等の語（資料6参照）を避けざるべからず。何となれば、此等の語は忽《たちま》ち宗旨上の争端を引き起すの種子となるべし。

第三、此の勅語には、幽遠深微なる哲学上の理論を避けざるべからず。何となれば、哲学上の理論は必ず反対の思想を引き起すべし。道の本源論は、唯専門の哲学者の穿鑿《せんさく》に任すべし、決して君主の命令に依りて定まるべき者に非ず。

第四、此の勅語には、政事上の臭味を避けざるべからず。何となれば、時の政事家の勧告に出でて、至尊の本意に出でず、との嫌疑を来すべし。

第五、漢学の口吻と洋風の気習とを吐露すべからず。

第六、消極的の愚を砭《いまし》め悪を戒むの語を用ふべからず。君主の訓戒は、汪々として大海の水の如くなるべく、浅薄曲悉なるべからず。

第七、世にあらゆる各派の宗旨の一を喜ばしめて他を怒らしむるの語気あるべからず。

此の数多の困難を避けて真成なる王言の体を全くするは、実に十二楼台を架するより難事に之あるべく候か。

文部の立案（中村草案）は其の体を得ず。是の如き勅語は、むしろ宗教又は哲学上の大知識の教義に類し、君主の口に出づべきものに非ず。世人、亦其の真に至尊の聖旨に出たる事を信じて感激する者少なかるべし。

生（元田永孚）の考案にては、両つの方法あり。

甲は、文部大臣まで下付せられ、世に公布せず。

乙は、演説の体裁とし、文部省に下付されずして、学習院か又は教育会へ臨御の序《ついで》に下付せらる（政事命令と区別す）。

別紙（資料8㋑）は、右乙の積りにて試草仕り候。余り簡短に過ぎ候かなれども、「王言は玉の如し」は只簡短に在りと存じ

奉り候。／猶、高教を仰ぎ奉候て、更に再稿仕るべく候。　頓首

㋺謹みて啓き奉り候。教育勅語の件に付、猶再応熟考仕り候処、到底然るべからざる事と確信し存じ奉り候。其の故は、

一、政事上の勅令・勅語は、責任大臣之補弼に成れる事、憲法上の公明正大なる主義なりと雖も、若《も》し社会上の勅語ならば、大臣の責任の件と同じからず。然るに、若し真誠の叡旨に出でずして、他の学理的の議論を代表したるの意味ありて、十目の視る所、内閣大臣の意見、又は何某の勧告に出でたり、即ち入れ智恵なりとの感触あらしめば、誰れか中心に悦服佩戴《はいたい》するものあらんか。

二、道の本原を論ずるは二種ありて、一は天神の宣命なりとし［耶蘇《やそ》教］、他の一は人の性情は天徳と同体なりとす［仏説並びに易理・宋儒］。而して此の両説共に、近世哲学の多くは擯斥《ひんせき》する所たり。即ちダルウイン派の運命説、スペンサーの不可識説、オーグスト・コント派の物証説は、天神の存在を信せず。又は多くの政事学者は性悪の説を唱ふ。グナイスト氏の如き、亦是なり。此の如く無形上の一戦場ともいふべき百家競馳の時に於て、一の哲理の旗頭となりて世の異説雑流を駆除するの器械の為に、至尊の勅語を利用するとは、余り無遠慮なる為し方にて、稍《や》や眼識あるものは、必ず当時教育主務大臣の軽率に出でたり、として弾指するものあらん。

三、「善福禍淫」とは、古文尚書の偽作に出たる文字なる事は、清朝学者の証明に備はる。印度・小亜細亜の教門家は、此の語の事実上に齟齬《そご》する事多きに苦しみ、未来裁判、天堂地獄の説を構造するに至る。此の如き陳腐の語、一たび勅語の中に顕れなば、世間に一場の宗門の争端を啓《ひら》くべし。

四、今日、風教の敗れは、世変の然らしむると、上流社会の習弊に因由す。矯正の道は、只政事家の率先に在るのみ。決して空言に在らざるべし。空言の極み、至尊の勅語を以て最終手段とするに至りては、天下後世、必ず多議を容るゝ者あらん。

右は言、激切に過ぐといへども、一美事の中に一大失計を包含する事、或は睫眉《しょうび》の塵に類し候か、と懸念の余り忌諱を顧みず録呈し奉り候。猶、高明の再思を請ふ。　頓首再拝

資料8「教育勅語」の㋑初稿と㋺最終案　明治二十三年　㋑六月二十日　㋺十月二十日

㋑朕惟ふに、我が皇祖皇宗、國を肇むること久遠に、徳を樹つること深厚に、臣民、亦厥《そ》の祖考に繼ぎ、克く忠に克く孝に、億兆心を一にして、以て國の光を爲せるは、此れ乃ち國體の美にして、實に教育の本源なり。爾《なんじ》衆庶、父母に孝に、兄弟に友に、夫婦相和し、親族相睦じくし、隣里相保ちて相侵さず、朋友相厚くして相欺かず。虚僞を去り勤儉を主とし、自ら愛して他に及ぼし、己れが欲せざる所は以て人に施さず。子弟各ゝ其の業を習ひ、知能を啓發し、以て其の器を成し、小にしては、生計を治め身家を利し、大にしては、公益を廣め世用を助け、若し夫れ國に在りては、國憲を重んじ國法に遵ひ、一朝事あれば義勇公に奉じ、山海八道、實に祖宗の舊物にして、即ち臣民の鄕土、惟《こ》れ守り惟れ固くし、以て天壤無窮の皇道を翼戴す。此の如きは、即ち朕が善良の臣民なるのみならず、又國家興運の元素たるべし。斯欽道は、實に祖宗の遺訓にして、子孫臣民の倶《とも》に守るべき所、古今の異同と風氣の變遷とを問はず、以て上下に傳へて謬《あやま》らず、以て中外に施して悖《もと》らざるべし。朕、爾衆庶と倶に、遵由して失はざらむことを庶幾ふ。

㋺朕惟ふに、我が皇祖皇宗、國を肇むること宏遠に、徳を樹つること深厚なり。我が臣民［此の處、舊文、亦の字あり。今之を削除す。］克く忠に克く孝に、億兆心を一にして世々厥《そ》の美を濟《な》せるは、此れ我が國體の精華［舊文、元素に作る。修正を好しとす］にして、教育の淵源［舊文、本源に作る。修正を好しとす］亦實に此に存す［此に亦の字を用ゐて、實に存すと修正するを好しとす］。

爾臣民［此處、舊文、祖先に繼述しの句あり。今之を削り、後段、祖先の遺風の句を入るを好しとす］、父母に孝に、兄弟に友に、夫婦相和し、朋友相信じ、恭儉己れを持し、博愛衆に及ぼし［此處、舊文、率性の二字あり。今之を削るも害あるに非ず］、學を修め［此處、舊文、因才の二字あり。今之を削るも害あるにあらず］、業を習ひ、以て智能を啓發し、德器を成就し、進で公益を廣め、世務を開き、常に國憲を重んじ、國法に遵ひ［此の常に以下の二句、舊文、之を省けり。今之を加ふるは、方今、學理局の論を以て或は憲法を非議することあり。故に教育上、此の二句を加へて要旨を示す］、一旦緩急あれば義勇公に奉じ［此句、舊文、緩急事あれば躬を以て國に殉じに作り、修正文と意義些異なしと雖も、意味やゝ勝れるに似たり］、以て天壤無窮の皇運を扶翼すべし。是の如きは、獨り朕が忠良の臣民たるのみならず、又以て爾祖先の遺風を顯彰するに足らん［此句、舊文、國の耿光を宣揚するに足れりに作る。今之を修正して、祖先の遺風を顯彰するに作るは、前の忠孝に照應して最好し］

斯の道は、實に我が皇祖皇宗の遺訓にして、子孫臣民の俱に遵守すべき所［此處、舊文に、凡そ古今の異同と風氣の變遷とを問はずの句を削り、古今の二字を後に用ゐるは、簡となりて最好しとす］、之を古今に通じて謬らず、之を中外に施して悖らず［舊文、悖らさるべしに作り、修正文亦同し。今永孚、之を悖らずに更に修正するは、悖らざるべしと云は、文意弛寛にして勅諭文に確ならず。且つべしの字、漢文に譯して用ゆべからす。故に中庸の原文に據り悖ラズの字を用ゐ、直に下文の朕、爾臣民とに接し、文氣閉々勁敏なるを覺ゆ］。朕、爾臣民と俱に拳々服膺して、咸其德を一にせんことを庶幾ふ［舊文、終始惟れ一ならんに作る。今之を修正するは、其意義差違なしと雖ども、咸一二其德一に作り、最も信切確實、全文凜乎たるを覺ふ］。

※元田永孚「教育大旨」六次草案（未提出）

我が皇祖皇宗、国を肇め民を育し、厥の徳宏遠、天壤窮り無し。我が臣民の祖先、克く忠に克く敬し、万世易らず。是れ我が国体にして、人道の基礎、教育の本原なり。君は臣民を愛して、腹心股肱となし、臣民は君を敬して、元首父母となす。父慈に、子孝に、兄友に、弟恭に、夫婦和順、朋友相信ず。之を合せて五倫の道とす。この五倫を本として、推て他に及ぼし、己が欲せざる所は以て人に施すこと無く、親族和睦じく、郷隣相助け、国人相保ち、以て億兆を協和するは、我が国の大道にして、汝臣民の共に由る所なり。此の大道に由らんと欲せば、智を開き、仁を体し、勇を養はざるべからず。智は万物の現を究めて、普に明らかに義に精しく、進んで息まざるにあり。仁は国家万物を愛して、公儀私無く、力行倦《う》まざるにあり。勇は仰いで天に愧ぢず、俯して人に怍ぢず、剛果決断、敢為撓《たゆ》まざるにあり。此の三つを以て人の大徳とし、人性の固有にして、我が国の善風美俗を為す所以なり。
斯の道、斯の徳は、則ち祖宗の遺訓、我が国臣民を教育するの原理にして、各国立教の異同と風気の変遷とを問はず、以て古今に照して謬らず、以て中外に施して悖らず。汝臣民と共に永久に率由して失はざらんことを庶幾ふ。

資料９　文部大臣芳川顕正の㋑訓示と㋺文部省省令『小学校教則大綱』㋑明治二十三年 ㋺同二十四年

㋑文部大臣訓示　　明治二十三年十月三十一日
謹みて惟ふに、我が天皇陛下、深く臣民の教育に軫念《しんねん》したまひ、茲に忝《かたじけな》く　勅語を下したまふ。顕正、職を文部に奉じ、躬ら重任を荷ひ、日夕省思して嚮《むか》ふ所を愆《あやま》らんことを恐る。今　勅語を奉承して、感奮措《お》く能はず。謹みて　勅語の謄本を作り、普《あまね》く之を全国の学校に頒つ。
凡そ教育の職に在る者、須《すべから》く常に聖意を奉体し、研磨薫陶の務を怠らざるべく、殊に学校の式日及び其の他便宜日時を定め、生徒を会集して、勅語を奉読し、且つ意を加へて諄々誨告し、生徒をして夙夜《しゅくや》に佩服する所あらしむべし。

㋺文部省「小学校教則大綱」　　明治二十四年（一八九一）十一月
第一条　小学校に於ては、小学校令第一条の旨趣を遵守して、児童を教育すべし。
徳性の涵養は、教育上最も意を用ふべきなり。故に何れの教科目に於ても、道徳教育・国民教育に関連する事項は、殊に留意して教授せんことを要す。（中略）
第二条　修身は、「教育に関する勅語」の旨趣に基づき、児童の良心を啓培して、其の徳性を涵養し、人道実践の方法を授くるを以て本旨とす。
尋常小学校に於ては、孝悌・友愛・仁慈・信実・礼敬・義勇・恭倹等、実践の方法を授け、殊に尊王愛国の志気を養はんことを努め、又国家に対する責務の大要を指示し、兼ねて社会の制裁、廉恥の重んずべきことを知らしめ、児童を誘きて風俗品位の純正に趨かんことに注意すべし。

高等小学校に於ては、前項の旨趣を拡めて、陶冶《とうや》の巧を堅固ならしめんことに努むべし。

女児に在りては、殊に貞淑の美徳を養はんことに注意すべし。

修身を授くるには、近易の俚諺及び嘉言善行等を例証して、勧戒を示し、教員自ら児童の模範となり、児童をして浸潤薫染せしめんことを要す。（後略）

資料10　井上哲次郎「勅語衍義《えんぎ》」序文　明治二十四年（一八九一）七月二十五日

（前略）教育に関し、我が至仁至慈なる天皇陛下、軫念せらるゝ所ありて、勅語をくだし給ふ。文部大臣、承けて之れを全国の学校に頒ち、以て学生生徒に矜式する所を知らしむ。余、謹んで之れを捧読するに、孝悌忠信の徳行を修め、共同愛国の義心を培養せざるべからざる所以を懇々諭示せられ給ふ。其衆庶に裨益あること極めて広大にして、民心を結合するに於て最も適切なり。我が邦人は、今日より以往、永く之れを以て国民的教育の基礎とせざるべからざるなり。

今、世界列國の情状を大観すれば、（中略）各国呑噬《どんせい》を恣《ほしいまま》にするの秋《とき》なれば、四方皆敵なりと思はざるべからず。居恆に務めて列国と親和の交際をなさゞるべからずと雖も、一旦外虜の我が隙を窺ふことあるに当りては、頼むべきもの、外にあるなし。唯、我が四千萬の同胞あるのみ。然れば苟《いやしく》も我が邦人たるもの、国家の爲めには一命を塵芥の如く軽んじ、奮進勇往、以て之れを棄つるの公義心なかるべからず。

（中略）蓋《けだ》し勅語の主意は、孝悌忠信の徳行を修めて、国家の基礎を固くし、共同愛国の義心を培養して、不虞の変に備ふるにあり。我が邦人たるもの、尽《ことごと》く此れに由りて身を立つるに至らば、民心の結合、豈《あ》に期し難からんや。（中略）

古來、和漢の學者は、孝悌忠信の行はざるべからざることを既定的に説話せり。余は今、孝悌忠信が何故徳義の大なるものなるかを證明せり。（中略）共同愛国の要は、東洋固より之れありと雖も、古來之れを説明するもの殆んど稀なり。故に余は今共同愛国も孝悌忠信と同じく徳義の大なるものたることを説明せり。（中略）

抑々《そもそも》徳義の精神は、古今同一にして、少しも変更することなきも、其之れを実際施行するの情状は、時世に随ひて変更せざるを得ず。此れ読者の尤も省察を加ふべき所とす。（中略）

今や幸に勅語のくだるあり。我が邦人、之れに由りて子弟を教ふるに、孝悌忠信、及び共同愛国の主義を以てせば、日本国民は数十年を出でずして、大に面目を改むるものあらん。維新より今日に至るまで、主として形体上の改良を成したり。今より以後、形体上の改良と共に、精神上の改良を成すこと期して待つべし。若し世の子弟たるもの、ことごとく国民的教育を受けて生長せば、我邦に於て後來自から一国の結合をなさんこと疑を容るべからず。（後略）

資料11　文部省㋑「英訳教育勅語」と㋺翻訳の由来

明治四十年（一九〇七）二月

㋑ THE IMPERIAL RESCRIPT ON EDUCATION

Know ye, Our subjects: Our Imperial Ancestors have founded Our Empire on a basis broad and everlasting and have deeply and firmly implanted virtue; Our subjects ever united in loyalty and filial piety have from generation to generation illustrated the beauty thereof. This is the glory of the fundamental character of Our Empire, and herein also lies the source of Our education. Ye, Our subjects, be filial to your parents, affectionate to your brothers and sisters; as husbands and wives be harmonious, as friends true; bear yourselves in modesty and moderation; extend your benevolence to all; pursue learning and cultivate arts, and thereby develop intellectual faculties and perfect moral powers; furthermore advance public good and promote common interests; always respect the Constitution and observe the laws; should emergency arise, offer yourselves courageously to the State; and thus guard and maintain the prosperity of Our Imperial Throne coeval with heaven and earth. So shall ye not only be Our good and faithful subjects, but render illustrious the best traditions of your forefathers.

The Way here set forth is indeed the teaching bequeathed by Our Imperial Ancestors, to be observed alike by Their Descendants and the subjects, infallible for all ages and true in all places. It is Our wish to lay it to heart in all reverence, in common with you, Our subjects, that we may all thus attain to the same virtue.

The 30th day of the 10th month of the 23rd year of Meiji. /(Imperial Sign Manual. Imperial Seal.)

㋺ A NOTE ON THE ENGLISH TRANSLATION.

At the early dawn of our new era, His Majesty the Emperor was pleased to proclaim the need of seeking knowledge in all quarters of the globe. In obedience to this proclamation the Government took necessary measures to improve social and political systems and institutions after the most enlightened models, and the work of education received the greatest share of attention. In the fifth year of Meiji (1872), a comorehensive law relating to the system of education was issued, which had chiefly in view the introduction and cultivation of modern sciences. The educational institutions of the European nations had been carefully investigated and the curricula of our elementary, middle, and normal schools were formed so as to benefit by the valuable additions of those studies which had helped these nations to build up their civilization. Our education has had no connection with religion since olden times, and the new system is also entirely free from any sacerdotal influence. Secular morality has always been taught in the schools and forms the distinctive feature of our system.

As a result of foreign intercourse a phenomenal progresss of new theories, ideas, manners, and customs ensued. The radical advocates of the new regime were for giving up every thing native and for blindly following all things foreign, while their opponents obstinately clung to the old systems and turned a deaf ear to all suggestion of improvements. As regards the moral system of the nation, some would have it based on the principles of pure ethics, while others insisted on having Confucianism, Buddhism, or Christianity for its standard. Conflicting doctrines and wild views filled the atmosphere, and the people at large were at a loss which to follow. In such circumstances the morality taught in the schools had no fixed basis. The Educational Department at one time attempted to base it on the wise sayings and deeds of the ancients, but soon found them inadequate. Thoughtful men regretted this state of things and tried in vain to find a remedy. It was in this state of uncertainty that the following historical event took place at the Court.

On the thirtieth of October, in the twenty-third year of Meiji (1890), His Majesty the Emperor summoned Count (now Prince) Aritomo Yamagata, the then Prime Minister and Mr. (now Count) Akimasa Yoshikawa, the then Minister of Education, and graciously delivered to them the Rescript on Education. The next day the Minister of Education caused a copy of it to be sent to every school in the empire with instructions to those who were engaged in the work of education, to bear constantly in mind the spirit of this Rescript in the discharge of their responsible duties. On ceremonial and other suitable occasions, they were instructed to read and expound it before the assembled pupils.

Thus the people at last received a guidance which became a light for them to follow amid the chaos of theories and opinions, and all the schools in the empire found in it a uniform basis of moral teaching.

Although several English versions of the Rescript exist, they have been found deficient for conveying the exact sense of the original, of which a complete literal version into any other language is indeed a matter of great difficulty. Towards the end of last year, the Educational Department seeing the possibility of improving the translation convoked a number of scholars to discuss the matter. The accompanying version is the result. The scholars thus assembled considered their work by no means perfect, as the difficulty of rendering into a foreign language all the shades of meaning found in the text is almost insurmountable; yet we feel confident that it is a great improvement on all previous versions. We now distribute copies for the benefit of those foreigners who may wish to know the principle of our moral education.

The Department of Education, Japan. / *40th year of Meiji (1907)*

資料12　国定教科書『尋常小学修身書』巻六　明治四十四年（一九一一）四月

明治天皇は、明治二十三年十月三十日に「教育に関する勅語」を下し賜ひて、我等の遵守すべき道徳の大綱を示させ給へり。勅語の第一段には、「朕惟ふに、我が皇祖皇宗、国を肇むること宏遠に、徳を樹つること深厚なり。我が臣民、克く忠に克く孝に、億兆心を一にして世々厥の美を済せるは、此れ我が国体の精華にして、教育の淵源亦実に此に存す。」と宣《のたま》へり。我が国は、創建極めて旧く、万世一系の天皇の治め給ふ所なり。皇祖皇宗の我が国を開き給ふや、其の規模広大にして、永遠に亙りて動くことなからしめ給へり。又、皇祖皇宗は、身を正しうし道を行ひ、民を愛し教へを垂れ、以て範を万世に遺させ給へり。而して、臣民は、君に忠を致し、父母に孝を尽すことを念とせざるものなく、数多き臣民、皆心を協《あわ》せて常に忠孝美風を完うせり。

以上は、我が国体の純且《かつ》美なる所なり。而して我が国教育の基づく所も、亦実に此にあるなり。

勅語の第二段に、「爾臣民、父母に孝に、兄弟に友に、夫婦相和し、朋友相信じ、恭倹己れを持し、博愛衆に及ぼし、学を修め業を習ひ、以て智能を啓発し徳器を成就し、進で公益を広め世務を開き、常に国憲を重じ国法に遵ひ、一旦緩急あれば、義勇公に奉じ、以て天壌無窮の皇運を扶翼すべし。是の如きは独り朕が忠良の臣民たるのみならず、又以て爾祖先の遺風を顕彰するに足らん。」と宣へり。（中略）

我等臣民たるものは、父母に孝行を尽し、兄弟姉妹の間は友愛を旨とし、夫婦は互ひに其の分を守りて相和し相助くべし。朋友には信義を以て交はり、他の人に対しては身を慎み無礼の挙動をなさず、又常に己を検束して恣《ほしいまま》にせず、博く衆人に慈愛を及すべし。我等は、学問を修め業務を習ひて知識才能を進め、徳ある有為の人となり、進んで智徳を活用して公衆の利益を広め、世上有用の業務を興すべし。又、国の根本法則たる皇室典範及び大日本帝国憲法を尊重し、其の他諸々の法律・命令を遵奉し、若し国家に事変の起るが如きことあらば、勇気を奮ひ一身を捧げて、皇室・国家の為に尽すべし。かくして天地

と共に窮《きわま》りなき皇位の御盛運を助け奉るべきなり。（中略）

勅語の第三段には、「斯の道は、実に我が皇祖皇宗の遺訓にして、子孫臣民の倶に遵守すべき所、之を古今に通して謬らず、之を中外に施して悖らず。朕、爾臣民と倶に、拳々服膺して咸其の徳を一にせんことを庶幾ふ。」と宣へり。

第二段に示されたる道は、明治天皇が新たに設けさせ給ひしにはあらずして、実に皇祖皇宗の遺させ給へる御教訓なり。されば天皇は、斯の道は皇祖皇宗の御子孫も一般臣民も、倶に遵奉すべきものぞと宣ひ、ついで斯の道は古も今も変ることなく、又国の内外を問はず、いづくにもよく行はれ得るなりと宣ひ、最後に天皇は、御躬《み》づから我等臣民と共に此の御遺訓を遵奉し、之を実践躬行し給ひて、皆其の徳を同じくせんことを望ませ給へるなり。（下略）

資料13　東宮御学問所御用掛　杉浦重剛「倫理御進講の趣旨」　大正三年（一九一四）五月

（前略）顧ふに、倫理の教科たる、唯口に之を説くのみにして足れりとすべからず。必ずや実践躬行、身を以て之を證するにあらざれば、其の効果を収むること難し。故に学徳共に一世に超越したるの士にして始めて之を能くすべし。小官の淺學菲徳なる、果して能く是の重任に堪へ得るや否や。夙夜恐懼して措《お》く能はざる所なり。然れども、一旦拜命したる以上は、唯心身を捧げて赤誠を致さんことを期するの他なし。今、進講に就きて大体の方針を定め、左に之を陳述せんとす。

一、三種の神器に則り皇道を体し給ふべきこと。（説明省略）

一、五條の御誓文を以て將來の標準と爲し給ふべきこと。（説明省略）

一、教育勅語の御趣旨の貫徹を期し給ふべきこと。

第三、明治初年より我国は盛んに西洋の文物を輸入して、事事物物、皆彼を学びたるが爲め、国民思想混乱し道徳の帰趣を知らざるの様となれり。明治天皇、深く之を憂慮し給ひ、明治二十三年十月三十日を以て教育勅語を下し給はりぬ。是れ即ち我が国民に道徳の大本を示されたるものにして、爾來臣民徳教の標準となれり。惟みるに、教育勅語は独り臣民に下し給はりたるのみならず「朕爾臣民と倶に拳拳服膺して咸其徳を一にせんことを庶幾ふ」と仰せられたるによりて考ふるに、至尊も亦之を實行し給ふべきことを明言せられたるものなり。然れば、教育勅語は上下を通じて道徳を修養するの標準たること、明らかなり。故に皇儲（皇太子）殿下が將來我が國政を統べさせ給ふについては、先づ國民の道徳を健全に發達せしめて、以て勅語の趣旨を貫徹せんことを期せらるると共に、御自らも之を体して実践せらるべきものと信ず。（後略）

資料14　衆議院・参議院の教育勅語に関する決議

昭和二十三年（一九四八）六月十九日

㋑教育勅語等排除に関する決議（衆議院）

民主平和国家として、世界史的建設途上にあるわが国の現実は、その精神内容において、未だ決定的な民主化を確認するを得ないのは遺憾である。これが徹底に最も緊要なことは、教育基本法に則り、教育の革新と振興とをはかることにある。しかるに、既に過去の文書となっている教育勅語並びに陸海軍軍人に賜りたる勅諭、その他の教育に関する諸詔勅が、今日もなお国民道徳の指導原理としての性格を持続しているかの如く誤解されるのは、従来の行政上の措置が不十分であったがためである。

思うに、これらの詔勅の根本理念が、主権在君並びに神話的国体観に基いている事実は、明かに基本的人権を損い、且つ国際信義に対して疑点を残すもととなる。

よって、憲法第九十八条の本旨に従い、ここに衆議院は、院議を以て、これらの詔勅を排除し、その指導原理的性格を認めないことを宣言する。政府は、直ちにこれらの詔勅の謄本を回収し、排除の措置を完了すべきである。／右、決議する。

㋺教育勅語等の失効確認に関する決議（参議院）

われらは、さきに日本国憲法の人類普遍の原理に則り、教育基本法を制定して、わが国家及びわが民族を中心とする教育の誤りを徹底的に払拭し、真理と平和とを希求する人間を育成する民主主義的教育理念をおごそかに宣明した。

その結果として、教育勅語は、軍人に賜りたる勅諭、戊申詔書、青少年学徒に賜りたる勅語、その他諸詔勅とともに、既に廃止せられ、その効力を失っている。

しかし、教育勅語等が、あるいは従来の如き効力を、今日なお保有するかの疑いを懐く者あるをおもんぱかり、われらはとくに、それらが既に効力を失っている事実を明確にするとともに、政府をして教育勅語その他の諸詔勅の謄本（文部省より頒賜された複製）をもれなく回収せしめる。（中略）／右、決議する。

資料15　前文部大臣天野貞祐『国民実践要領』　　昭和二十六年（一九五一）十一月十四日

（前略）われわれは、新たに国家再建に向って出発せんとするにあたって、建設へのたゆまざる意欲を奮い起すとともに、敗戦による精神の虚脱と道義の頽廃とを克服し、心を合わせて道義の確立に努めねばならないのである。道義を確立する根本は、まずわれわれのひとりびとりが、自己の自主独立である人格の尊厳にめざめ、利己心を越えて公明正大なる大道を歩み、かくして内に自らの立つところをもつ人間となることに存する。また他の人格の尊厳をたっとび、私心を脱して互いに敬愛し、かくして深い和の精神に貫かれた家庭・社会・国家を形成することに存する。自主独立の精神と和の精神とは、道義の精神の両面である。（中略）

われわれのひとりびとりも、われわれの国家も、ともにかかる無私公明の精神に生きるとき、われわれが国家のためにつくすことは、世界人類のためにつくすこととなり、また国家が国民ひとりびとりの人格を尊重し、自由にして健全な生育を遂げしめることは、世界人類のために奉仕することとなる。無私公明の精神のみが、個人と国家と世界人類とを一筋に貫通し、それらをともに生かすものである。その精神に生きることによって、われわれは世界の平和と文化に心を向けつつ、しかも祖国を忘れることなく、われわれの国家も、犯すべからざる自主独立を保ちつつ、しかも独善に陥ることなく、俯仰天地に愧じない生活にいそしむことができる。ここに道義の根本があり、われわれは心を一つにしてかかる道義の確立に力を尽さんことを念願する。この実践要領を提示する主旨も、ここに存するのである。

第一章　個人

（1）人格の尊厳／人の人たるゆえんは、自由なる人格たるところにある。われわれは自己の人格の尊厳を自覚し、それを傷つけてはならない。われわれは自己の人格と同様に他人の人格をたっとび、その尊厳と自由とを傷つけてはならない。自己の人格をたっとぶ人は必ず他人の人格をたっとぶ人である。

（2）自由／われわれは真に自由な人間であらねばならない。真に自由な人間とは、自己の人格の尊厳を自覚することによって、自ら決断し自ら責任を負うことのできる人間である。（中略）

（3）責任／真に自由な人は責任を重んずる人である。責任を伴わぬ自由はない。われわれは自己の言うところ、なすところについて自己に対し、また他人に対しひとしく責任をもつ。けだしわれわれは自己と他人の人格を尊重し、且つ完成せしめるように、つねに努めねばならないからである。無責任な人は他人に迷惑を及ぼすだけでなく自己の人格をもそこなう人である。

（4）愛／われわれはあたたかい愛の心を失ってはならない。愛の心は人間性の中核である。われわれが互いに他人の欠点をもゆるし、人間として生かしてゆくのは、愛の力である。大きな愛の心は、罪を憎んで人を憎まない。

（5）良心／われわれはつねに良心の声にきき、自らをいつわってはならない。たとえそのために不利不幸を招くとも、あくまで真実を守る正直な人は、世の光、地の塩である。

（6）正義／われわれはあくまでも不正不義を退け、正義につき、私心私情をすてて、公明正大であらねばならない。

（7）勇気／われわれは正しいことを行い、邪悪なことを克服するために、どのような妨害にも屈しない勇気をもたなければならない。（中略）

（8）忍耐／われわれは困苦の間にあっても、あくまで道義を操守する忍耐をもたなければならない。（中略）

（9）節度／身体と精神とが健全に形成され、人間が全人格的に調和ある発展をなすためには、節度が必要である。（中略）

（10）純潔／われわれは清らかなものにたいする感受性を失わぬよう心がけねばならない。清らかなものにたいする感受性は、道徳生活の源である。心情は純粋に、行為は清廉に、身体は清潔に保ちたい。

（11）廉恥／われわれは恥を知らなければならない。恥を知るということは、不純で汚れたものをいとうことである。恥を知る人は、偽善や厚顔無恥におちいることなく慎みを失わない。

（12）謙虚／われわれは他人にたいしては謙虚な気持で接し、傲慢に陥ってはならない。自らのいたらぬことを自覚し、他人の短所に対しては寛容であり、他人の長所を受け入れるということによってのみ、人間相互の交わりは正しく保たれる。

（13）思慮／事をなすにあたっては、思慮の深さが必要である。（中略）

（14）自省／われわれはつねに自己を省みるように努めねばならない。（中略）

（15）知恵／われわれは人生について深く豊かな知恵を養わなければならない。（中略）

（16）敬虔／われわれの人格と人間性は、永遠絶対なものに対する敬虔な宗教的心情によって一層深められる。宗教心を通じて、人間は人生の最後の段階を自覚し、ゆるぎなき安心を与えられる。人格の自由も人間相互の愛もかくして初めて全くされる。古来人類の歴史において人の人たる道が明らかになり、良心と愛の精神が保たれてきたことは神を愛し、仏に帰依し、天をあがめた人達などの存在なくしては考えられない。

第二章　家

（1）和合／家庭は人生の自然に根ざした生命関係であるとともに、人格と人格とが結びついた人倫関係である。それゆえ、その縦の軸をなす親子の間柄においても、横の軸をなす夫婦の間柄においても、自然の愛情と人格的な尊敬がともに含まれている。

（2）夫婦／夫と妻たるものは互いに愛によって一体となり、貞節によってその愛を守り、尊敬によってその愛を高め、かくして互に生きがいの良き伴侶でありたい。（中略）

（3）親子／われわれは親としては、慈愛をもって子に対し、りっぱな人格となるように育成しなければならない。また子としては、敬愛をもって親に対し孝養をつくさなければならない。（中略）

（4）兄弟姉妹／兄弟姉妹は相むつみ、それぞれ個性ある人間になるように助け合わねばならない。（中略）
（5）しつけ／家庭は最も身近な人間教育の場所である。（中略）
（6）家と家／家庭は自家の利害のみを事とせず、社会への奉仕に励むべきである。家と家との和やかな交わりは、社会の美しいつながりである。

第三章　社会

（1）公徳心／人間は社会的動物である。人間は社会を作ることによってのみ生存することができる。社会生活をささえる力となるものは、公徳心である。われわれはこの公徳心を養い、互に助け合って他に迷惑を及ぼさず、社会の規律を重んじなければならない。
（2）相互扶助／互いに助け合うことは、他人の身を思いやるあたたかい親切な心を本とする。（中略）
（3）規律／社会生活が正しくまた楽しく営まれるためには、社会は規律を欠くことはできない。（中略）
（4）たしなみと礼儀／社会生活の品位は、各自が礼儀を守り、たしなみを失わないことによって高められる。それが良俗である。（中略）
（5）性道徳／両性の間の関係は厳粛な事柄である。われわれはそれを清純で品位あるものたらしめねばならない。性道徳の乱れることは社会の頽廃の大きな原因である。
（6）世論／社会の健全な進展は正しい世論の力による。（中略）
（7）共同福祉／社会のつながりは、それぞれに異なった分野に働く者が、社会全体の共同福祉を重んずるところに成り立つ。（中略）
（8）勤勉／われわれは勤勉を尊びその習慣を身につけ、各自の努めに勤勉であることによって、社会の物質的・精神的財を増大しなければならない。（中略）
（9）健全なる常識／社会が絶えず生き生きと進展するためには、古い陋習を改めることが必要である。しかし、またいたず

らに新奇に走り軽々しく流行を追うべきではない。健全なる社会は健全なる常識によって保たれる。（中略）

（10）社会の使命／社会の使命は、高い文化を実現するところにある。われわれは文化を尊重し、それを身につけ、力を合わせてその発展に努めねばならない。（中略）

第四章　国家

（1）国家／われわれはわれわれの国家のゆるぎなき存続を保ち、その犯すべからざる独立を護り、その清き繁栄高き文化の確立に寄与しなければならない。（中略）

（2）国家と個人／国家生活は、個人が国家のために尽くし、国家が個人のために尽くすところに成り立つ。ゆえに国家は個人の人格や幸福を軽んずべきではなく、個人は国家を愛する心を失ってはならない。（中略）

（3）伝統と創造／国家が健全なる発展をとげるのは、国家が強靱なる精神的結合を保ち、その結合から溌剌たる生命力がわき起ってくることによってである。国民の精神的結合が強固なものであるためには、われわれは国の歴史と文化の伝統の上に、しっかりと立脚しなければならない。また国民の生命力が創造的であるためには、われわれは広く世界に向って目を開き、常に他の長所を取り入れねばならない。（中略）

（4）国家の文化／国家は、その固有なる民族文化の発展を通じて、独自の価値と個性を発揮しなければならない。その個性は排他的な狭いものであってはならず、その民族文化は世界文化の一環たるにふさわしいものでなければならない。

（5）国家の道義／国家の活動は、古今に通じ東西にわたって行われる人類不変の道義に基かねばならない。それによって国家は、内には自らの尊厳を保ち、外には他への国際信義を全くする。

（6）愛国心／国家の盛衰興亡は国民における愛国心の有無にかかる。われわれは祖先から国を伝え受け、子孫へそれを手渡して行くものとして、国を危からしめない責任をもつ。国を愛する者は、その責任を満たして国を盛んならしめ、且つ世界人類に貢献するところ多き国家たらしめるものである。真の愛国心は人類愛と一致する。

（7）国家の政治／国家は、一部特定党派、身分、階級の利益のための手段とみなされてはならない。われわれは常に国家が

国民全体のための国家であることを忘れるべきではない。（中略）

（8）天皇／われわれは独自の国柄として天皇をいただき、天皇は国民的統合の象徴である。それゆえ、われわれは天皇を親愛し、国柄を尊ばねばならない。世界のすべての国家は、それぞれに固有な国柄をもつ。わが国の国柄の特徴は、長き歴史を一貫して天皇をいただき来ったところに存している。したがって、天皇の特異な位置は専制的な政治権力に基かず、天皇への親愛は盲目的な信仰やしいられた隷属とは別である。

（9）人類の平和と文化／われわれは世界人類の平和と文化とに貢献することをもって国家の使命としなければならない。（中略）国家や民族は、単に自己の利益のみを追求したり、自分の立場のみを主張したりする時、世界の平和を乱し人類の文化を脅かす。しかもまた、われわれが世界人類に寄与しうるのは、自国の政治や文化を正しく育てることによってのみである。世界人類を思うの故に、国家民族の地盤から遊離したり、国家や民族を思うあまり、世界人類を忘れることはともに真実の道ではない。

資料16　文部省（中央教育審議会）『期待される人間像』　昭和四十一年（一九六六）十二月

第一部　当面する日本人の課題

一　現代文明の特色と第一の要請／二　今日の国際情勢と第二の要請／三　日本のあり方と第三の要請

第二部　日本人に特に期待されるもの

第一章　個人として／一　自由であること／二　個性を伸ばすこと／三　自己を大切にすること／四　強い意志をもつこと／五　畏敬の念をもつこと

第二章　家庭人として／一　家庭を愛の場とすること／二　家庭をいこいの場とすること／三　家庭を教育の場とすること／四　開かれた家庭とすること

第三章　社会人として／一　仕事に打ちこむこと／二　社会福祉に寄与すること／三　創造的であること／四　社会規範を

重んずること

第四章　国民として／一　正しい愛国心をもつこと／二　象徴に敬愛の念をもつこと／三　すぐれた国民性を伸ばすこと

※最後の「すぐれた国民性を伸ばすこと」

（前略）明治以降の日本人が、近代史上において重要な役割を演ずることができたのは、かれらが近代日本建設の気力と意欲にあふれ、日本の歴史と伝統によってつちかわれた国民性を発揮したからである。

このようなたくましさとともに、日本の美しい伝統としては、自然と人間に対するこまやかな愛情や寛容の精神をあげることができる。われわれは、このこまやかな愛情に、さらに広さと深さを与え、寛容の精神の根底に確固たる自主性をもつことによって、たくましく美しく、おおらかな風格ある日本人となることができるのである。

また、これまで日本人のすぐれた国民性として、勤勉努力の性格、高い知的水準、すぐれた技術的素質などが指摘されてきた。われわれは、これらの特色を再認識し、さらに発展させることによって、狭い国土、貧弱な資源、増大する人口という恵まれない条件のもとにおいても、世界の人々とともに、平和と繁栄の道を歩むことできるであろう。

資料17　明治神宮崇敬会編『たいせつなこと』　平成十五年（二〇〇三）三月

㋑　日本《にほん》で毎年《まいとし》お正月《しょうがつ》に初詣《はつもうで》が最《もっと》も多《おお》いのは、都心《としん》の雄大《ゆうだい》な森《もり》に包《つつ》まれた明治神宮《めいじじんぐう》です。そこに祀《まつ》られている明治天皇《めいじてんのう》は、今上陛下《きんじょうへいか》の曾祖父《ひいおじいさん》にあたります。約《やく》一五〇年前《ねんまえ》（一八五二年《ねん》）の十一月《がつ》三日《か》にお生《う》まれになり、かぞえ十六歳《さい》で即位《そくい》されました。それから半世紀《はんせいき》近《ちか》い御在位中《ございいちゅう》、激《はげ》しい国際化《こくさいか》を迫《せま》られた日本《にほん》のトップ・リーダーとして、多《おお》くの国民《こくみん》に協力《きょうりょく》を得《え》ながら、素晴《すば》らしい近代国家《きんだいこっか》を形作《かたちづく》るのに全力《ぜんりょく》を尽《つ》くし、見事《みごと》に成功《せいこう》されました。だから、その御誕生日《おたんじょうび》が、現在《げんざい》でも「文《ぶん》化《か》の日《ひ》」として毎年《まいとし》お祝《いわ》いされるのです。

このように、今《いま》なお多《おお》くの人々《ひとびと》から仰《あお》がれる明治天皇《めいじてんのう》は、日本人《にほんじん》にとって何《なに》が「たいせつなこと」かを「教育勅語《きょういくちょくご》」（教《きょう》育《いく》に関《かん》するお言葉《ことば》）にまとめられ、それをみずから実践《じっせん》して御手本《おてほん》を示《しめ》されました。その内容《ないよう》は、新《あら》たな国際化《こくさいか》と直面《ちょくめん》している今《いま》の私《わたし》たちに贈《おく》られた「生《い》きる知恵《ちえ》」のプレゼント《ぷれぜんと》といえるかもしれません。

そこで、この勅語《ちょくご》をベースにして、これから「二十一世紀《せいき》の国家《こっか》・社会《しゃかい》の形成《けいせい》に主体的《しゅたいてき》に参画《さんかく》する日本人《にほんじん》の育成《いくせい》」をはかるためにも必要《ひつよう》な「たいせつなこと」を十二項目《こうもく》にまとめ直《なお》し、わかりやすい表現《ひょうげん》に改《あらた》めてみました。このような美《うつく》しい日本語《にほんご》を、周囲《しゅうい》の人々《ひとびと》に元気《げんき》よく言《い》ってみませんか。また、外国《がいこく》の人々《ひとびと》にも英語《えいご》で伝《つた》えてみませんか。

(ロ)「教育勅語」（現代かな遣い）

(i) 朕惟《ちんおも》うに、我《わ》が皇祖皇宗《こうそこうそう》、国《くに》を肇《はじ》むること宏遠《こうえん》に、徳《とく》を樹《た》つること深厚《しんこう》なり。我《わ》が臣民《しんみん》、克《よ》く忠《ちゅう》に克《よ》く孝《こう》に、億兆《おくちょう》心《こころ》を一《いつ》にして、世世厥《よよそ》の美《び》を済《な》せるは、此《こ》れ我《わ》が国体《こくたい》の精華《せいか》にして、教育《きょういく》の淵源《えんげん》、亦実《またじつ》に此《ここ》に存《そん》す。

(ii) 爾臣民《なんじしんみん》、①父母《ふぼ》に孝《こう》に、②兄弟《けいてい》に友《ゆう》に、③夫婦相和《ふうふあいわ》し、④朋友相信《ほうゆうあいしん》じ、⑤恭倹己《きょうけんおのれ》を持《じ》し、⑥博愛衆《はくあいしゅう》に及《およ》ぼし、⑦学《がく》を修《おさ》め、業《ぎょう》を習《なら》い、以《もっ》て智能《ちのう》を啓発《けいはつ》し、徳器《とっき》を成就《じょうじゅ》し、⑧進《すすん》で公益《こうえき》を広《ひろ》め、政務《せいむ》を開《ひら》き、⑨常《つね》に国憲《こっけん》を重《おもん》じ、国法《こくほう》に遵《したが》い、⑩一旦緩急《いったんかんきゅう》あれば、義勇公《ぎゆうこう》に奉《ほう》じ、以《もっ》て天壌無窮《てんじょうむきゅう》の皇運《こううん》を扶翼《ふよく》すべし。是《かく》の如《ごと》きは、独《ひと》り朕《ちん》が忠良《ちゅうりょう》の臣民《しんみん》たるのみならず、又以《またもっ》て爾祖先《なんじそせん》の遺風《いふう》を顕彰《けんしょう》するに足《た》らん。

(iii) ⑪斯《こ》の道《みち》は、実《じつ》に我《わ》が皇祖皇宗《こうそこうそう》の遺訓《いくん》にして、子孫臣民《しそんしんみん》の倶《とも》に遵守《じゅんしゅ》すべき所《ところ》、之《これ》を古今《ここん》に通《つう》じて謬《あやま》らず、之《これ》を中外《ちゅうがい》に施《ほどこ》して悖《もと》らず。

(iv) ⑫朕《ちん》、爾臣民《なんじしんみん》と倶《とも》に拳拳服膺《けんけんふくよう》して咸其徳《みなそのとく》を一《いつ》にせんことを庶幾《こいねが》う。

明治《めいじ》二十三年《ねん》十月《つき》三十日《にち》

御名《ぎょめい》　御璽《ぎょじ》

(ハ)「教育勅語」（現代意訳）

(ⅰ)国民《こくみん》の皆《みな》さん、私《わたくし》どもの祖先《そせん》は、国《くに》を建《た》て初《はじ》めた時《とき》から、道義道徳《どうぎどうとく》を大切《たいせつ》にする、という大《おお》きな理想《りそう》を掲《かか》げてきました。そして全国民《ぜんこくみん》が、国家《こっか》と家庭《かてい》のために心《こころ》を合《あ》わせて力《ちから》を尽《つ》くし、今日《こんにち》に至《いた》るまで見事《みごと》な成果《せいか》をあげてくることができたのは、わが日本《にほん》のすぐれた国柄《くにがら》のおかげであり、またわが国《くに》の教育《きょういく》の基《もと》づくところも、ここにあるのだと思《おも》われます。

(ⅱ)国民《こくみん》の皆《みな》さん、①あなたを生《う》み育《そだ》ててくださった両親《りょうしん》に、「お父《とう》さんお母《かあ》さん、ありがとう」と、感謝《かんしゃ》しましょう。②兄弟《きょうだい》のいる人《ひと》は、「一緒《いっしょ》にしっかりやろうよ」と、仲良《なかよ》く励《はげ》ましあいましょう。③縁《えん》あって結《むす》ばれた夫婦《ふうふ》は、「二人《ふたり》で助《たす》けあっていこう」と、いつまでも協力《きょうりょく》しあいましょう。④学校《がっこう》などで交《まじ》わりをもつ友達《ともだち》とは、「お互《たが》い、わかっているよね」と、信《しん》じあえるようになりましょう。また、⑤もし間違《まちが》ったことを言《い》ったり行《おこな》った時《とき》は、すぐ「ごめんなさい、よく考《かんが》えてみます」と自《みずか》ら反省《はんせい》して、謙虚《けんきょ》にやりなおしましょう。

⑥どんなことでも自分《じぶん》ひとりではできないのですから、いつも思《おも》いやりの心《こころ》をもって「みんなにやさしくします」と、博愛《はくあい》の輪《わ》を広《ひろ》げましょう。⑦誰《だれ》でも自分《じぶん》の能力《のうりょく》と人格《じんかく》を高《たか》めるために学業《がくぎょう》や鍛錬《たんれん》をするのですから、「進《すす》んで勉強《べんきょう》し努力《どりょく》します」という意気込《いきご》みで、知徳《ちとく》を磨《みが》きましょう。さらに、⑧一人前《いちにんまえ》の実力《じつりょく》を養《やしな》ったら、それを活《い》かせる職業《しょくぎょう》につき、「喜《よろこ》んでお手伝《てつだ》いします」という気持《きも》ちで公《おおやけ》＝世《よ》のため人《ひと》のため働《はたら》きましょう。

⑨ふだんは国家《こっか》の秩序《ちつじょ》を保《たも》つために必要《ひつよう》な憲法《けんぽう》や法律《ほうりつ》を尊重《そんちょう》し、「約束《やくそく》は必《かなら》ず守《まも》ります」と心《こころ》に誓《ちか》って、ルール《るーる》に従《したが》いましょう。⑩もし国家《こっか》の平和《へいわ》と国民《こくみん》の安全《あんぜん》が危機《きき》に陥《おちい》るような非常事態《ひじょうじたい》に直面《ちょくめん》したら、愛《あい》する祖国《そこく》や同胞《どうほう》を守《まも》るために、それぞれの立場《たちば》で「勇気《ゆうき》を出《だ》してがんばります」と覚悟《かくご》を決《き》め、力《ちから》を尽《つ》くしましょう。

これまで①～⑩に述《の》べたようなことは、善良《ぜんりょう》な日本国民《にほんこくみん》として不可欠《ふかけつ》の心得《こころえ》でありますが、その実践《じっせん》に努《つと》めるならば、皆《みな》さんの祖先《そせん》たちが昔《むかし》から守《まも》り伝《つた》えてきた日本的《にほんてき》な美徳《びとく》を継承《けいしょう》することにもなりましょう。

(ⅲ)⑪このような日本人《にほんじん》の歩《あゆ》むべき道《みち》は、わが皇室《こうしつ》の祖先《そせん》たちが守《まも》り伝《つた》えてきた教訓《きょうくん》とも同《おな》じなのです。こうした皇室《こうしつ》にとっても国民《こくみん》にとっても「いいもの」は、日本《にほん》の伝統《でんとう》ですから、いつまでも「大事《だいじ》にしていきます」と心《こころ》がけて、守《まも》り通《とお》しましょう。この伝統的《でんとうてき》な人《ひと》としての道《みち》は、昔《むかし》も今《いま》も変《か》わることがありません。また国内《こくない》でも海外《かいがい》でも十分通用《じゅうぶんつうよう》する普遍的《ふへんてき》な真理《しんり》にほかなりません。

(iv)⑫そこで私《わたくし》自身《じしん》も、国民《こくみん》の皆《みな》さんと一緒《いっしょ》に、これらの教《おし》えを一生大事《いっしょうだいじ》に守《まも》って高《たか》い徳性《とくせい》を保《たも》ち続《つづ》けるため、ここで皆《みな》さんに「まず自分《じぶん》でやってみます」と明言《めいげん》することにより、その実践《じっせん》に努《つと》め、お手本《てほん》を示《しめ》したいと願《ねが》っています。

明治《めいじ》二十三年《ねん》（一八九〇）十月《がつ》三十日《にち》　／御名《ぎょめい》（御実名《ごじつめい》「睦仁《むつひと》」）　御璽《ぎょじ》（御印鑑《ごいんかん》「天皇御璽《てんのうぎょじ》」）

㈡十二の「**たいせつなこと**」　Important Qualitites

1、親に感謝する　「お父さん・お母さん、ありがとう」　1. Father and Mother, thank you
2、兄弟仲良くする　「一緒にしっかりやろうよ」　2. Let's get along together respectably
3、夫婦で協力する　「二人で助け合っていこう」　3. Let's help and support one another
4、友達を信じあう　「お互い、わかっているよね」　4. We understand one another
5、みずから反省する　「ごめんなさい、よく考えてます」　5. Sorry I'll think it through carefully
6、博愛の輪を広げよう　「みんなにやさしくする」　6. I'll be kind to everyone
7、知徳を磨く　「進んで勉強し努力します」　7. I'll keep studying and making efort
8、公《おおやけ》のために働く　「喜んでお手伝いします」　8. I'll be happy to help you
9、ルールに従う　「約束は必ず守ります」　9. I always keep my promise
10、祖国に尽くす　「勇気を出してがんばろう」　10. I'll be hold and more my best effort
11、伝統を守る　「いいものは大事にしていきます」　11. I'll continue to value good quality
12、手本を示す　「まず自分でやってみます」　12. I'll try first on my own

資料18　文部科学省告示「中学校学習指導要領」第三章「道徳」　平成二十年（二〇〇八）三月

第1　目標／道徳教育の目標は、第1章総則の第1の2に示すところにより、学校の教育活動全体を通じて、道徳的な心情、判断力、実践意欲と態度などの道徳性を養うこととする。（中略）

第2　内容／道徳の時間を要《かなめ》として学校の教育活動全体を通じて行う道徳教育の内容は、次のとおりとする。

1　主として自分自身に関すること。

（1）望ましい生活習慣を身に付け、心身の健康の増進を図り、節度を守り節制に心掛け調和のある生活をする。

（2）より高い目標を目指し、希望と勇気を持って着実にやり抜く強い意志をもつ。

（3）自立の精神を重んじ、自主的に考え、誠実に実行してその結果に責任をもつ。

（4）真理を愛し、真実を求め、理想の現実を目指して自己の人生を切り拓いていく。

（5）自己を見つめ、自己の向上を図るとともに、個性を伸ばして充実した生き方を追求する。

2　主として他の人とのかかわりに関すること。

（1）礼儀の意義を理解し、時と場に応じた適切な言動をとる。

（2）温かい人間愛の精神を深め、他の人々に対し思いやりの心をもつ。

（3）友情の尊さを理解して心から信頼できる友達をもち、互いに励まし合い、高め合う。

（4）男女は、互いに異性についての正しい理解を深め、相手の人格を尊重する。

（5）それぞれの個性や立場を尊重し、いろいろなものの見方や考え方があることを理解して、寛容の心をもち謙虚に他に学ぶ。

（6）多くの人々の善意や支えにより、日々の生活や現在の自分があることに感謝し、それにこたえる。

3　主として自然や崇高なものとのかかわりに関すること。

(1)生命の尊さを理解し、かけがえのない自他の生命を尊重する。
(2)自然を愛護し、美しいものに感動する豊かな心をもち、人間の力を超えたものに対する畏敬《いけい》の念を深める。
(3)人間には弱さや醜さを克服する強さや気高さがあることを信じて、人間として生きることに喜びを見いだすように努める。

4 主として集団や社会とのかかわりに関すること。
(1)法やきまりの意義を理解し、遵守するとともに、自他の権利を重んじ義務を確実に果たして、社会の秩序と規律を高めるように努める。
(2)公徳心及び社会連帯の自覚を高め、よりよい社会の実現に努める。
(3)正義を重んじ、だれに対しても公正、公平にし、差別や偏見のない社会の実現に努める。
(4)自己が属する様々な集団の意義についての理解を深め、役割と責任を自覚し集団生活の向上に努める。
(5)勤労の尊さや意義を理解し、奉仕の精神をもって、公共の福祉と社会の発展に努める。
(6)父母、祖父母に敬愛の念を深め、家族の一員としての自覚をもって充実した家庭生活を築く。
(7)学級や学校の一員としての自覚をもち、教師や学校の人々に敬愛の念を深め、協力してよりよい校風を樹立する。
(8)地域社会の一員としての自覚をもって郷土を愛し、社会に尽くした先人や高齢者に尊敬と感謝の念を深め、郷土の発展に努める。
(9)日本人としての自覚をもって国を愛し、国家の発展に努めるとともに、優れた伝統の継承と新しい文化の創造に貢献する。
(10)世界の中の日本人としての自覚をもち、国際的視野に立って、世界の平和と人類の幸福に貢献する。

第3 指導計画の作成と内容の取扱い

1 各学校においては、校長の方針の下に、道徳教育の推進を主に担当する教師(以下「道徳教育推進教師」という)を中心に、全教師が協力して道徳教育を展開するため、次に示すところにより、道徳教育の全体計画と道徳の時間の年間指導計画を作成するものとする。

2　第2に示す道徳の内容は、生徒が自ら道徳性をはぐくむためのものであり、道徳の時間はもとより、各教科、総合的な学習の時間及び特別活動においても、それぞれの特質に応じた適切な指導を行うものとする。（中略）

3　道徳の時間における指導に当たっては、次の事項に配慮するものとする。

（1）学級担任の教師が行うことを原則とするが、校長や教頭などの参加、他の教師との協力的な指導などについて工夫し、道徳教育推進教師を中心とした指導体制を充実すること。

（2）職場体験活動やボランティア活動、自然体験活動などの体験活動を生かすなど、生徒の発達の段階や特性等を考慮した創意工夫ある指導を行うこと。

（3）先人の伝記、自然、伝統と文化、スポーツなどを題材とし、生徒が感動を覚えるような魅力的な教材の開発や活用を通して、生徒の発達の段階や特性等を考慮した創意工夫ある指導を行うこと。

（4）自分の考えを基に、書いたり討論したりするなどの表現する機会を充実し、自分とは異なる考えに接する中で、自分の考えを深め、自らの成長を実感できるよう工夫すること。

（5）生徒の発達の段階や特性等を考慮し、第2に示す道徳の内容との関連を踏まえて、情報モラルに関する指導に留意すること。

4　道徳教育を進めるに当たっては、学校や学級内の人間関係や環境を整えるとともに、学校の道徳教育の指導内容が生徒の日常生活に生かされるようにする必要がある。（中略）

5　生徒の道徳性については、常にその実態を把握して指導に生かすよう努める必要がある。ただし、道徳の時間に関して数値などによる評価は行わないものとする。

〈追記〉この資料に解説を加えた拙稿「『教育勅語』の成立と展開」（『産大法学』第四十四巻四号、平成二十三年二月）がある。その全文が京都産業大学の「産大法学」のホームページに公開されているので、ご自由に活用していただきたい。

あとがき ――本書の成り立ち――

本書『皇室に学ぶ徳育』は、ここ数年間に公表してきた表題に関係する拙稿を纏めた。資料の紹介を兼ねた論考から一般社会人向けの講述記録まで含まれる。その結果、文体の整わないところがあり、内容にも重複が少なくないことを、お断りしておきたい。

各章（章題の略称＝、①～⑫と㈷）の初出誌は、次のとおりである（⑥は書籍、⑧と⑫は冊子）。

①仏蘭克林《フランクリン》十二徳と元田永孚（産大法学、第四十三巻三・四号、平成二十二年二月）
②「教育勅語」誕生の経緯と特徴（日本学協会『日本』第六十巻十二号、平成二十二年十二月）
③明治天皇と「教育勅語」（『関西師友』、第六三一号～第六三五号、平成二十三年六月～十月）
④杉浦重剛の「教育勅語」御進講（『明治聖徳記念学会紀要』、第四七巻、平成二十三年一月）
⑤西村茂樹博士の道徳的皇室論（『弘道』百十七巻、平成二十一年十一・十二月合併号）
⑥廣池千九郎の〝万世一系〟最高道徳論（二〇〇九年モラルサイエンス国際会議報告『廣池千九郎の思想と業績』モラロジー研究所、平成二十三年二月）
⑦歴代の天皇と現代の皇室（日本学協会『日本』第五十九巻十一号、平成二十一年十一月）
⑧昭和天皇の理想と事績（京都八坂神社「清々会」講演記録、平成十六年四月）
⑨今上陛下の具現される最高道徳（『モラロジー研究』六十六号、平成二十二年九月）
⑩今上陛下の戦没者慰霊（日本学協会『日本』第六十巻七・八号、平成二十二年七・八月）
⑪両陛下こそ心の拠り所（『ＷｉＬＬ』通巻七十九号、平成二十三年七月）

⑫象徴天皇の「まつりごと」（社団法人霞会館講演録、平成二十三年三月）
㊟「教育勅語」関係資料（抄）（明治神宮崇敬会、平成二十二年十月）

これらは別々に機会を与えられて書いたり語ったりしたものである。しかし、ほぼ共通しているのは、約百二十年前（明治二十三年）に成立した「教育勅語」の趣旨をふまえながら、皇室（主に近現代の天皇）が徳育（道徳心の育成）と密接な関係を持っており、われわれ日本人には、皇室こそ徳育の手本として学ぶ点が多いことを歴史的資料などにより具体的に検証しようとして試みたことにほかならない。

およそ教育は、徳育・知育・体育から成るといわれる。このうち、徳育（心の教育）は、知育（頭の教育）や体育（体の教育）と同様、いやそれ以上に、すぐれた手本（見習うべきモデル）を必要とする。そのようなモデルは、歴史上の物語や諸外国の逸話に求めることもできよう。しかし、幸い私ども日本人は、より身近な歴代の皇室を手本として、その具体的な実話から、望ましい人間のあり方を学ぶことができる。

「学ぶ」の語源は「真似る」だという。品格の高い人々の言動をまねようとして心がけることにより、その人物に少しでも近づくことができるに違いない。

後になったが、私の古希記念ともなる本書の企画を快諾されたモラロジー研究所出版部の横山守男部長、また懇切に編集を推進された外池《とのいけ》容課長、さらに校正に協力された橋本富太郎氏（廣池千九郎研究室研究員）、および③⑧⑫の講話テープ原稿化を担当された方々などに、あわせて感謝の意を表する。

平成二十四年（二〇一二）壬辰二月十日

所　功

所　功（ところ　いさお）
昭和16年（1941）12月、岐阜県生まれ。41年、名古屋大学大学院修士課程修了。皇學館大学助教授、文部省教科書調査官などを経て、56年から平成24年3月まで京都産業大学教授。現在、京都産業大学名誉教授、モラロジー研究所道徳科学研究センター教授（研究主幹）、麗澤大学客員教授、皇學館大学特別招聘教授など。昭和61年、法学博士（慶應義塾大学、日本法制史）。
著書：『平安朝儀式書成立史の研究』『宮廷儀式書成立史の再検討』（国書刊行会）、『皇室の伝統と日本文化』『国旗・国歌と日本の教育』『歴代天皇の実像』（モラロジー研究所）、『年号の歴史』（雄山閣出版）、『国旗・国歌の常識』（東京堂出版）、『皇位継承』（共著、文春新書）、『天皇の人生儀礼』（小学館文庫）、『伊勢神宮』（講談社学術文庫）、『京都の三大祭』（角川選書）、『菅原道真の実像』（臨川書店）、『三善清行』（吉川弘文館 人物叢書）、『靖國の祈り遙かに』（神社新報社）、『「国民の祝日」の由来がわかる小事典』『皇位継承のあり方』（PHP新書）、『天皇の「まつりごと」』（NHK出版 生活人新書）、『皇室事典』（共編著、角川学芸出版）、『皇室典範と女性宮家』（勉誠出版）など。

皇室に学ぶ徳育
Lesson in Moral Education from the Imperial Household of Japan

平成24年 3月20日　初版第1刷発行
平成24年 6月28日　　　第2刷発行

著者　所　功
発行　公益財団法人 モラロジー研究所
〒277-8654 千葉県柏市光ヶ丘2-1-1
TEL. 04-7173-3155（出版部）
http://www.moralogy.jp/
発売　学校法人 廣池学園事業部
〒277-8686 千葉県柏市光ヶ丘2-1-1
TEL. 04-7173-3158
印刷　横山印刷株式会社

ISBN 978-4-89639-214-2